하이브리드 ——— 한의학

근대

권력

창조

하이브리드 한의학
─근대, 권력, 창조

김종영 지음

2019년 10월 21일 초판 1쇄 발행
2022년 12월 16일 초판 2쇄 발행

펴낸이 한철희 | **펴낸곳** 돌베개 | **등록** 1979년 8월 25일 제406-2003-000018호
주소 (10881) 경기도 파주시 회동길 77-20 (문발동)
전화 (031) 955-5020 | **팩스** (031) 955-5050
홈페이지 www.dolbegae.co.kr | **전자우편** book@dolbegae.co.kr
블로그 blog.naver.com/imdol79 | **트위터** @Dolbegae79 | **페이스북** /dolbegae

주간 김수한 | **편집** 김진구·오효순
표지·본문디자인 장원석
마케팅 심찬식·고운성·한광재 | **제작·관리** 윤국중·이수민·한누리
인쇄·제본 한영문화사

ISBN 978-89-7199-983-7 93300

이 도서의 국립중앙도서관 출판시도서목록(CIP)은 서지정보유통지원시스템홈페이지(http://seoji.nl.go.kr)와
국가자료공동목록시스템(http://www.nl.go.kr/kolisnet)에서 이용하실 수 있습니다.
(CIP제어번호: CIP2019039028)

책값은 뒤표지에 있습니다.

＊이 저서는 2016년 정부(교육부) 재원으로 한국연구재단의 지원을 받아 수행된 연구임
(NRF-2016S1A6A4A01020298).

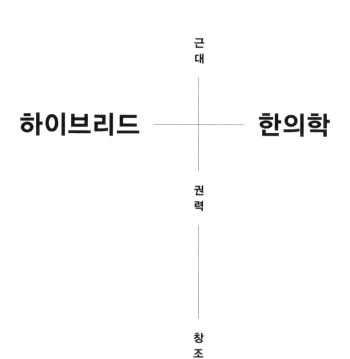

하이브리드 ─┼─ 한의학

근대

권력

창조

김종영 지음

돌베개

사랑하는 아버지, 어머니께

차례

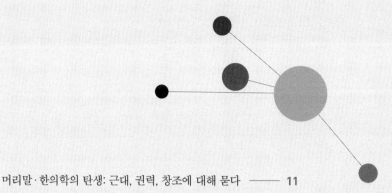

머리말·한의학의 탄생: 근대, 권력, 창조에 대해 묻다 —— 11

1장　하이브리드 한의학과 창조적 유물론

근대와 권력의 관계, 그리고 한의학 —— 23

식민화된 지식의 진격 —— 29

패러다임론의 정치적 이용과 한계 —— 37

창조적 유물론 —— 42

권력지형 —— 48

행위체: 행위의 사회물질성과 노마드성 —— 53

탈경계적 과학-기예의 혼합물 —— 58

한의학을 넘어 한국 근대를 새롭게 이해하기 위하여 —— 60

2장　한의학의 근대화와 제도화

'미개한 조선의 의학' —— 65

한의학의 식민화 —— 68

한의학 부흥 논쟁 또는 동서의학 대논쟁 —— 73

한의학의 법적 승인과 이원의료 체계의 형성 —— 78

한의학 제도 교육의 정착과 확장 —— 83

한의학, 국가로 진격하다 —— 85

양의학의 공격과 주변 의학과의 영역 다툼 —— 89

전투적 의료 전문집단의 형성 —— 94

3장   한약 분쟁과 한의학의 과학적 전환

근대 한의학 역사의 전환점 —— 101

다중적 경계 사물로서의 한약 —— 103

전문 영역의 경계 다툼으로서의 한약 분쟁 —— 106

정부조직 내 한의학 세트들의 확장 —— 113

한의약육성법의 제정과 성과 —— 116

한의학 연구개발 지원 세트들의 형성 —— 120

한의학 연구조직의 형성 —— 123

4장   한의학 실험실에서는 무슨 일이 일어나는가?

한의학의 과학화는 무엇인가 —— 131

문화와 권력으로서의 실험실 —— 132

한의학 실험실에 들어오게 된 동기 —— 139

실험실 문화와 인프라의 생산 —— 143

상호 교육과 혼종적 연구자 만들기 —— 149

한약 실험의 과정 —— 154

SCI 논문과 한의학의 세계화 —— 163

정치적 체제로서의 한의학 실험실 —— 168

5장   봉한학의 재탄생

한의학의 성배를 찾아서 —— 177

봉한학의 기원 —— 181

물리학자 소광섭 봉한학의 재탄생을 주도하다 —— 188

봉한 연구는 어떻게 이루어졌는가 —— 191

연구 네트워크와 지원 집단의 형성 —— 204

봉한학 논쟁 —— 212

과학의 구조화된 편견 속 봉한 연구의 진화와 확장 —— 220

6장 퓨전 진료의 창조: 한의학과 양의학의 만남

한의사와 양의사의 동시 진료 —— 225

한의학과 양의학은 만날 수 있을까 —— 227

한의학 진료의 다양성 —— 231

현지조사 병원의 세팅 —— 235

변증론치와 몸을 통한 대화적 진료 —— 239

양한방협진은 어떻게 이루어지는가 —— 244

한방내과의 혼종적 진료 —— 259

비통일적-창발적 의료 집합체의 생산 —— 268

7장 한의학과 바이오경제

바이오경제와 한의학의 새로운 가능성 —— 275

한방 바이오경제 전문가 집단 —— 281

의료 영역 갈등의 새로운 형태 —— 283

웰빙 문화, 건강 관리, 자연주의 —— 286

한방 바이오경제의 급속한 성장 —— 290

천연물 신약의 탄생과 급부상 —— 293

천연물 신약 분쟁 —— 303

창조와 갈등의 과정으로서의 의료산업 집합체 —— 314

8장 근대는 창조와 갈등의 신新집합체이다

근대는 어떻게 구성되는가 —— 319

서구와 비서구의 만남과 권력지형 —— 326

한의학의 근대화를 통해 '식민지 근대화론'과 '내재적 발전론'을 다시 읽다 —— 332

근대는 창조와 갈등의 신新집합체이다 —— 339

참고문헌 —— 342

찾아보기 —— 355

일러두기

1. 인터뷰이로 등장하는 4장의 실험실 연구원들과 6장의 진료실 환자들 이름은 모두 가명이다.

2. 본문에 따로 명시된 "필자와의 인터뷰"와 "인용자의 강조" 등에서 '필자'와 '인용자'는 저자 김종영을 말한다.

한의학의 탄생: 근대, 권력, 창조에 대해 묻다

학문은 늙기 쉽고 청년 학도의 꿈은 이루기 힘들다. 20여 년 전 '한의학의 과학화, 산업화, 세계화'에 대한 박사학위 논문 연구를 시작한 이후 이제야 이 주제로 책을 출판하게 되어 감개무량하다. 세계화의 영향으로 한의학을 포함한 모든 분야가 빠르게 변화하고 새로운 학문적 논의가 끊임없이 갱신되는 상황에서 학문은 늙기 쉽다. 몇 년만 지나도 낡은 것이 되는 초고속 세계화 시대에 늙은 학문을 젊게 만드는 것은 어렵다. 박사학위 논문을 책으로 출판하는 것은 모든 '닥터'의 꿈이지만 이것을 이루기도 쉽지 않다. 좁은 아카데미 안의 논의에서 벗어나 더 넓은 세계에 자신의 연구를 내놓는다는 것은 또 다른 차원의 노력이 필요하다.

이 책은 나의 박사학위 논문뿐만 아니라 그 이후에 행해졌던 한의학에 관한 나의 연구들을 종합한 결과물이다. 20대에 시작한 연구를 40대에 완성하여 세상에 내놓는 지금, 무수한 기억들로 나의 감정은 요동친다.

이 연구를 시작하던 때 나는 '한의학의 과학화'라는 창을 통해 한국의 근대(또는 근대성, modernity)를 설명할 수 있지 않을까 하는 기대를 가졌다. '근대'는 사회과학의 핵심 주제일 뿐만 아니라 한국 학자들에게는 반드시 풀어야만 하는 과제다. 따라서 세계적으로 근대에 대한 무수한 논의와 책들이 쏟아져 나왔고 한국도 예외가 아니다. 근대는 자본주의, 산업주의, 도시화와 같은 거시적 변화에서 욕망, 자아, 육체의 양상에 이르는 미시적 변화까지 다양한 변화의 양상들을 포괄하고 있기 때문에 대단히 애매모호하고 이해하기 힘든 개념이다. 한국의 지적 공론장에서도 근대에 대한 다양하고 모순적인 입장들이 나왔고 아직도 이 논의는 진행 중이다.

근대는 한국인들에게 무엇보다 억압이었다. 근대는 한국인들에게 오이디푸스 콤플렉스를 낳았고, 우리는 아직도 이를 극복하지 못한 듯하다. 한국 근대의 아버지는 서구이고, 우리는 거세당할 위협을 느끼며 서구가 제시한 사회 모델과 질서 체계를 따라가야 한다는 집단적 억압에 시달려왔다. 따라서 근대는 권력의 문제와 결부될 수밖에 없다. 곧 근대/전통, 서구/비서구, 과학/전통지식, 발전/저발전의 위계가 우리의 집단적 무의식을 형성했다. 이런 부정적이고 억압적인 근대에 대한 무의식은 근대 초기 한국이 경험했던 뼈아픈 역사적 패배에서 비롯되었다.

그러나 한국은 해방 이후 산업화와 민주화로 대별되는 근대를 성공적으로 성취했다. 한국 근대는 아픔을 동반한 성장이었으며 성공이었다. 많은 이들이 고통 받았지만 근대는 발전과 성공을 가져다준 고마운 어떤 무엇이다. 이런 모순적인 상황은 한의학의 근대화에서도 그대로 드러나고 이 책의 주요 주제이기도 하다. 삶이 모순이고 세상이 모순인데 근대도 모순이 아니고 무엇이랴. 사회학은 분석인 동시에 사회적 억압과 질병에 대한 치료다. 이 책은 한의학이라는 창을 통해 한국 근대의 일면을 분석하지만 이는 근대라는 억압에 대한 치료이자 해방을 목표로 한다. 아픔, 성취, 모순으로서의 근대를 이 책은 좀 더 냉정하고 성숙하게 바라볼 것을 제시한다.

근대가 권력과 떨어질 수 없는 개념이고 근대/전통, 서구/비서구, 과학/전통지식, 발전/저발전의 위계가 확고하다면 비서구에서 창조는 어떻게 가능한가? 이 창조는 서구 모델을 그대로 따르는 것인가? 한의학과 과학/양의학의 만남이라는 창을 통해 이 책은 이런 근대의 이분법에 도전하며 한의학의 새로운 창조는 근대의 혼종성, 복잡성, 중층성을 동반함을 보여준다. 나는 근대 한의학의 창조를 보여주기 위한 방법론으로서 문화기술지(또는 민족지, ethnography)를 동원하고자 한다. 문화기술지가 행위자들이 어떻게 구체적으로 한의학을 사회물질적으로 생산production하는지를 잘 보여주기 때문이다. 나는 한의학의 유례없는 성공은 이 새로운 창조로부터 기인했다고 설명하며 이 책을 통해 서구/비서구의 이분법적 권력 개념에 도전장을 던진다. 근대는 어려운 개념이지만 권력도 만만치 않게 어려운 개념이다. 이 책에서 내가 새롭게 창안한 '권력지형'이라는 개념, 곧 '권력의 세트들의 세트들'을 이해해야만 근대와 권력 간의 관계를 충분히 이해할 수 있다. 곧 한의학은 과학/양의학과의 투쟁과 타협 속에서 자신의 인프라 권력을 확장하는 데 성공했다. 이 책은 근대, 권력, 창조의 문제를 한의학의 근대화 사례로부터 들여다보며 근대를 혼종적인 변화의 세트들로서 보는 역동적인 시각을 제공한다.

연구를 시작할 때는 모든 것이 혼돈 상태였다. 연구 초기, 데이터 수집이 문제였다. 사회학은 경험학문인지라 무엇보다 데이터의 수집이 중요한데, 나의 전공인 과학기술사회학과 지식사회학의 영역에선 질적 연구가 대세를 이루고 있다. 특히 문화기술지 또는 민족지 연구는 우리 분야에서 연구자로 성장하기 위한 통과의례로 여겨졌다. 질적 연구는 통상 참여관찰, 인터뷰, 자료 조사로 이루어지는데 무엇 하나 쉬운 것이 없었다.

내가 처음 현장연구를 시작한 곳은 이 책의 4장에 기술하고 있는 경희대 한약리학과 실험실이었다. 나는 과학기술사회학(또는 과학기술학)에서 최초의 실험실 민족지를 수행한 브뤼노 라투르(Latour and Woolgar, 1986. 현장연구는 라투르 단독으로 수행되었지만 책의 집필은 울가와 공동으로 행해졌다)의 『실험실 생활: 과학적 사실의 구성』Laboratory Life: The Construction of Scientific Facts의 방법론적 혁신을 따라 현장연구를 수행할 계획이었지만 실험실에 들어간 순간 아무것도 보이지 않았다. 이는 현장연구를 처음 수행하는 사람들이 흔히 겪는 일이기도 한데, 사회과학도로서 과학과 한의학을 동시에 이해해야 하는 입장에서 나의 현장연구는 미로에 빠져버린 것이었다. 라투르는 우리 시대의 가장 중요한 사상가 중 한 명으로서 '이론가'로 알려져 있지만 사실은 현장연구와 다양한 경험연구로 학문적 근육을 탄탄히 다진 학자다. 실험실 참여관찰은 '대칭적 인류학'을 탄생시켰는데, 이는 이전의 인류학자들이 비근대인(가령 비서구의 부족들)을 연구 대상으로 주로 삼았다면 라투르는 근대의 최첨단인 실험실과 과학자들을 탐구함으로써 근대/비근대를 뛰어넘는 전복적 방법론으로 근대의 구성을 보여주었다.

실험실에 들어가 한의학 논문과 과학 논문을 읽고 인터뷰를 통해 현장에서 벌어지는 다양한 상황들을 이해하는 지난한 과정을 거쳤다. 내가 공부하던 시기 전통적 문화기술지 또는 민족지는 포스트모더니즘의 영향 속에서 다양한 공격을 받아 이미 무너졌고 이를 대체할 다양한 방법론이 제시되었다. 그중의 하나가 다지역 문화기술지multi-sited ethnography였고, 나는 한의학의 다양한 생산을 이 방법론을 통해 보여주고자 했다(Hine, 2007). 곧 실험실 문화기술지만으로 한의학의 다양한 생산을 보여주는 데는 한계가 있었고, 연이어 진료실의 현장연구(6장)도 수행했다. 진료실에 대한 현장연구도 만만한 작업이 아니었다. 오랜 시간에 걸쳐 데이터를 수집하고 이론적 혁신의 과정을 거쳐 연구 결과를 얻을 수 있었다. 박사학위를 받은 이후 나는 한의학계에서 가장 뜨거운 이슈였던 봉한학 연구와 천연물 신약 분쟁에 대해 연구했다. 이를 통해 한의학의 과학화와 산업화에 대한 새로운 이해와 시각을 얻을 수 있었다.

이 책을 완성하는 데 많은 사람들의 도움을 받았다. 우선 현장연구에 크게 도움을 주신 분들을 잊을 수 없다. 경희대학교 한의학 공동체의 김남일, 김호철, 이혜정, 임사비나, 김성훈, 손낙원, 최승훈, 배현수, 박성규, 이수열, 조민형, 박경모, 심범상, 정창현, 백유상, 차웅석, 조기호, 문상관, 정우상 교수님의 도움이 없었다면 나의 현장연구는 불가능했을 것이다. 김남일 교수님은 의사학 분야의 대가로 한의학의 역사와 한의대의 역사를 가르쳐주셨다. 김호철 교수님은 한약리학 실험실 현장연구를 허락해줌으로써 나의 연구에 결정적인 기회를 제공해주셨다. 이혜정 교수님과 임사비나 교수님은 침구경락 이해와 기능자기공명영상functional MRI을 이용한 침 연구에 대한 소중한 정보들을 주셨다. 김성훈 교수님은 한약의 암 치료 효과에 대한 친절한 가르침을 주셨고, 손낙원 교수님은 처음 현장연구를 시작할 때 동서의학대학원에 접근할 수 있도록 허락해주셨다. 최승훈 교수님은 연구 초기부터 지금까지 한의학 정책에 관련하여 큰 가르침과 도움을 주셨다. 배현수 교수님은 연구 초기부터 수년 동안 나의 현장연구에 큰 도움을 주셨다. 박성규 교수님은 한방화장품 연구에 대한 친절한 설명을 제공해주셨다. 이수열, 조민형 교수님은 의공학적 입장에서 한의학의 혁신 과정을 소개해주셨다. 박경모 교수님은 침 실험뿐만 아니라 한의학의 산업화에 대해서 고견을 주셨고, 심범상 교수님은 한의학의 병리학 체계를 가르쳐주셨다. 정창현, 백유상, 차웅석 교수님은 한의학 원전과 역사를 가르쳐주셨고 한의학의 연구 방향에 대한 고견을 주셨다. 경희의료원의 참여관찰을 허락해주신 조기호, 문상관, 정우상, 임영진 교수님께도 깊이 감사드린다. 아울러 연구에 여러 도움을 주신 경희대 한의과대학 이재동 학장님과 정경대학 윤성이 학장님께도 깊이 감사드린다. 이 책에는 실리지 않았지만 예한의원 네트워크를 참여관찰함으로써 한의학의 다양한 창조를 이해하는 데 큰 도움을 받았다. 예한의원의 이응세, 최보업, 손철훈 원장님께 이 자리를 빌려 심심한 사의를 표하고 싶다.

당시 현장연구를 수행할 때 만났던 많은 대학원생들은 지금 한국 한의계를 이끌어가고 있다. 나도 당시에 대학원생으로서 고군분투하고 있을 때 기꺼이 많은 도움을 주셨고 동고동락의 시간들을 보냈다. 이분들 모두가 한의계에서 큰 연구 성과들을 내고 있으며 명실상부한 차기 세대로 부상했다. '박히준', 정혁상, 부영민, 이향숙, 채윤병, 오명숙 교수님은 당시 대학원생들이었는데 현재 한국 한의계를 당당히 이끌어가고 있다. 이분들께 고마움과 함께 축하의 인사를 전한다. 연구 초기 갈 곳이 없는 나에게 쉴 수 있는 따뜻한 공간을 마련해주고 한의학에 대한 다양하고 풍부한 지식을 주신 이상재 교수님께 깊이 감사드린다. 이상재 교수님을 소개해준 나의 고등학교 동창인 마더즈병원의 김상원 원장에게도 감사의 말을 전한다. 상원이와의 수십 년간의 돈독한 우정은 나의 공부와 삶에 큰 위안을 주었다.

연구 초기부터 다양한 자료와 인터뷰 기회를 제공해준 대한한의사협회와 한국한의학연구원 관계자분들의 도움도 잊을 수 없다. 대한한의사협회의 32대, 33대 최환영 회장님은 연구 초기 많은 자료를 제공해주셨을 뿐 아니라 나의 연구에 지대한 관심을 가지고 격려해주셨다. 34대, 35대 안재규 회장님은 대한한의사협회의 성장과 발전에 대한 소중한 정보를 제공해주셨다. 43대 최혁용 회장님은 한의학의 산업화에 대해 귀한 자료를 주셨을 뿐만 아니라 한의계가 처한 여러 어려움과 발전 방향에 대해 설명해주셨다. 대한한의사협회의 임원이었던 박용신 박사님은 한방 의료와 의료법에 대한 체계적인 지식을 알려주셨다. 대한약침학회의 강대인 회장님은 침의 과학화에 대한 한의계의 노력을 자세히 설명해주셨다. 한국한의학연구원의 신현규 박사님은 연구 초기부터 다양한 자료를 제공해주셨고 나의 연구에 큰 응원과 격려를 보내주셨다. 『한의신문』의 강환웅 기자님은 세세한 현장의 정보를 친절하게 제공해주셨다. 이분들과 그 외 많은 도움을 주신 대한한의사협회 모든 회원들과 한국한의학연구원 구성원들께 감사의 인사를 드린다.

또한 연구를 하는 데 도움을 준, 한의계와는 대척점에 있는 대한

약사협회와 대한의사협회 관계자분들께도 고마움을 전하고 싶다. 지난 수십 년 동안 의료계는 복잡하게 얽혀 있는 이해관계로 갈등과 투쟁의 연속이었다. 한약 분쟁, 천연물 신약 분쟁, 의료기기 사용 분쟁 등 한의계와 대립적인 관계에 있던 이 기관들을 방문했을 때 이분들은 따뜻하고 친절하게 환대해주시고 귀중한 자료들을 수집할 수 있도록 도와주셨다. 나는 의사, 약사, 한의사 집단이 의료의 다양성을 인정하고 서로를 존중하며 공존할 수 있기를 바란다. 또한 생산적이고 창조직인 소통으로 한국 의료계가 발전하기를 기원한다.

한의학의 과학화는 한의사 집단만의 것이 아니다. 나는 현장연구에서 한의학의 과학화를 위해 고군분투하는 많은 과학자들을 만났고 그들로부터 많은 도움을 받았다. 특히 침의 과학적 실험에 대한 이해를 높여주신 소광섭 교수님과 조장희 교수님께 감사드린다. 봉한 연구를 이해하는 데 있어 깊이 있는 설명을 해주신 이병천 박사님을 비롯한 봉한학 연구자들께 감사드린다. 한의학의 바이오경제화와 천연물 신약을 이해하는 데 이은방 교수님, 조용백 박사님, 김점용 박사님, 여재천 신약개발연구조합 사무국장님의 도움이 컸다. 이 자리를 빌려 심심한 감사의 말씀을 전한다.

한의학의 사회과학적 연구를 수행해오신 여러 선생님들의 도움도 잊을 수 없다. 한의학 연구의 1세대인 조병희 교수님과 조효제 교수님이 내놓으신 훌륭한 연구들은 나의 연구 설계와 연구 방향에 큰 도움이 되었다. 지금 한국 의학사를 이끌어가고 계신 황상익, 신동원, 여인석, 박윤재 교수님은 한의학의 역사에 대한 깊은 이해를 선사해주셨다. 김태우 교수님의 한의학에 대한 탁월한 인류학적 연구는 나에게 큰 통찰을 제공했다.

물리학자이자 사회학자인 나의 지도교수 앤드루 피커링 선생님은 창조가 무엇인지 몸소 보여주셨다. 사회학적 프리즘으로 물리학을 설명하여 세계적 석학이 되신 선생님은 연결될 수 없는 것, 곧 물리학과 사회학을 연결시키면서 세계의 창조성뿐만 아니라 학문의 창조성을 가르쳐주셨다.

지속적인 연구 기회와 교육 기회를 준 경희대 사회학과 교수님들을 빼놓을 수 없다. 황승연, 송재룡, 박희제, 김중백, 김은성, 김현식, 정고운 교수님께 깊이 감사드린다. 수업을 통해 지적으로 소통하고 많은 지적 자극을 준 경희대 대학원생들과 학부생들에게도 고마움을 전한다. 이 책의 출판을 독려해주신 돌베개출판사 한철희 대표님과 탁월한 전문성과 따뜻한 감수성으로 원고의 완성도를 높여주신 김진구 님을 비롯한 편집부에 감사의 마음을 전한다. 또한 박사학위 논문의 후속 연구를 지원해준 한국연구재단에 깊은 사의를 표한다.

마지막으로 나의 공부와 삶에 무한한 지원과 사랑을 보내준 가족에게 감사의 말을 전하고 싶다. 현아는 나와 지적 여정을 같이해오며 언제나 큰 응원과 격려를 보내주었다. 은산이와 함께 해온 공부와 스포츠는 언제나 나에게 삶의 희망과 기쁨을 주었다. 양가 부모님들과 형제자매들은 가족의 소중함과 따뜻함을 일깨워주었다. 사랑하는 아버지와 어머니께 이 책을 바치며 가족들과 함께 출판의 기쁨을 나누고 싶다.

이 책의 일부는 이전에 출판된 나의 연구물들을 수정, 보완한 것이다. 4장은 *Social Studies of Science* 37권 6호(Kim, 2007), 5장은 『사회와 역사』 101호(김종영, 2014a), 6장은 나의 박사학위 논문(Kim, 2005)

의 6장, 7장은 『담론201』 17권 1호(김종영, 2014b)에 발표되었던 글을 책의 형식에 맞게 수정한 것이다.

이 책의 출판으로 나는 오래전부터 기획했던 '지식과 권력' 3부작을 완성했다. 『지배받는 지배자: 미국 유학과 한국 엘리트의 탄생』, 『지민의 탄생: 지식민주주의를 향한 시민지성의 도전』, 『하이브리드 한의학: 근대, 권력, 창조』는 경험연구를 바탕으로 현장으로부터 끌어올린 나의 연구 업적물이다. 이 3부작은 '지식과 권력'이라는 큰 주제 아래 사회학자로서 끈질기게 추적하여 완수하고 싶었던 연구들이다. 이 연구들을 통해 맛본 기쁨과 고통들은 모두 나의 일부이며 앞으로의 학문적 여정에 좋은 밑거름이 되리라. 이 책을 마치면서 이제까지 걸어온 긴 여정을 떠올리며 상념에 잠긴다.

산들바람이 창밖에서 불어온다. 다시 공부의 씨앗을 뿌려야겠다. 나의 학문이 다시 푸르러지기를 꿈꾸며.

2019년 10월
김종영

1장

하이브리드 한의학과 창조적 유물론

근대와 권력의 관계, 그리고 한의학

"교수님은 한의대 못 간 게 한恨이 됐습니까? 왜 이렇게 우리를 끈질기게 쫓아다니세요? 얼마 전 『한의신문』에 교수님 기사가 나왔던데요." 한국한의학연구원 창문 너머로 10월의 상쾌한 가을비가 추적추적 내리는 것을 보며 상념에 잠겨 있었다. 그때 신현규 박사가 회의실 문을 열고 기다리고 있던 나를 보자마자 다짜고짜 이렇게 물었다. 15여 년 전에 인터뷰를 하고 이제야 다시 만난 그는 한의학에 대한 나의 지속적인 관심이 이해가 되지 않는 모양이었다. "연구라는 것은 끝까지 추적하는 겁니다." 내가 웃으면서 그의 궁금증에 답했다.

한의사이자 한의학 정책 분야의 전문가인 그를 한국한의학연구원에서 처음 만난 것은, 내가 박사학위 논문을 위한 사전 조사를 시작한 1999년이었다. 당시 한국한의학연구원은 서울 영동대교 남단에 위치한 세신빌딩 몇 개 층을 임대해 사용하고 있었다. 실험실과 체계를 제대로 갖추지 못한 다소 어수선한 곳이었다. 1990년대 한약 분쟁에서 한의사·약사·정부 사이의 투쟁과 협상의 결과물로 세워진 한국한의학연구원은 1990년대 말 40여 명의 인력과 40여억 원의 예산으로 운영되었다. 그러던 신생 연구소가 이제는 대전 유성의 1만 5000평 부지에 가을 빗물로 색깔이 더욱 영롱해지는 커다란 초록색 운동장과 초현대식 건물을 다섯 동이나 보유한, 정규직 직원 170여 명에, 한 해 예산이 580여억 원(2016년 기준)에 이르는 우량 연구원이 되었다.•

"기적입니다, 기적!" 지난 20여 년 동안 한의학의 변화를 평가해달라는 나의 질문에 그는 이렇게 답한다. 사실 한의학에 '한' 맺힌 사람은 내가 아니라 신현규 박사다. 1차 한약 분쟁을 몸소 겪은 그는 얼마나 한이 맺혔는지 1994년에 『아, 恨의학』이란 책까지 출판했다. 김용옥 선생의 『너와 나의 한의학』(1993)은 또 다른 한 맺힌 책이었는데 이 두 책은 당시 한의대생들의 필독서였다. 왜 기적이라고 평가하는지 설명해달라는 나의 요구에 그는 논문을 하나 건네준다.•• 그가 직접 작성한 논문이었다.

신현규 박사가 식품의약품안전처의 박주영 박사와 공동으로 저술한 이 논문은 지난 20여 년 동안의 한의학 정책을 체계직으로 평가한 연구다. 이 연구는 1996년 『한의학의 중장기 예측을 위한 기획연구』(성현제·신현규, 1996)에서 전문가 163명이 앞으로의 '한의학 미래

• 한국한의학연구원의 구체적인 통계에 대해서는 www.kiom.re.kr을 보라.
•• 박주영·신현규. 2013. 「12개 미래 예측 한의약 정책 과제의 실현 평가 연구」. 『대한예방한의학회지』 17(1): 65-76쪽.

과제'를 도출한 목록을 2013년도에 평가한 것이다. 1996년 당시 미래 과제라는 것은, 실상 한의계의 오랜 바람의 목록wish list이나 다름없었다. 놀랍게도 18년이 지나는 동안 한의계의 이 바람은 거의 모두 실현되었다. 한방 전문의 제도 정착(2002), 한의약육성법 제정(2003), 국립대학교 한의학과 설치(2006), 양한방협진 의료 체계 제도화(2010), 한약재의 체계적인 유통·관리(2011) 등 한의계의 오랜 숙원이 정책적, 제도적으로 정착되었다. 뿐만 아니라 한의대에서 과학기술부 우수연구센터Science Research Center(SRC), 과학기술부 기초의과학연구센터Medical Research Center(MRC)와 같은 우수 실험실 제도가 정부에 의해 선정·지원되었고, 한의대 교수 다수는 국제학술대회에 참가하고 영어로 논문을 쓴다. 기업들은 앞다투어 한방건강식품, 한방화장품, 천연물 신약을 출시하여 승승장구하고 있다. 가령 『동의보감』에 나오는 처방을 이용한 동아제약의 천연물 신약 '스티렌'은 매년 수백억 원의 매출을 올리며 '박카스'와 더불어 이 회사의 대표 브랜드 상품이 되었다. 아모레퍼시픽의 설화수 포뮬러는 경희대 한의학과에서 만든 것으로 지금까지 수조 원의 매출을 올렸고, 서경배 회장은 이건희 회장 다음 한국 제2의 부자로 등극했다. 이처럼 '恨의학'은 어떻게 '기적의 의학'이 되었나?

이 책은 한의학의 근대화, 즉 한의학의 제도화, 전문화, 과학화, 산업화, 세계화를 탐구한다. 근대(또는 근대성, modernity)는 '사회 변화'에 대한 메타담론이다.*** 사회 변화는 객관적인 과정이자 주관적인 인식이다. 근대의 주요 변화는 사회과학자들이 동의하는 객관적인 변화지만 이러한 변화 속에 나타나는 '다양한' 과정, 방식, 정치적 효과는 주관적인 '해석의 문제'이기도 하다. 따라서 근대는 끊임없이 새로운 해석을 낳았으며, 최근에는 글로벌하게 나타나는 근대의 다양한 방식들에 대한 '다양한 근대'multiple modernities 논쟁이 일어났다(Eisenstadt, 2000). 근대는 또한 사회적 주체들이 사회를 특정한 방향으로 변화시키려는 기획project이기도 하다. 이러한 기획을 계획하고 만들어가는 과정에서 여러 사회 주체들은 논쟁하고 투쟁한다. 요컨대 근대는 다양한 해석이 가능한 논쟁적이며 정치적인 개념이다. 한국 근대는 다양한 권력관계 속에서 진행되었고 이를 이해하기 위한 무수한 논쟁이 일어났다(역사문제연구소, 2001). 식민화된 약자의 입장에서 근대는 양날의 칼이다. 외재적 힘으로서의 근대는 폭력을 의미하고, 약자의 기획으로서의 근대는 생존을 의미한다.

근대와 권력의 관계를 새롭게 이해하는 데 있어 왜 한의학이 중요한가? 전통사회의 지배적인 의료인 한의학은 일제 치하의 식민화 과정을 겪고 해방 후에 부활했다(연세대학교 의학사연구소, 2008). 한의학은 양의학과 과학의 제도와 실천을 받아들이며 전문화, 과학화, 산업화를 성공적으로 이루어냈다(이현지, 2013). 세계 전통의학에서 한의학만큼 성공적인 사례는 드물다. 한의사는 사회적으로 엘리트 지위를 차지하며, 한의학은 국가와 산업으로부터 지원받고 있다. 전통의학으로서의 한의학은 사회적·물질적 네트워크의 확장이란 측면에

••• 이 책에서 근대와 근대성은 동의어로 사용된다. 근대가 시기를 나타내는 개념에 가깝다면 근대성은 속성을 나타내는 개념에 가깝다. 하지만 근대(성)을 이해할 때 시기와 속성이 뒤섞여 있기 때문에 이 둘의 구분은 사실상 어렵다. 만약 근대를 시기로만 이해한다면 한국의 근대는 서구에 비해서 항상 뒤늦게 오거나 뒤처진 것으로 인식될 것이다. 반면 근대를 속성으로서만 이해한다면 근대의 시간성temporality이 가지는 변화의 역동성을 포착하기 힘들다. 이 책에서는 근대와 근대성이라는 단어를 번갈아 사용하지만, 이는 문맥과 어법에 따른 것이며 사실상 동의어로 사용한 것이다.

서는 성공적으로 근대에 편입했지만 여전히 과학/양의학의 인식론적·제도적 폭력과 싸워야만 했다(대한한의사협회, 2012). 이렇듯 한의학은 '변화'와 '폭력'으로서의 근대화를 처절하게 경험하면서 일면 성공적으로 대응해왔다.

한의학은 식민화된 약자의 근대를 보여주는 중요한 사례로서 매력적이며, 한국의 근대를 이해하는 중요한 창이다. 이 책에서 한의학의 근대화에 대한 새로운 이해는 세 가지 핵심적 개념에 기반한다. 그것들은 창조적 유물론creative materialism, 권력지형powerscapes, 그리고 행위체다. 창조적 유물론은 인간-사물 네트워크의 창발성emergence과 생기성vitality을 강조한다. 한의학의 과학화, 산업화, 세계화는 한의학과 과학/양의학 간의 새로운 네트워크의 형성을 의미한다(Kim, 2009). 이 네트워크는 새로운 사회적·물질적 집합체assemblage(어셈블리지, 프랑스어로는 아상블라주)의 형성을 의미하는데, 이는 누구도 예측할 수 없는 방향으로 나아간다. 한의학 네트워크의 팽창은 하나의 중심에서 이루어지는 것이 아니라 다방향에서 발생한다는 점에서 집합체, 또는 세트들의 세트들sets of sets로 이해해야 한다. 따라서 한의학의 근대화는 한의사뿐만 아니라 과학자, 양의사, 기업, 정부 등이 같이 참여하여 다양한 제도와 실천을 만드는 과정이다.

권력지형은 한의학이 근대화 과정에서 겪게 되는 권력의 다층적인 관계를 이해하기 위해 고안된 개념이다. 이는 전통의학/과학, 희생자/가해자, 약자/강자의 이분법을 뛰어넘으려는 시도이기도 하다. 권력은 사회과학에서 다양한 방식으로 개념화되었는데, 권력지형은 다양한 권력들의 다층적이고 이질적인 결합을 의미한다. 예를 들어 한의학의 과학화는 전통의학을 과학/양의학에 복속시키는 동시에 한의학의 영역을 넓혀줄 뿐 아니라 한의학의 인식적·제도적 권위를 높여준다. 따라서 한의학의 근대화 과정에서 권력은 이분법으로 환원할 수 없는 다층적이고 불규칙적인 것이다. 이 책에서는 권력지형을 인간, 사물, 하부구조(인프라)가 참여하는 다원적이고 불규칙적으로 연결된 '권력의 어셈블리지'로 이해한다. 권력 또한 하나가 아니라 여럿이기 때문에 어셈블리지로서의 권력은 다양한 권력의 세트들로 이해할 수 있다.

행위체는 행위를 일관된 전체로 보거나 사회 구조와 상응시키는 환원론적 시도를 거부하고 행위의 창조성, 물질성, 다양성, 노마드성을 강조하기 위해 고안된 개념이다. 한의학의 근대화에서 사회물질적 세계를 생산하는 힘으로서의 행위는 사회적 행위가 아니라 사회물질적 행위로 파악해야 한다. 한의학 실험실, 한방병원, 한방제품, 천연물 신약 등을 만드는 창조적 행위들은 필시 물질적 행위를 동반한다. 우리는 사회물질적 세계에 살고 있기 때문에 행위를 사회적 행위와 물질적 행위로 나눌 수 없다. 행위체라는 개념은 행위의 사회물질적 속성을 강조하며 행위의 다양하고 불규칙적인 다면성을 포착한다. 행위체는 아비투스habitus와 같은 개념과 달리 행위를 다양한 행위들의 집합제로 본다. 나양하고 이질적인 행위의 세트들로서의 행위체는 행위의 창발성, 예측 불가능성, 노마드성을 강조한다. 결국 행위체와 권력지형으로서의 인프라의 생산을 통해서 근대 한의학의 다양한 생산이 가능했던 것이다.

하지만 행위체는 권력지형 안에서 작동하기 때문에 행위자의 목표와 전략이 자유자재로 실현되는 것은 아니다. 한의학 행위자는 다양한 권력의 저항을 받는데, 법적 저항, 양의학의 저항, 국가의 저항, 실험의 저항, 재정적 저항 등 무수한 장애물이 그것이다. 행위체는 다양한 능력의 집합체로 이러한 저항들을 극복하기 위해 가능한 모든 수단을 동원한다. 따라서 한의학의 근대적 생산은 행위자가 어떻게 이러한 다양한 저항들을 극복하면서 새로운 세트들을 '성취'하는지에 달려 있다.

창조적 유물론, 권력지형, 행위체라는 세 가지 핵심 개념은 한의학의 근대화 과정을 이해하기 위해 오랫동안 현장연구를 수행하는 과정에서 상향식bottom-up으로 구성된 것임을 밝힌다. 과학기술사회학과 과학기술인류학의 주요 방법론이기도 한 현장연구 방법은 한의학의 다양한 생산을 이해하는 데 도움을 준다. 창조적 유물론, 권력지형, 행위체는 실험실, 진료실, 산업 현장에서 한의학의 근대화 과정이 일어나는 과정을 이해하고, 이를 종합적으로 개념화하기 위해 고안되었다.

식민화된 지식의 진격

연구를 시작하고 나서 15여 년이 지난 후 방문한 대한한의사협회 건물에서도 나는 격세지감을 느꼈다. 1999년 복잡한 경동시장의 조그마한 건물에 입주한 대한한의사협회를 처음 방문한 날, 최환영 전 회장과 사무실에서 점심으로 순두부찌개를 먹은 기억이 아직도 생생하다. 이제 대한한의사협회는 강서구 올림픽대로 옆에 위치한 넓은 주차장이 딸린 현대식 건물 안에 있다. 이 건물에는 대한한의사협회의 주요 업무 공간뿐만 아니라 한의신문사, 대한약침학회, 허준박물관도 입주해 있다. 이날 주요 관계자들을 만나 연구에 필요한 여러 자료를 요청했는데 며칠 후 협회 관계자로부터 비교적 최근에 나온 『1898-2011 대한한의사협회사』 한 권을 배송받았다. 큰 양장판에 무려 900쪽이나 되는 이 책은 내가 소장한 책들 중 가장 무거운 책이 되었다. 2008년 10월에 대한한의사협회 역사편찬위원회가 꾸려져 2012년 12월 10일에 발간된 이 책은 협회의 역사뿐만 아니라 전체 한의계의 주요 역사를 정리해놓고 있어 사료의 가치가 크다. 더구나 이 역사편찬위원회의 부위원장으로 참여한 김남일 교수는 한의계에서 의사학의 최고 권위자이기도 하다.

책을 펼치자 목차 앞에 양옆으로 배치된 큰 컬러사진 두 장이 눈길을 끌었다. 왼쪽 사진은 2012년 2월 장충체육관에서 열린 '전국한의사대회' 장면이었는데, 양복을 입은 수천 명의 한의사들이 모여 이 전문가 단체의 위세를 과시했다. 오른쪽 사진은 2012년 10월 국회의사당 앞에서 열린 대한한의사협회의 시위 장면이었다. 사진 속 한의사들은 "천연물 약, 진짜 신약 맞기는 맞냐!", "한의약 말살하는 식약청을 해체하라", "천연물 신약 백지화! 독립한의약법 제정!" 등의 문구가 적힌 피켓을 들고 국회를 압박하는 시위를 벌이고 있었다. 이 두 사진은 한편으로 대한한의사협회가 전문성과 조직력을 갖춘 전문가 단체인 동시에 여전히 정부 및 양방과 갈등 관계에 있는 단체임을 잘 보여주었다.

근대 한의학의 역사는 식민화 과정에서의 투쟁의 역사로, 이는 구한말까지 거슬러 올라간다. 일제에 의해 본격적으로 식민화되기 전 한의학과 국가의 관계는 대단히 복잡하고 혼란스러웠다. 한의학은 조선의 공식 의학으로 국왕과 왕실에 대한 의료 활동을 담당했으며, 의료 전문인력은 과거(의과)를 통해 충원되었다. 구한말 조선은 외세에 의해 좌지우지되면서 격동과 혼란의 시기를 겪었고, 의료 체계 역시 급변하는 과도기를 겪었다. 1882년 대민 의료기관인 활인서와 혜민서가 없어졌지만 왕실 의료를 담당하던 전의감과 내의원 직제는 축소되어 이름을 바꾸어가면서 존속했다(여인석, 2008a: 26-27). 1885년 4월 고종의 재가를 받아 최초의 서양식 국립병원(정부병원 혹은 왕립병원)인 제중원이 설립되었으나 1894년 갑오농민전쟁과 청일전쟁 등의 격변의 시기에 미국의 의료 선교사인 에비슨에게 운영권을 넘긴다(황상익, 2013: 437-438). 국립병원이 사라진 후 정부는 서양식 의료기관인 광제원이라는 병원을 1899년에 설립하는데, 이때 고용된 의사들은 전의를 겸한 한의사들이었다. 당시까지만 해도 서양 의학을 공부한 조선인이 없었고 외국인 의사를 고용하기도 여의치 않았기 때문이다. 당시 광제원에서는 한약뿐만 아니라 양약도 투약했는데 오히려 양약의 비중이 더 컸다(여인석, 2008a: 28-31).

당시 한의학과 양의학의 공존은 구의료 체계와 신의료 체계의 공존, 서양식 의료 체계의 더딘 도입, 의료 인력의 절대적인 부족, 면허제도의 도입과 그로 인한 혼란 등 체제 전환의 과도기에서 일어난 일이다. 당시 의료 영역에서의 기회, 혼란, 모순을 잘 보여주는 인물은 우두술의 영웅으로 서울대학교 의과대학 교정에 동상까지 세워진 지석영이다. 그는 어려서부터 한의학과 한문을 배웠지만 우두술을 도입했고 서양식 의학기관의 교장이 되었다. 일제에 의해 한의사가 의생으로 격하된 이후에는 한의사 단체인 전선의회의 회장을 맡기도 했다. 지석영은 아버지의 친구인 박영선이 수신사로 일본에 파견되었다가 귀국했을 때 그로부터 일본의 우두술을 소개받았고 1879년 일본 해군 소속의 제생의원에서 우두술을 익혀 조선인에게 직접 이를 시도하게 된다. 그는 우두 퇴치에 혁혁한 공을 세워 큰 명성을 누렸고, 최초의 근대식 의학 교육기관인 '의학교'를 설립하는 데 결정적인 역할을 했다. 하지만 근대의 급격한 변화 속에서 지석영은 지식과 권력 사이에서 모순과 갈등을 겪었다. 의사학자인 황상익은 "1876년 문호 개방부터 1910년 경술국치까지 근대 서양 의료 도입에 가장 공적이 큰 인물을 들리면 망설이지 않고 지석영"을 꼽을 것이라고 단언한다(황상익, 2013: 59). 하지만 지석영은 1909년 안중근 의사의 의거로 사망한 이토 히로부미를 추도하는 등 여러 가지 친일행위를 하기도 했다.

한의학의 식민화는 일제에 의해 본격적으로 이루어진다. 1913년 11월 15일 '의사규칙', '치과의사규칙', '의생규칙'이 제정되어 1914년 1월 1일부터 시행됨에 따라 일제의 근대적 의사 면허 제도가 도입되고 한의사는 의생으로 격하된다(황상익, 2013: 117). 1914년 의생 등록자 수는 5827명이나 그 후 이 숫자는 줄어든다. 한의사는 1921년부터 활동 지역에도 제한을 받는다. 한의학은 일제에 의해 "미개와 후진을 상징하는 소재"가 되었다. 일본 총독은 "유치한 의생만이 있었던 조선"이라든가 "최신 의학의 지식 경험이 결핍된 의생"에게 의료를 맡기는 상황을 개탄했다(박윤재, 2008: 63). 한의학에 대한 일제의 압박과 암울한 미래는 한의학이 사라질 것이라는 조선총독부 기관지인 『매일신보』에서 잘 드러난다. 이 신문은 30년 후의 경성을 다음과 같이 묘사한다(박윤재, 2008: 58).

한방의생으로 말하면 오늘날 같이 의학이 발달된 때에 여전히 영업을 하게 된다는 것은 이것이 일종 경성의 미개한 것을 표증하는 것이다. (……) 지금으로 삼십 년 후이면 일반이 신信하지 않을 뿐만 아니라 한의를 양성하는 기관이 없은 즉 분명히 자멸될 것이요.

이 예측이 틀렸다는 것은 내가 가지고 있는 가장 두꺼운 책 『1898-2011 대한한의사협회사』가 잘 증명하고 있다. 해방 후 한의학은 1951년 정부에 의해 법적으로 승인받았다. 이 의료법의 개정으로 양한방 이원의료 체계가 탄생했다. 지난 60년 동안 한의학은 국민건강보험 적용, 한방군의관과 공중보건의, 한의약정책관, 한국한의학연구원, 대통령 한의사 주치의, 국립중앙의료원 한방진료부, 국립한의대 설치 등 국가 의료 체계 안에서 지속적으로 영역을 구축해나갔다.

한의학은 한국인들에게 친숙하며 널리 애용되고 있다. 한의학은 건강기능식품, 화장품, 천연물 신약 등 다양한 산업 분야에서 활용되고 있으며, 그 시장은 점점 커지고 있다. 웰빙 시대와 고령화 사회 담론이 정부, 기업, 사회에서 적극적으로 받아들여지면서 암, 당뇨, 비만 같은 만성질환에 대한 의료비의 지출이 증가하고 예방의학의 중요성이 부각되었다. 정부는 한의학의 치료 효과뿐 아니라 경제적 가능성을 인정하여 2003년 한의약육성법을 제정했고, 이후 한의약 연구개발에 수천억 원을 투자해왔다(한국한의학연구원·건강증진사업지원단, 2011: 6). 스티렌(동아제약)과 조인스정(SK케미칼)과 같은 천연물 신약이 대성공을 거두면서 천연물 개발에 대한 인식의 변화가 제약업계에서 일어났다. 선진국의 거대 제약회사들에 비교가 되지 않을 정도로 영세한 한국의 제약업계는 상대적으로 비용이 적게 들고 위험성이 낮은 천연물 신약의 개발이 유망하다고 판단했다. 소비자들 역시 자신의 몸을 새로운 방식으로 관리하는 움직임에 동참하기 시작했다. 한의학을 원천으로 개발된 제품들은 친환경적이고 반화학적이라는 긍정적인 이미지를 갖고 있다. 따라서 소비자들은 몸을 '보'하면서 동시에 아름답게 꾸미기 위해 홍삼제품과 한방화장품 제품에 열광했다.

하지만 '식민화된' 지식으로서의 한의학은 해방 이후에도 지속적으로 양의학과 갈등을 겪었다. 의료 영역은 고도의 전문 영역이며 의료 집단은 자신의 전문 영역에 대한 배타적 독점을 추구한다(Freidson, 1988). 따라서 양방은 끊임없이 한방이 양방의 영역으로 포함되어야 한다며 의료일원화를 주장해왔으며, 한방은 제도적·비제도적 수단을 동원해 이를 거부해왔다.

특정 의료행위가 양방 또는 한방에 속하는지의 의료 영역 분쟁은 의료이원화 체계가 만들어진 이후 끊임없이 제기되어왔고 그 갈등 영역 또한 광범위하다. 가령 한의사가 CT나 청진기를 사용한다든지 양의사가 침을 사용하는 행위는 양 의료 집단 간의 정치적·법적 분쟁을 촉발했다(박용신, 2008: 74-100). 양방 측에서는 의료현장에서 일어나는 한의사의 물리치료, 방사선 진단, 초음파 진단기 사용, 양약 처방, 혈액 채취, 현미경 사용 등을 문제 삼았다. 반면 한방 측에서는 양의사의 한약 제제 투여, 레이저침 사용, 부항 시술 등을 문제 삼았다.

한방과 양방의 갈등 중 가장 중요한 사례는 1990년대 있었던 한약 분쟁이다(Cho, 2000). 1993년 정부의 약사법시행규칙 개정으로 촉발된 한약 분쟁에서 약사 집단은 한약을 처방할 수 있는 권리를 획득하기 위해, 한의사 집단은 이를 방어하기 위해 집단적인 투쟁을 벌였다. 한약 분쟁은 1차와 2차에 걸쳐 두 차례나 일어났고, 1996년 해결에 이르기까지 상당한 진통을 겪었다. 약사들은 한약조제시험을 통해 한약 처방권을 갖게 되었으며, 한의사는 한국한의학연구원 신설, 한의약정책관 신설, 한의약선도기술개발사업 신설 등의 제도적인 진입을 성취했다(대한한의사협회, 2012).

정부는 의료 영역의 갈등을 해소하기 위해 크게 세 가지 활동을 한다. 법률과 규제를 통한 조정, 새로운 의료제도의 구축, 연구개발 지원이다. 하지만 정부의 조정과 지원 활동은 의료 영역 갈등을 조정하는 데 충분하지 않고 오히려 새로운 갈등을 낳기도 한다. 우선 의료 법률과 규제가 약 120여 개에 이를 정도로 대단히 복잡하게 얽혀 있기 때문에 양방과 한방 사이의 영역을 조정하는 데 충분하지 않다(박용신, 2008: 20). 예를 들어 천연물 신약은 전문의약품으로 분류되며, 약사법에 의해 양의사만 처방할 수 있다. 반면 한의약육성법은 한약이 과학적으로 개발되었을 때 이를 한의학의 범위 안으로 포함하고 있다. 다양한 의료 관련 법규가 양한방의 영역을 철저하게 구분해 제정되기 힘들기 때문에 새로운 의료행위, 제도, 정책은 양 집단 간의 충돌을 야기한다. 둘째, 한방은 양방에 비해 열세의 위치에 처해왔으며 한의계는 정부가 오랫동안 한방을 배제했다고 지속적으로 비판했다. 한의계는 수십 년 동안 정부를 상대로 집단 투쟁을 벌였고, 정부는 이를 조정하기 위해 점차적으로 한방을 제도의 영역으로 포함시켰다. 예를 들어 한약 분쟁 갈등을 해소하기 위해 정부는 한의약정책관, 한국한의학연구원 등 새로운 의료제도를 구축했다. 이후 정부는 한의계의 불만을 해소하기 위해 한방 전문의 제도 정착(2002), 한의약육성법 제정(2003), 국립대학교 한의학과 설치(2006), 양한방협진 의료 체계 법제화(2010) 등 새로운 제도를 만들었다(박주영·신현규, 2013: 65). 셋째, 정부는 다양한 방식으로 연구개발을 지원함으로써 의료계를 지원하고 있으며, 특히 양방 중심 체계의 의료에서 한방이 소외되지 않도록 한방을 위한 별도의 연구개발 지원을 하고 있다.

중요한 점은 특정 의료행위, 법규, 지원 등의 활동이 한방과 양방의 경계에 걸쳐 존재하기 때문에 각 진영에 따라 다르게 해석될 수 있는 부분이 상당히 많다는 점이다. 즉 많은 경우 한의학적 처방이나 제품은 일종의 '경계 사물'boundary object이다. 경계 사물은 조직적인 일organizational work을 하는 상황에서 합의consensus의 상태 없이 다양하고 이질적인 사회 세계들을 연결해주는 공통의 사물, 개념, 형식을 일컫는다(Star and Griesemer, 1989: 393). 경계 사물은 다양하게 이해될 수 있는 해석적 유연성interpretive flexibility을 갖기 때문에 집단들 사이의 잠재적 갈등 요소가 될 수 있다. 여기서 한의학은 자신의 영역을 지키는 동시에 양의학의 영역과 도구들을 이용해 영역을 더욱 넓히려 한다. 식민화된 한의학의 진격은 국가로의 진격인 동시에 과학/양의학으로의 진격이기도 하다.

패러다임론의 정치적 이용과 한계

한의학은 2천여 년에 걸쳐 발전해왔습니다. 동양적 세계관을 가진 역대 선배 의가들의 의서들을 바탕으로 방대한 임상적 관찰과 경험, 끊임없는 비판적 사고 과정을 통해 전승되는 의학입니다. 숱한 명의와 이론가들의 비판과 실험을 통해 정리된 것입니다. 인식의 논리체계가 다른 서양 과학자들의 눈에는 온통 감성적·직관적 인식론에 불과하겠지만요. 동서양은 세계와 자연을 인식하는 패러다임이 다릅니다. 같은 현상을 보더라도 세계관이 다르면 받아들이는 인식이 다릅니다. 틀린wrong 것과 다른different 것은 다릅니다. 어떤 서양 의학자들은 한의학을 틀렸다고 말합니다. 아닙니다. 틀린 게 아니라 다른 겁니다. (고딕 서체는 인용자의 강조)

불임 전문 한의원인 '행복의샘한의원'의 웹사이트(happysaem. com)에 나와 있는 한의학에 대한 설명이다. 양의학과는 세계관이나 인식의 논리체계가 달라 한의학을 다른 패러다임으로 이해해야 한다는 이 주장은 한의계 내에서 광범위하게 사용되었다. 도대체 패러다임이란 무엇이며, 왜 한의계에서 이것이 중요한가?

토머스 쿤의 『과학혁명의 구조』(Thomas Kuhn, 1970)는 20세기 지성사에서 가장 영향력 있는 책 중의 하나이며 학술서로는 드물게 세계적인 베스트셀러이기도 하다. 과학철학에서 과학과 비과학을 구분하는 논리를 발견하기 위한 노력은 꾸준히 있었다. 귀납주의, 입증주의, 반증주의 등 프랜시스 베이컨에서 칼 포퍼에 이르기까지 과학이 반드시 갖추어야 할 요건이 무엇인지에 대한 탐구는 진지하게 시도되었지만 모두 실패했다. 쿤은 과학철학의 이러한 형식 논리를 거부하고 역사를 살펴봄으로써 실제로 과학이 어떻게 발전했는가를 통해 과학이 관찰이나 실험이 아니라 '패러다임' 또는 '세계관'에 근거한다는 도발적인 주장을 설득력 있게 제시했다.

쿤이 제시하는 패러다임의 뜻은 상당히 많기 때문에 비판자들은 쿤의 책에서 패러다임은 스물두 가지 용법을 가지고 있다고 비판의 날을 세웠다(Masterman, 1970). 패러다임이라는 말이 무척 애매하다는 뜻이다. 『과학혁명의 구조』 2판에서 쿤은 이런 비판을 의식해 패러다임을 크게 네 가지로 나누어 재차 설명했다. 우선 패러다임은 "과학자 공동체의 구성원들이 공유하는 것"이라고 정의하고, 과학은 개인적인 행위가 아니라 사회적인 행위임을 천명한다(Kuhn, 1970: 176). 과학은 단순히 개인적인 관찰이나 실험에 의해 진보하는 것이 아니라 과학자 사회가 공동으로 성취하는 것이다. 둘째, 패러다임은 '집단적 투신의 집합체'constellation of group commitments로서 이는 상징적 일반화, 믿음, 가치를 포함하며 과학적 실험의 정향定向을 나타낸다(Kuhn, 1970: 181). 상징, 믿음, 가치 같은 요소들은 다시 한 번 과학적 행위가 사회적 행위임을 상기시킨다. 셋째, 쿤은 패러다임을 세계관이나 가치와 같은 이론적이고 문화적인 요소뿐만 아니라 범례exemplar와 같은 실천적인 요소들까지 포함하여 설명한다. 그는 "과학적 지식은 이론과 규칙들에 배태되어 있다"라고 말하면서도 과학도가 경험적으로 과학을 배울 때는 과학자 공동체가 공유한 예시들이 있어야만 가능하다고 말한다(Kuhn, 1970: 187). 넷째, 패러다임은 과학자 공동체를 통해 습득된 암묵적 지식과 직관을 의미하는데, 이는 개인적인 것이 아니라 테스트되고 공유된 사회적인 것이다.

쿤의 패러다임은 분명 인식론적인 면과 실천적인 면을 포괄하고 있지만 전자에 더 방점을 찍음으로써 과학의 문화주의와 상대주의 논쟁을 불러일으켰다. 무엇보다 쿤은 과학혁명을 하나의 세계관에서 다른 세계관으로의 변화라고 설명하면서 이 세계관들 사이에 '공약불가능성'incommensurability이 존재한다고 주장한다. 공약불가능성은 서로를 비교할 수 있는 공통분모가 존재하지 않는다는 뜻으로, 쿤에 따르면 아리스토텔레스의 물리학은 뉴턴의 물리학과 공통분모가 없고 아인슈타인의 물리학은 뉴턴의 물리학과 공통분모가 없다. 어떤 세계관이 다른 세계관과 비교할 수 있는 공통분모가 없다면, 곧 우열관계가 없다면 모든 패러다임은 그 나름의 가치를 지닌다. 여기서 쿤의 패러다임론은 상대주의relativism 대 실재론realism의 커다란 논쟁을 야기했다.

과학기술학 분야에서 쿤의 패러다임 논쟁은 향후 수십 년 동안 뜨거운 감자였으며 그 논쟁은 상당히 길다. 여기서는 한의학이 과학과 다른 패러다임이라는 주장의 정치적 효과와 이 시각의 모순에 대해서만 설명하기로 하자. 쿤의 패러다임론은 한국뿐 아니라 전 세계적으로 전통의학을 수행하거나 공부하거나 분석하는 집단들에게 광범위하게 받아들여졌다. 패러다임론은 전통의학에 정당성을 부여하는 동시에 과학/전통지식 간의 우열관계를 부정함으로써 커다란 정치적 효과를 낳았다. 행복의샘한의원이 설명하듯이 한의학은 "틀린 것이 아니라 다른 것"이다.

쿤의 패러다임론에 대한 비판과 대안은 앤드루 피커링Andrew Pickering, 피터 갤리슨Peter Galison, 이언 해킹Ian Hacking 같은 학자들에 의해 여러 갈래로 발전했다. 쿤의 이론 중심적 또는 세계관 중심적인 과학관은 과학을 '일관된 전체'coherent whole로 본다. 패러다임론에 비판적인 학자들은 과학을 이론 중심적인 일관된 전체가 아니라 이론, 실험, 기구와 같은 과학의 하위문화들이 제각기 독립적인 생명을 가지며 상호 교류하는 '다양한 세트들의 연합'으로 본다.

과학이 일관된 전체가 아닌 것과 마찬가지로 한의학도 실상은 일관된 전체가 아니다. 예를 들어 한의학이 음양오행의 원리라는 유기체론과 전일론에 입각하여 발전했다는 주장은, 한의학이 균질적이고 일관된 원리를 바탕으로 작동하고 있다는 패러다임론과 같다. 한의학사 연구자들은 한의학이 도교의 원리뿐만 아니라 유교, 불교, 주술 등의 이질적이고 다양한 요소들과 복합적으로 얽혀 있음을 밝혔다. 중국 한나라 시대 이전의 한의학의 발전을 담고 있는 마왕퇴 사료들은 침이론과 한약이론에 대한 다양한 견해들이 존재했음을 보여준다. 또한 침과 한약의 발전이 전혀 다른 경로를 통해 발전했기 때문에 한의학이 단일한 이론에 의해 단선적으로 발전했다는 가정은 틀렸음을 의사학자들은 밝혀냈다.

한의학의 근대화, 곧 과학적 구성의 과정에서 패러다임론의 거부는 중요하다. 곧 인식론적 중심 또는 세계관 중심의 한의학에 내한 이해는 한의학의 변화를 이해하는 데 방해가 된다. 만약 한의학과 과학이 각기 다른 패러다임이라면 이들의 만남은 원천적으로 불가능하기 때문이다. 한의사가 엑스레이를 사용한다든지 양의사가 침을 사용한다는 것은 패러다임론에서는 허용될 수 없다. 왜냐하면 패러다임의 전환은 구성원들의 개종conversion에 의해 이루어지는

데 이들은 개종이 아니라 과학과 한의학 사이에서 양다리를 걸치며 혼종 의료문화를 탄생시키고 있기 때문이다. 앞서 소개한 행복의샘 한의원은 패러다임론을 주장하지만 웹사이트 메인 화면에서 다음과 같은 '과학적 업적'을 과시하는데, 이는 한입으로 두 가지를 말하는 한의계의 전형적인 태도다.

> 행복의샘한의원 연구 결과 SCI급 학술지에 등재
> "35세 이상 고령 임신에 대한 한약의 효과"
> 『유럽통합의학저널』European Journal of Integrative Medicine에 실렸습니다. 국내 한의계에서는 흔치 않은 일입니다. 대학이나 대학 병원이 아닌 곳에서 교신저자로서 SCI급 저널에 연구 결과를 발표하는 것은 매우 이례적인 일입니다.

지석영이든 행복의샘한의원의 한의사든 이들은 한의학과 양의학/과학 사이를 오가는 양다리 전략가들이다. 여기서 한의학과 과학의 만남에 대하여 질 들뢰즈Gilles Deleuze와 펠릭스 가타리Félix Guattari의 '리좀'rhizome의 비유가 더 적절할 것이다. 이들은 사유의 방식을 비유적으로 리좀과 나무/뿌리를 대조시키는데, 전자가 다양성과 우연한 연결성을 이미지화한다면 후자는 통일된 전체를 이미지화한다. 수목적 사유는 "우월한 통일성, 즉 중심이나 절편의 통일성에서 출발해 끊임없이 '여럿'의 흉내를 내는 사유라는 슬픈 이미지"로서 다양한 개체들의 역동적인 결합을 보여주지 못한다(들뢰즈·가타리, 2001: 37). 일관된 전체로서의 패러다임 또한 나무/뿌리 이미지의 수목적 사유다. 반면 리좀은 "중앙 집중화되어 있지 않고, 위계도 없으며, 기표작용을 하지도 않고, '장군'도 없고, 조직화하는 기억이나 중앙 자동장치도 없"이 다양한 생성을 만들어낸다(들뢰즈·가타리, 2001: 48). 리좀적 사유는 탈중심적이고 끊임없이 연결되어 생성되는 세계를 이미지화한다. 세계관 중심으로 과학과 한의학을 생각하는 것, 한의학의 기원을 찾고자 하는 시도, 한의학과 과학의 전체적인 통일성을 부여하려는 시도는 수목적 사고로 사후적으로 발명된 것이기에 애초부터 잘못되었다. 따라서 한의학과 과학의 결합을 이해하기 위해 나는 세계관주의, 본질주의, 전체주의를 거부하고 사회물질적 생산주의 또는 창조적 유물론을 채택한다.

창조적 유물론

인식론적 관점이 아니라면 한의학의 근대화를 어떻게 이해해야 하는가? 한의학의 과학화, 전문화, 산업화, 세계화는 한의학이 기존의 경계를 넘어 새롭게 재편되는 것을 말한다. 토머스 쿤의 패러다임론으로는 이를 설명하지 못한다. 나는 근대 한의학의 형성을 세 가지 개념으로 설명하는데, '창조적 유물론', '권력지형', 그리고 '행위체'가 바로 그것이다.

창조적 유물론은 한의학의 근대화를 설명하기 위해 적용된 이론일 뿐만 아니라 사회-물질 현상을 설명하는 일반 이론이다. 마누엘 데란다(DeLanda, 2006), 브뤼노 라투르(Latour, 2005), 앤드루 피커링(Pickering, 2010), 로지 브라이도티(Braidotti, 2013) 등이 주도한 신유물론은 물질세계의 우선성을 설파하며 마르크스주의의 역사유물론과는

달리 자연-물질-인간-사회 세계 사이의 창조적 생산을 설명한다.[*]
신유물론에서 물질은 죽은 것이 아니라 살아 움직이는 것으로, 이는
"물질을 능동적, 자기 창조적, 생산적, 예측 불가한 과잉, 힘, 생기,
관계 또는 차이"를 동반하는 것으로 파악한다(Coole and Frost, 2010: 9).
신유물론은 사회과학에서 과도하게 강조된 인간주의와 인간들만의
상호작용을 다루는 사회과학주의에 대해 비판적이며 포스트휴머니
즘과 과학기술학에 강한 영향을 받았다.

신유물론의 선두주자인 데란다는 집합체 또는 어셈블리지라는
개념으로 이 이론의 단초를 제공한다.[**] 우선 무엇이 어셈블리지인
가? 들뢰즈로부터 강한 영향을 받은 데란다는 그를 인용하면서 이
개념의 설명을 시도한다(Deleuze and Parnet, 2002: 69).

> 무엇이 집합체assemblage인가? 이것은 많은 이질적인 면들로 이
> 루어진 다양체multiplicity이고 그들 사이의 다른 속성들, 예를 들
> 어 나이, 성, 지배를 가로질러 연결, 관계를 확립하는 것이다. 따
> 라서 집합체의 유일한 통일성은 공-기능co-functioning이다. 이
> 는 공생symbiosis 또는 '동정'sympathy이다. 이것은 결코 중요한
> 친자관계filiations가 아니라 연합 또는 합금이다. 이것은 계승이

[*] 이 책에서는 구성construction이라는 말보다 생산production이라는 말을 선호한다. 생
산이 구성보다 역동적이고 물질적인 함의를 더 잘 전달할 뿐만 아니라 인간 행위자와
더불어 비인간 행위자도 무엇인가를 생산하기 때문이다.

[**] 어셈블리지를 우리말로 번역하는 데는 어려움이 있으나 나는 이를 집합체로 번역
한다. 어셈블리지의 프랑스어 어원은 아장스망agencement이다. 이는 "구성 요소들
components의 세트를 매칭시키거나 맞추는 행위인 동시에 그 행위의 결과"를 가리킨
다(DeLanda, 2016: 1). 아장스망은 '배치'arrangement라고 번역되기도 하는데 이 말은 이
질적인 세트들의 결합체로서의 '아장스망'을 잘 드러내지 못한다. 이 책에서는 집합체
와 어셈블리지라는 말을 번갈아 사용한다.

나 계보가 아니라 감염이자 전염이자 바람이다.

생성의 철학자 들뢰즈는 이질적인 요소들이 어떻게 새롭게 구성되는지에 대한 유물론적 시각을 제시한다. 집합체assemblage는 다른 말로 다양체multiplicity로 이해될 수 있으며, 이는 친자관계가 함축하는 뿌리나 연속이 아니라 다양하고 이질적인 요소들이 리좀을 통해 공생을 이룸을 의미한다. 이 책의 주제인 한의학의 과학화를 들뢰즈식으로 이해하면 이렇게 한의학과 과학/양의학이 서로의 기원에 뿌리 두지 않고 연합하여 새로운 다양체를 이루며 공생 또는 공-기능할 수 있는가의 문제다. 집합체의 생산에 있어 부분과 전체에 대한 이해는 중요하며, 또한 패러다임론의 반박에 있어서도 중요하다. 새로운 집합체 혹은 다양체를 형성하는 데 있어 부분들은 기원에 뿌리를 두지 않고 연결된다는 점이 중요하다. 데란다는 다시 들뢰즈와 가타리를 인용하며 이를 설명한다(Deleuze and Guattari, 1977: 42).

우리는 더 이상 예전에 존재했던 태초의 전체성을 믿지 않는다. 또한 우리는 미래에 언젠가 도착할 마지막 전체성도 믿지 않는다. 우리는 울퉁불퉁한 모서리들, 이질적인 요소들을 제거하여 얻은 조화로운 전체를 목표로 하는, 따분하고 색채 없는 진화의 변증법으로 채워진 회색의 전체를 더 이상 믿지 않는다. 우리는 단지 주변적인 전체성들을 믿는다. 우리가 만약 다양하게 분리된 부분들과 함께 전체성을 발견한다면, 그것은 부분들을 전체화하지 않는 특수한 부분들의 전체다. 이것은 통합되지 않는 모든 특수한 부분들의 통합이다. 또한 이것은 분리되어 새롭게 만들어지는 부분들이 덧붙여지는 것이다.

　집합체는 전체성으로 통일되지 않는 부분들로 이루어져 있고, 다시 이 부분은 바깥으로 열려 있어 다른 부분들이 새롭게 추가될 수 있다. 여기서 이 어셈블리지는 궁극적인 목적이나 전체성을 가지고 있지 않으며 다방향으로 진화하여 자신의 영역을 넓힐 수 있다.

　데란다(DeLanda, 2010: 6)는 집합체라는 개념을 좀 더 쉽게 설명하기 위해서 역사학자 페르낭 브로델을 인용한다. 브로델은 "사회는 세트들의 세트들sets of sets"이라고 말했는데, 이 '세트들의 세트들'이 어셈블리지, 즉 집합체다(Braudel, 1982: 458-459). 한의학에서 세트들의 세트들은 무엇인가? 근대 한의학은 무수한 하부 세트로 이루어져 있는데 이 하부 세트는 침, 한약, 이론, 한의사, 의서, 병원, 정부조직, 학회지, 국제 네트워크 등을 포함한다. 곧 한의학의 '세트들의 세트들'은 침의 세트들, 한약의 세트들, 한의사 집단의 세트들, 한방병원의 세트들, 한의학 관련 정부조직의 세트들, 한의대의 세트들, 한의학 실험실의 세트들, 한의학 국제 네트워크의 세트들 등이 모여서 더 큰 세트들로 이루어져 있다. 중요한 점은 이 세트들의 구성이 열려 있다는 것이고, 따라서 이 세트들은 언제든 확장될 수 있다.

　가령 한의학 관련 정부조직의 세트들은 1990년대 중반부터 시작하여 한의약정책관, 국립한의학전문대학원, 대통령 한의사 주치의, 국립중앙의료원 한방진료부 등을 포함한다. 이 예시에서 알 수 있듯이 한의학의 세트들은 단일한 하나의 논리와 관점에 의해 일관되게 만들어진 것이 아니라, 다른 시간과 이질적인 진화 과정을 거쳐 만들어진 '비통일적 집합체'다. 여기서 하나의 세트들은 다른 세트들과 관계가 있지만 환원되지 않는다는 점이 중요하다. 패러다임 론에서는 세계관이 통일적으로 과학자들의 행위를 안내한다는 점에서 환원론적이지만, 창조적 유물론은 이 세트들의 다원성을 강조한다. 세트들의 세트들이라는 개념은, 한의학 정부조직의 세트들의 예에서 알 수 있듯이, 항상 이 세트들이 외부로 확장될 수 있는 가능성을 내포한다. 가령 근대 한의학은 과학과 양의학을 새롭게 포용하고 이들 영역에서 개발한 처방과 기구를 사용하는데, 이는 한의학의 세트들이 외부로 확장되고 있음을 뜻한다.

집합체(어셈블리지) 또는 세트들의 세트들이라는 개념이 신유물론에서 왜 중요한가? 그 이유는 우리가 한의학이라고 부르는 의료의 세트들을 패러다임과 같은 세계관이나 인식론으로 환원할 수 없고, 이 개념이 행위체와 인프라의 상호작용에 의한 창조의 가능성을 열어준다는 점에 있다. 가령 음양오행론과 같은 이론 없는 한의학도 가능한데, 현재 일본 한의학에서 바로 그런 일이 벌어지고 있기도 하다. 어셈블리지는 반反환원론을 의미하며, 거시적 환원론macro-reductionism과 미시적 환원론micro-reductionism 모두를 겨냥하고 있다(DeLanda, 2010: 3). 미시적 환원론을 막기 위해 데란다는 '창발적 속성들'emergent properties이라는 개념을 동원하는데, 이는 현재 존재하지 않는 전체의 속성들이 부분들의 상호작용을 통해 새롭게 창출된다는 의미다. 이는 전체가 부분들 또는 개인들의 결정에 의해 정해지는 것이 아니라 예측할 수 없는 상호작용들을 통해 역동적으로 만들어진다는 의미다.

우리가 이러한 관점을 취한다면 구한말부터 지금까지 이어온 동도서기론東道西器論은 허구에 지나지 않는다. 동도서기론은 '물질'이 강한 서양에 대항하여 동양의 우위를 '정신'에서 찾으려는 방어적 이분법이다. 한의학과 양의학의 만남은 정신 대 물질의 만남이 아니라 집합체 대 집합체의 만남이다. 이 둘 모두를 통일되지 않는 세트들로 보고 부분들의 결합이 가능하다고 한다면, 한의학과 양의학의 결합은 논리적으로 그리고 현실적으로 가능하다.

나는 이러한 신유물론의 입장을 창조적 유물론이라고 부른다.[•] 창조적이라는 말은 기존의 사회-물질세계로 환원할 수 없는 새로운 무엇이 생산된다는 의미다. 창조는 말 그대로 예측 불가능하기 때문에 특정한 방향성이 없고 특수한 방식으로 규정할 수 없다는 의미다. 창조성은 "인간과 비인간의 관계에서 이루어진 집합체에서 행위하고 감각하고 욕망하는 혁신적 능력을 생산하는 영향력의 열린 흐름"이다(Fox and Alldred, 2017: 88). 가령 한의학의 과학화는 실험실, 실험 기구, 과학자와 같은 새로운 물질적-인간적 집합체를 동원하고 과학을 실행하고 욕망함으로써 새로운 영향력을 생산하고 퍼뜨린다. 창조적 생산물은 그 자체로 하나의 영향력이 되며 새로운 창조성을 이끈다. 이 창조성은 고정된 것이 아니라 맥락 속에 존재하는 집합체에 상관적으로 작용하며 새로운 기회에 열려 있다.

창조적 유물론은 물질 행위자를 인간과 대등한 위치에 놓음으로써 인간 중심적인 세계관을 극복하려 한다. 나는 이 점에 대해서는 동의하지만 강력한 행위자 중 하나인 인간의 창조성에 좀 더 방점을 찍음으로써, 근대의 변화가 인간 행위자와 이들이 형성한 네트워크에 기반하고 있다고 해석한다. 창조성이란 물질적 창조성일 수도 있

• 신유물론이 어떻게 다양하게 사회현상을 이해할 수 있는지는 폭스·앨드레드(Fox and Alldred, 2017)의 책을 볼 것.

고 이론적·조직적·법률적 창조성일 수도 있다. 세트들의 세트들 또는 집합체의 창조는 그만큼 '하나의 창조'가 아니라 '다양한 창조들'을 포함하며 하나의 논리에 의한 창조가 아니라 다양한 열린 논리의 창조에 의해서 가능하다. 즉 창조적 유물론은 사회-물질세계에서의 다양한 방식의 열린 창조들을 의미하며 세트들의 세트들이 어떻게 새롭게 생산되는지를 이해하려는 시도다. 이 책에서 한의학의 근대화는 한의학이 과학/양의학과 결합하며 새롭게 생성되는 세트들의 세트들 혹은 집합체의 생산으로 파악한다.•

권력지형

2016년 6월 여의도 전경련회관에서 '한의의료 진입 규제의 타당성 진단'이란 주제로 한국규제학회 춘계학술대회가 열렸다. "규제는 암덩어리"라는 정치인들과 관료들의 발언에서 알 수 있듯 정부는 효율성과 생산성을 높이기 위해 규제 철폐를 위한 강력한 개혁 드라이브를 걸고 있다. 한의학과 규제 철폐가 무슨 관계가 있는가? 이날의 핵심 내용 중 하나는 한의사가 의료기기를 사용할 수 없도록 하는 규제를 철폐해야 한다는 것이었다. 규제학회 전문가들은 "한의사도 엑스레이나 초음파 같은 범용의료기를 사용할 수 있도록 허용돼야 한다"라고 주장했다. 김진국 한국규제학회 회장은 "현재 한의대

• 집합체(어셈블리지)는 다른 더 큰 집합체의 일부분일 수 있다(DeLanda, 2016: 20). 가령 12개의 한의대는 더 큰 한의학 집합체의 일부다. 또한 집합체는 각 부분들을 제약하기도 하고 기회를 제공하기도 한다. 가령 한의학의 임상과 실험은 각종 제약들과 기회들로 이루어져 있으며, 집합체의 확장과 성장은 이 부분들의 성취에 의해 좌우된다.

에서도 엑스레이, 초음파 진단기기에 대한 충분한 교육이 이뤄지고 있다"라고 말하면서 "이를 통해 얻은 의료 정보와 진단 결과가 한의학과 양의학적 의학 체계에서 활용될 수 있고, 국민에게 더 나은 의료 서비스를 제공할 수 있다면 당연히 사용될 수 있어야 한다"라고 주장했다. 이날 발표가 끝나자마자 대한의사협회는 이 토론회가 공정성이 결여되었다고 비판하면서 "여러 사정을 고려하면 이번 학술대회가 주제 선정에서부터 토론자 섭외까지 모든 것이 한방을 대변하기 위해 사전에 계획된 것이 아닌지 강한 의구심이 든다"라며 비판의 날을 세웠다(김춘호, 2016).

한의사 집단은 어떤 기구를 이용해서라도 자신의 영역을 넓혀 나가려 한다. 이것은 양의사 집단의 경우도 마찬가지다. 한의학의 입장에서 새로운 세트들이 추가되기 위해서는 특정한 규제 또는 한의학의 창조성을 억압하는 규제는 제거되어야 한다. 한의사의 의료기기 사용 문제는 2000년대 이후 의료계에서 가장 뜨거운 이슈 중 하나로 부상했다(박용신, 2008). 의료법에 따르면 의사와 치과의사만이 '의료기사 지휘권'을 가지고 있기 때문에 이들의 지시에 의해 진단기기가 활용된다. 한의사의 의료기기 사용이 어려운 주된 이유는, 위의 내용에서 알 수 있듯 양의사 집단의 반발에 있다.

근대 한의학은 일제에 의해 식민화된 이후 지금까지도 각종 차별을 받았다. '약자의 의학'으로서 한의학의 근대화는 국가와 양의학이라는 강자와의 권력관계 속에서 이루어졌고, 한의학의 근대적 창조는 이 권력들에 의해 속박되어왔다. 즉 한의학은 마음먹은 대로 자유자재로 창조되는 것이 아니라 여러 권력관계들 속에서 이루어진다(Harding, 2008). 피해자로서의 한의학의 정체성은 지난 100여 년 동안 한의사들과 한의사 조직들에 면면히 드러났으며, 시민들은 이들에게 동정적인 태도를 보였다.

하지만 작금의 상황에서 한의사와 한의학이 정말 약자일까? 나는 현장연구에서 만난 한의사들이 한국 사회의 엘리트로서 살아가는 모습을 보며 그들이 과연 약자인가라는 의문을 품게 되었다. 평균적으로 한의사의 소득은 높으며 고가의 주택을 소유하고 좋은 차를 몰고 시민들에게 전문가 대접을 받는다. 사회경제적 지위가 나보다 높은 이들을 내가 굳이 옹호해야 하는가? 우수한 인재들인 한의대생들의 엘리트주의적 태도 또한 내 마음에 걸렸다. 나는 이러한 모순된 경험을 현장연구에서 느꼈고, 이를 이해하기 위해 새로운 개념을 창안해야 한다는 것을 깨달았다. 근대 한의학은 역사적 변동 속에서 세트들의 세트들을 확장하는 데 성공했지만 여전히 양의학과 국가로부터 차별받는다. 이러한 다양한 권력관계와 정치적 역학관계가 나로 하여금 '권력지형'이란 개념을 고안하게 만들었다.

'권력'은 대단히 복잡하고 애매한 개념으로 사회과학에서 지속적인 논쟁 과정을 거쳤다(Haugaard, 1997). 권력 개념은 크게 갈등 중심, 합의 중심, 물질 또는 인프라 중심으로 나뉜다. 막스 베버, 로버트 달, 피터 바흐라츠와 모턴 바라츠, 스티븐 룩스 등의 학자들은 권력을 갈등 중심으로 보는 대표적인 인물들이다. 베버와 달은 권력을 A가 B에게 다른 방도 없이 어떤 일을 하게끔 할 수 있는 능력(A over B)으로 정의한다. 바흐라츠와 바라츠(Bachrach and Baratz, 1970: 7)는 반反행동주의적 입장에서 권력이 반드시 의사결정 등의 과정에서 드러나는 것이 아니라 체계적으로 편견을 동원함으로써 애초에 약자인 B가 문제를 제기하지 않거나 A에게 도전하지 못하게 하는 형태로 나타난다고 말한다. 룩스(Lukes, 2005)는 이들의 입장이 각각 1, 2차원적이라고 말하고 권력의 '구조적' 구성을 강조한다. 이를 통해 특정 집단을 배제하거나 억압할 수 있다는 것이다. 하지만 그의 3차원적 권력 개념 또한 행위자 간의 갈등관계에 초점을 둔다.

권력을 합의 중심으로 보는 관점은 탤컷 파슨스, 배리 반즈, 한나 아렌트와 같은 학자들의 논의를 중심으로 전개되어왔다. 무엇보다 이 관점은 권력이 제로섬 게임이 아니라는 점을 강조한다. 권력은 사회적으로 창조되고 공유되며, 사회 구성원들 전체의 이익에 봉사한다. 여기서 구성원들은 이 권력에 암묵적 또는 명시적으로 합의하며, 이 사회 질서 때문에 권력이 창출된다. 토머스 홉스의 '만인의 만인에 대한 투쟁'은 권력이 제로섬 게임의 '갈등'을 의미하지만, 국가라는 리바이어던에 권력을 양도하기로 '합의'함으로써 오히려 이익이 된다고 주장한다. 파슨스의 사회 질서의 문제도 홉스적 문제로부터 도출되었으며, 사회 질서의 확립이 권력이 됨으로써 사회가 순조롭게 작동한다고 강조한다.

물론 사회에서 권력에 대한 갈등 중심의 관점과 합의 중심의 관점은 다양한 방식으로 결합되어 나타난다. 가령 민주주의 체제에서 구성원들은 통치에 대한 게임의 룰에 '합의'하며, 선거를 통해 패자는 승자에게 승복한다(Haugaard, 1997). 이때 민주주의 사회에서의 '갈등'은 게임에서 이상화된 형태, 즉 상대방을 죽이지 않는 공정한 게임에서의 갈등을 의미한다. 따라서 민주주의 체제는 다른 정치 체제보다 안정적이다. 이는 갈등을 평화적이고 민주적인 방식으로 관리하는 정치 체제에 대한 구성원들의 암묵적 또는 명시적 합의가 이루어졌기 때문에 가능한 것이다.

근대 한의학의 탄생 과정은 한의학의 '세트들의 세트들'이 양의학 및 정부와 때로는 갈등하고 때로는 협력하면서 생산되는 과정이다. 따라서 갈등 중심과 합의 중심으로만 해석해서는 안 되며 물질 또는 인프라 중심의 관점이 필요하다. 한의사들은 새로운 건물, 실험실, 조직을 만들고 새로운 의료행위를 창출하는 과정에서 다양한 물질적 자원을 동원하고 창조한다. 그리고 이를 통해 한의학의 '인프라 권력'을 확장한다. 과학기술학에서 말하는 물질적 전환material turn의 관섬에서 권력은 불질적으로 창조된다. 하지만 동시에 우리는 엄연히 한의학이 정부 및 양의학과 갈등 또는 협력을 거치는 것을 알고 있다. 여기서 권력은 갈등, 합의, 물질세계(인프라) 어느 하나로 환원될 수 없으며 이 모든 형태의 권력작용이 다원적이고 다양한 방식으로 이루어진다. 나는 이를 '권력의 세트들의 세트들' 또는 '권력지형'이라고 명명한다.

권력지형powerscapes이라는 용어는 아르준 아파두라이Arjun Appadurai의 글로벌화의 해석에서 영향을 받았다. 아파두라이(2004: 60)는 전 지구적 문화 경제를 중심-주변으로 설명할 수 없는 "복합적이고 중층적이며 탈구적인 질서"로 해석한다. 그는 전 지구적 흐름을 에스노스케이프, 미디어스케이프, 테크노스케이프, 파이낸스스케이프, 이데오스케이프로 나눈다. 여기에 쓰인 접미사 스케이프(풍경)는 "유동적이고 비규칙적인 모습들"을 나타내며 "각기 다른 행위자들의 역사적·언어적·정치적 상황 조건에 의해 좌우되는 원근법적인 구성의 산물"임을 보여주기 위해서 차용되었다(아파두라이, 2004: 61). 아파두라이는 행위자의 능력 또한 강조하는데 "지구 전체에 퍼져 있는 사람들과 집단들이 지니고 있는 역사적으로 상황 지어진 상상력들에 의해" 복수의 세계들이 만들어진다고 말한다(아파두라이, 2004: 62).

내가 말하는 권력지형은 아파두라이의 개념처럼 복합적이고 유동적이며 몇 개의 권력관계로 환원할 수 없는 권력의 다원성, 창발성, 복합성, 비환원성을 의미한다. 한의학의 권력지형은 행위자들의 창조성과 상상력에 의해 끊임없이 변형되며, 갈등, 합의, 창조의 복합적 과정을 거친다. 즉 갈등, 합의, 창조도 무수히 다른 방식으로 나타나며 이는 창발적으로 생산되는 것이다. 가령 한의사 집단이 겪는 갈등에는 정부와의 갈등, 양의사와의 갈등뿐만 아니라 한의사 집단 내의 갈등도 포함된다. 정부와 양의사와의 갈등은 이해하기 쉽지만 한의사 집단 내의 갈등은 설명을 요구한다. 가령 한의학의 과학화에 대한 입장은 크게 전통주의적 관점과 과학주의적 관점으로 나뉘며, 이는 진료실, 실험실, 강의실 등 다양한 장소에서 한의사 집단 내의 갈등을 동반한다. 즉 한의학의 권력지형 안에서 이러한 복합적이면서 유동적인 권력들이 나타나는데, 이는 권력을 하나의 통일된 전체로 보는 시각을 거부한다.

행위체: 행위의 사회물질성과 노마드성

근대 한의학의 세트들의 세트들은 누가 만드는가? 여기서 중심적인 행위자는 분명 한의사 집단이지만, 이 책의 구체적인 사례들이 보여주듯이 과학자, 약사, 정부 관료, 바이오기업 등 다양한 주체들이 근대 한의학의 집합체를 만들어온 행위자들이다. 중요한 점은 전통의학과 과학을 이들이 어떻게 창조적으로 연결시키는가이다. 여기서 행위의 사회물질성과 노마드성은 대단히 중요하다.

행위이론 또는 실천이론은 사회과학에서 중요한 위상을 차지한다. 막스 베버, 탤컷 파슨스, 조지 허버트 미드, 해럴드 가핑클, 앨프리드 슈츠, 피에르 부르디외 등 근현대 주요 사회학 이론가들은 사회를 구성하는 것은 인간의 행위라고 주장했고 이를 이해하려는 주요 이론적 작업들이 있었다. 행위이론은 크게 공리적 모델, 규범적 모델, 창조적 모델로 나뉜다(요아스. 2002). 공리적 모델은 사회적 행위를 합리적 행위로 전제하며 행위의 목적지향성을 강조한다. 하지만 에밀 뒤르켐과 파슨스는 '이기적인 개인'을 전제로 한 공리적 모델이 '사회 질서'를 설명하지 못한다고 비판한다. 공리적 모델은 홉스적 문제, 곧 개인들이 자신의 목적을 실현하기 위해서라면 서로 기만하고 싸워 결국 '만인의 만인에 대한 투쟁'이 일어날 것이고 사회질서는 불가능하다는 문제에 부딪힌다. 파슨스는 뒤르켐의 규범적 모델을 발전시켜 사람들은 사회화를 통해 사회의 가치 체계를 학습하여 자신의 인성체계를 형성하며 공통된 문화적 규범을 따르기 때문에 사회 질서가 가능하다고 설명한다. 이 모델은 사회가 개인에게 규범을 주입하는 것으로 보기 때문에 행위자가 사회를 어떻게 변화시킬까라는 문제를 풀 수 없다. 일상생활방법론ethnomethodology의 창시자인 가핑클이 비판하듯이 규범적 모델에서 행위자는 문화적 규범과 사회 질서를 그대로 따르는 '문화적 바보'cultural dope 또는 '판단적 바보'judgemental dope가 된다(Garfinkel, 1991). 민속학적 방법론은 행위자가 외부의 규범 없이 자율적으로 판단하는 성찰성과 상황 판단력이 있는 능동적 행위자라고 주장한다.

그렇다면 한의학의 근대화라는 혼종(하이브리드)을 만드는 '행위'

는 어떻게 이루어지는가? 행위의 창조적 모델의 주창자 중 한 사람인 한스 요아스는 기능주의가 설명하듯이 행위자가 가치를 내면화해 사회적 규칙을 따르는 것이 아니라, 자아가 다양한 사회적 기대들을 능동적으로 종합하고 행위를 창조해나간다고 설명한다(요아스, 2002). 요아스는 상황성, 육체성, 사회적 본원성의 세 차원 때문에 우리가 애초부터 개인과 사회를 분리할 수 없고 이것이 서로 얽힌 상태에서 복합적으로 창조적 행위가 발생한다고 설명한다. 곧 행위는 사회적이지만 그 창조성은 기존의 사회적 관계와 규칙을 뛰어넘는 생산적 힘을 가지고 있다는 것이다.

하지만 요아스의 행위의 창조적 모델에는 '한의학의 창조적 생산'을 이해하는 데 몇 가지 한계가 있다. 가장 중요한 것은 행위의 '물질성'을 이 모델이 설명하지 못한다는 점이다. 이 모델이 전제하고 있는 사회는 '사람들' 사이의 행위로 이루어진 구성물이라는 점에서 다분히 인간주의적humanist이다. 우리가 살고 있는 세계는 '사회적' 세계social world가 아니라, '사회물질적' 세계socio-material world다. 근대든 전통이든 간에 인간은 물질세계와 맞닥뜨려 살 수밖에 없고, 특히 근대적 세계에서는 과학기술이라는 물질적 힘들이 사회를 생산하는 주요 동력이다. 증기기관, 기차, 철도, 전기, 화학물질, 자동차, 도로, 전화, 인터넷, 인공위성 등 우리의 환경을 이루고 있는 세계를 이해하기 위해서는 행위의 물질성을 이해해야만 한다. 행위는 사회적인 것이 아니라 '사회물질적'이다. 이는 우리가 행위를 이해하기 위해 좀 더 역동적인 관점을 가질 것을 요구한다. 즉 행위의 물질성을 이해하기 위해서 우리는 포스트휴머니즘적 시각을 가질 필요가 있다.

사회물질적 행위들에서 '사회적 행위'와 '물질적 행위'를 떼어 놓을 수 없다. 우리의 행위는 사회물질적 세계와 실천적 관계를 맺고 있기 때문에 이 둘을 분리하는 것은 행위의 역동성을 잘라내는 것이다. 여기서 행위의 창조성은 기존의 사회물질적 규칙을 따르는 것이 아니라 새롭게 바꾸고 창조적으로 생산하는 것이다. 곧 패러다임론이 제시하는 것처럼 과학자 공동체가 부여한 규범이나 규칙을 따르는 것이 아니라 창조적 행위 속에 통합하여 새로운 사회물질적 네트워크를 만들어내는 것이다. 한의학의 근대화 과정은 행위자들의 사회물질적 행위를 통해 기존에 존재하지 않는 문화를 창조하는 것이며, 이는 인프라 권력 또는 세트들의 세트들의 확장을 낳는다.

여기서 우리는 인간 행위자를 통일적 전체로 보려는 유혹을 피해야 한다. 가령 부르디외의 아비투스 개념은 '구조화하면서 구조화되는'structuring structured 행위의 발생 기제로서 사회 집단에 상응하는 행위의 통일적 구조를 상정한다. 부르디외에 따르면 아비투스는 "지속적이면서 변화 가능한 성향의 체계들, 곧 구조화하는 구조들로서 기능하기 위한 구조화된 구조로서 어떤 의식적인 목적이나 명확한 통달을 전제하지 않고 실행들과 표상들"을 조직한다(Bourdieu, 1980: 53). 부르디외는 아비투스를 체계들이나 구조들과의 연관성으로 파악하고 사회와 개인을 아비투스로 연결시킨다. 이는 구조와 행위자의 상동성을 뜻하는데 아비투스의 개념은 행위의 창조성을 부분적으로 설명하지만 행위의 불연속성, 물질성, 파편적 결합에 대해서는 설명하지 못한다. 다시 말해 아비투스라는 개념은 사회 구조와 상응하는 인간 행위의 구조를 가정함으로써 사회 구조로 환원할 수 없는 행위의 창조성과 혼종성을 보지 못한다. 행위자를 아비투스라는 통일적 전체로 이해하는 순간 행위의 불연속적이고 창발적인 생산을 보지 못하게 되는 것이다. 예를 들어 이 책에 소개되는 행위자들은 한의학과 과학/양의학을 동시에 이해해서 연결시키려고 노력하는데, 이들은 한의학과 과학/양의학의 양립과 연결을 '어떤 심각한 모순 없이' 받아들인다. 곧 행위는 본원적으로 하나로 통일될 수 없는 다양하고 이질적이며 유연한 실천의 세트들이다.

'사회물질적 행위의 세트들이자 다원적 발생 기제'로서의 행위는 거시와 미시를 넘나들며 다양한 자원과 규칙들을 유연하게 적용하고 동원하며 끊임없이 변화시킨다. 따라서 행위 또는 실천은 어떤 사회적 계급이나 집단으로 환원될 수 없는 다양하고 이질적인 집합체로서 이해되어야 한다. 나는 이것을 행위체라 부른다.

이질적 집합체이자 발생 기제들로서의 행위체는 끊임없이 경계를 넘나들며 고정된 구조와 영토에 얽매이지 않고 새로운 행위와 사회물질적 세계를 창조한다는 점에서 일종의 노마드다. 행위체는 행위를 구조와 상동시키려는 환원론적 시도를 거부하는 반환원론적 행위이론이다. 노마드로서의 행위체는 경계와 영역을 넘나들며 행위자가 움직인다는 뜻이다. 즉 이 책의 사례에 등장하는 한의사들은 한의사협회를 조직하고, 한의과대학을 만들고, 한의학을 법제화하기 위해 정부 관료들과 입법자들을 설득하고, 한의학 실험실과 한방병원을 만들고 한의학과 양의학/과학을 혼합한다. 곧 행위체는 어떤 심각한 모순도 느끼지 않고 모든 영역을 가로지르는 행위의 탈경계성과 포식성을 의미한다. 행위는 모든 곳을 갈 수 있고 모든 영역을 개척할 수 있는 자유이자 창조이자 연결이다.

하지만 행위체는 자신이 원하는 대로 사회물질적 세계를 창조하는 것이 아니라 기존의 권력지형 속에서 다양한 '저항들'에 부딪힌다. 가령 한의사들의 다양한 전략, 목표, 세트들의 생산은 법률적 저항, 국가의 저항, 양의학의 저항, 물질적 저항을 받기 때문에 한의학의 세트들의 확장은 이 저항들을 어떻게 극복하느냐에 달려 있다.●

이 책의 다양한 사례에서 설명되듯이 근대 한의학은 다양한 사회물질적 저항에 부딪히는데 이 과정에서 한의학은 과학/양의학과의 안정화를 위해 다양한 방식으로 적응한다. 가령 이 책의 4장에서는 한약의 실험 과정을 설명하는데 과학적 언어로 한약의 효과를 설명할 때 한의학적 개념들은 떨어져나간다. 이는 한의학의 과학화를 '안정화'시키기 위한 적응의 과정인 동시에 한의학이 실험실 과학의 권력에 어느 정도 굴복함을 의미한다. 다시 말해 행위자는 자신이 원하는 대로 근대 한의학을 창조하는 것이 아니라 다양한 권력의 세트들 속에서 끊임없는 타협과 적응을 시도한다. 따라서 창조적 유물론은 권력지형과 사회물질적 행위체의 관계 속에서 이해되어야 한다.

탈경계적 과학−기예의 혼합물

이 책은 크게 세 시기의 연구를 바탕으로 한다. 첫 번째 시기는 1999

● 행위체를 인간 중심적으로 해석할 필요는 없으며 포스트휴머니즘적으로 해석할 수도 있다. 집합체는 인간과 물질의 연합이고 물질도 행위를 하기 때문에 집합체의 행위를 인간의 행위체와 물질의 행위체의 연합으로 이해할 수 있다. 즉 집합체 자체를 행위체로 보아도 무방하다. 가령 AI(인공지능)나 기계화가 동반하는 조직은 인간 행위자와 물질적 행위자의 연합에 의한 행위체로 이해될 수 있다. 사회과학적 전통에서는 인간의 행위가 분석의 중심이었기 때문에 이 책에서는 기존의 견해를 반박하기 위해 다분히 인간 중심의 행위체에 대해 설명하고 있다.

년부터 2003년까지로 내가 박사학위 논문을 위해 수행한 연구다. 두 번째 시기는 2010년부터 2012년까지로 첫 번째 시기의 연구를 확장하여 2000년대 후반 이후 한의학의 과학화, 산업화, 세계화를 탐구했다. 세 번째 시기는 2015년부터 2017년까지로 책의 출판을 위해 수행한 연구로 기존의 논의에서 부족한 부분들을 보충하고 새로운 자료들을 수집하여 연구 결과물들을 종합했다.

이 책은 주요 연구 방법으로 질적 접근을 택한다. 방법론은 인식론, 정치적 입장과 위치, 사회기술적 관계, 윤리 등이 포함된 앎의 방식이다. 질적 연구는 자연주의적 방법을 택하며 사회-물질세계의 직접성, 생동감, 그리고 복잡성을 우선시한다(Denzin and Lincoln, 2018). 질적 연구의 인식론은 사회적 경험을 통계적인 숫자나 타당성으로 환원할 수 없음을 강조하고 사회적 실재를 이해하는 데 있어 단순하고 고정된 단일한 해석을 거부한다.

나는 질적 연구를 과학-기예의 혼합물이라고 보며 이는 내 연구에 있어서도 마찬가지다. 과학은 상식과 대별되는 지식이라는 점에서 '끈질긴 노력으로 성취된 지식'이다. 나는 과학이 상식보다 우월하다는 입장에는 회의적이지만 과학의 성취는 대단히 높게 평가한다. 가령 이 책에서 사용되는 주요 개념들인 창조적 유물론, 권력지형, 행위체, 정치적 체제로서의 실험실, 창조적-갈등적 신新집합체로서의 근대 같은 용어들은 일반 상식으로는 도저히 알 수 없는 것으로, 나의 오랜 연구 경험에 의해 '성취'achievement되고 '생산'production되었다. '성취와 생산으로서의 과학'은 '비성취와 비생산으로서의 상식'보다 어떤 점에서 분명히 우월하다.

나는 질적 연구를 또한 기예craft로 본다. 이 용어는 찰스 라이트

밀스Charles Wright Mills의 '기예'로서의 학문에 빚지고 있다. 기예로서의 질적 연구는 "엄격한 절차를 피하고 방법과 기교의 숭배를 피하며 인간과 사회의 문제에 주체적으로 대처하는" 자세를 뜻한다(밀스, 2004: 275). 또한 기예를 갖춘 질적 연구자는 "모든 사람이 자신의 방법론자가 되게 하고 스스로 그런 장인이 되려고 노력"하는 사람이다(밀스, 2004: 275). 나는 질적 연구가 모두 동등하다고 생각하지 않는다. 얼마나 많은 자료들을 모으고, 얼마나 이론적으로 창의적이며, 사회와 역사에 얼마나 의미가 있으며, 이를 얼마나 상호 안정적으로, 즉 말이 되게 또는 설득력 있게 구축하느냐에 따라 질적 연구에 대한 평가는 달라진다. 내가 질적 연구를 기예라고 말하는 것은 높은 수준의 예술 작품과 비슷하게 높은 수준의 질적 연구도 가능하며 이는 다양한 노력에 의해 이루어진다고 생각하기 때문이다. 하지만 기예로서의 질적 연구는 다른 질적 연구를 폄하하지 않고 그 나름의 가치를 인정한다. 과학-기예의 혼합물로서 질적 연구는 아카데미의 과학적 전통을 존중하되 그에 매몰되지 않으며 일상생활로부터 얻은 지식을 진지하고 엄격하게 수집하고 분석하는 동시에 자신만의 창조적인 방법으로 만들어냄을 뜻한다.

한의학을 넘어 한국 근대를 새롭게 이해하기 위하여

이 책은 한의학의 근대, 즉 한의학의 변화의 세트들을 크게 두 부분으로 나누어 분석한다. 하나는 구한말/일제시대부터 1945년 해방을 거쳐 현재까지 한의학이 제도화되는 과정이고, 다른 하나는 여러 사례를 통해 한의학의 과학화, 혼종화, 산업화를 다룬다. 이 책은 한의학의 행위자들의 사회물질적 실천과 네트워크의 형성을 동시에 살펴봄으로써 거시/미시의 이분법을 뛰어넘어 한의학의 근대를 이해하려고 한다.

2장과 3장에서는 구한말부터 현재까지 진행된 한의학의 제도화 과정을 상세히 다룬다. 2장에서는 구한말과 일제시기를 거쳐 해방 이후 현재까지 한의학이 식민화된 의학에서 근대적 의학으로 어떤 과정을 거쳐 변모하는지를 살펴본다. 한의학의 법제화, 한의대의 설립, 국민건강보험제도의 적용, 한의학의 전문화 과정을 상세하게 다룰 것이다. 3장에서는 1990년대 중반부터 지난 20년간 한의학의 과학화와 관련된 정책적·정치적 변화를 살펴본다. 1990년대 있었던 두 차례에 걸친 한약 분쟁의 결과로 한국한의학연구원, 한의약정책관, 한의학 연구개발 사업이 처음으로 도입되었다.

4장부터 7장까지는 한의학의 과학화가 일어나는 구체적 과정을 다지역 문화기술지multi-sited ethnography를 통해 보여준다. 4장은 한약의 실험 과정을 과학기술사회학의 전통에서 비롯된 실험실 문화기술지를 통해 분석한다. 이 장에서는 '다양한 실험실'multiple laboratories의 입장에서 한약 실험이 다른 자연과학 실험과 어떻게 다른지에 초점을 맞춘다. 분석되는 장소는 경희대학교 한의대의 실험실이다. 5장은 경락 실험을 통한 남한에서의 봉한 연구를 둘러싼 과학적·사회적 갈등과 타협을 분석한다. 봉한 연구는 다양한 과학적·기술적 요소의 동원뿐만 아니라 전문가, 언론, 한국 정부 등의 사회적 네트워크의 동원을 통해 제대로 이해할 수 있다. 이는 또한 주류 과학자 사회의 구조화된 편견을 극복하는 과정이기도 하다. 6장은 진료실 현장연구를 통해 한의학과 양의학이 어떤 방식으로 만나고 협력하는지 분석한다. 이 장은 경희대 의료원의 현장연구를 중심으로 한방과 양방의 진료 및 처방이 어떻게 공존하는지, 이 과정에서 어떤 갈등을 경험하고 또 이를 극복하는지, 그리고 어떻게 이 혼종 의료가 진화하는지를 분석할 것이다. 7장은 한의학이 과학과 연결되어 바이오경제화되는 과정을 다루고, 특히 천연물 신약 분쟁을 중심으로 분석한다. 한의학의 바이오경제화는 생명공학을 통한 새로운 바이오가치의 창출과 관계되어 있으며 동시에 한의학과 한국 제약산업이 가진 경제적·정치적·문화적·법적 맥락들과 얽혀 있다.

결론에 해당하는 8장에서는 한의학의 근대화를 바탕으로 한국 근대, 나아가 근대 일반을 다른 방식으로 볼 것을 제안한다. '변화와 창조의 세트들의 세트들'로서의 근대는 폭력적violent이면서 동시에 창조적creative이며 생기적vital이다. 과학/양의학은 한의학에 헤게모니와 폭력을 행사하는 동시에 한의학의 근대적 전환에 끊임없는 자극을 주고 자양분을 공급했다. 이러한 모순적 경험은 한의학을 넘어 한국 근대를 새롭게 이해하는 데 도움을 줄 것이다. 동시적 위기와 기회로서의 근대는 한의학의 창발적 생산이 다양한 힘들 간의 갈등과 타협 속에서 이루어짐을 뜻한다. 즉 한의학의 근대는 심대한 권력지형의 맥락 속에 놓이는데, 이는 과학/양의학과의 투쟁인 동시에 전통의학의 인프라 권력을 사회적, 물질적으로 확장하는 과정이기도 하다.

2장

한의학의
근대화와
제도화

'미개한 조선의 의학'

몰렌도르프 집에 당도해 보니 중상자는 피범벅이 된 끔찍한 상태였다. 나의 영웅적인 치료에 대해 반대하는 14인의 조선인 의사들이 옆에서 지켜보았다.[*] (알렌, 2004: 407-408; 김남일, 2011: 139)

1884년 12월 5일 조선에 온 최초의 서양인 의사 호러스 알렌

---

[*] 의사학자 김남일(2011: 138-143)은 조선에 온 최초의 서양 의사인 알렌의 기록을 재검토한다. 알렌이 민병익을 치료한 장면은 한국 의학사에서 중요한 의미를 지닌다. 알렌이 조선 최초의 서양 의료기관인 제중원을 설립하는 데 결정적인 역할을 했다고 알려져 있는데, 이는 조선 왕실에 큰 영향력을 행사하고 있던 민병익을 치료한 사건 때문인 것으로 평가되고 있다. 황상익(2013: 179-186)은 이날의 사건을 '알렌 신화-신데렐라 스토리'로 명명했고 그 역사적 중요성을 설명했다. 김남일은 알렌이 한의학에 대해 큰 편견을 가지고 있었으며 자신의 치료 성과를 과장했다고 비판한다. 당시 위급한 상황에서 한의사가 14명이 아니었을 가능성(알렌 개인의 상황 판단), 민병익을 살린 사람이 오직 알렌만이 아니었을 가능성, 제중원의 설립이 알렌 혼자의 노력이 아니었을 가능성, 조선 한의사들이 봉합술을 행했을 가능성을 김남일은 제기한다.

Horace Allen의 일기에서 발췌한 부분이다. 전날 밤 알렌은 독일 출신의 외교관 묄렌도르프의 요청을 받고 그의 집으로 가서 그 중상자, 곧 명성황후의 조카이자 수구 세력의 리더인 민영익을 치료했다. 12월 4일 급진 개화파는 우정국 개청을 축하하는 만찬 자리에서 민영익을 제거하려 했다. 칼을 맞고 쓰러진 민영익을 확인 사살하려는 것을 우의정 홍영식이 막았고, 청의 이익을 대변하고 있던 외교관 묄렌도르프는 민영익을 우정국과 200미터 거리에 떨어져 있던 자신의 집으로 옮기게 했다(황상익, 2013: 182). 갑신정변으로 일컬어지는 개화파의 쿠데타는 3일 만에 막을 내렸지만 알렌이라는 의료계의 신데렐라를 만들어내며 한국 의학사에 중요한 사건으로 기록되었다. 민영익을 성공적으로 치료한 알렌은 고종과 명성황후의 신뢰를 얻었으며, 이를 계기로 근대 최초의 서양식 병원인 제중원이 설립되었다.

알렌을 비롯한 서양 의사들은 한의학에 대해 왜곡된 인식을 갖고 있었다. 한의학을 접한 적도 없고 진지하게 공부한 적도 없는 알렌에게 한의학은 전근대의 상징인 미신이나 다름없었다. 알렌은 『조선견문기』Things Korean에서 "조선 사람들은 병이 악마 때문에 생기는 것이라고 생각한다"라거나 "외국 의사에게 자리를 빼앗긴 본토 의사의 악의에 찬 선동이 민중에 끼치는 영향은 상상할 수 없을 만큼 가증스러운 것이다"라고 적고 있다(김남일, 2011: 133). 알렌과 같은 양의뿐만 아니라 당시 한국을 방문한 서양인들의 한의학에 대한 시각은 다분히 왜곡된 오리엔탈리즘의 전형이었다.

조선 사람이 콜레라에 걸린 것을 우리가 직접 치료했던 일이 있었다. 알렌 박사와 혜론 박사는 그에게 처방을 했고, 그는 상당히 회복 중에 있었다. 그런데 하루는, 그의 부인이 사라져버렸다. 나중에 안 사실이지만 그 여자는 상당히 효과가 있었던 의사가 제조해준 약을 감추거나 버린 후, 약을 구하기 위해 토착 점쟁이나 무당을 찾아갔던 것이다. (……) 원주민 의사들이 행하는 미신과 무당에 대한 두려움 때문에 이러한 어려움이 생기지만, 우리 의사들(서양 의사)의 능력과 선행이 널리 알려짐에 따라서 양약에 대한 반대와 미신은 사라질 것이다. (길모어, 1999: 75-76)

한국의 민간 의료는 미신적인 요소가 많다. 한국인들은 모든 병은 악한 별이 진노하기 때문에 생긴다고 믿는다. 병을 낫게 하기 위해서는 환자의 친척이 냉수로 목욕하고 자정에 별을 향해 빌어야 한다. (독일인 코벨트의 글. 이지은, 2006: 241)[•].

양의학과 한의학이 만나자마자 작동된 근대와 비근대의 이분법은 고종 말기부터 시작하여 일제에 의해 더 본격적으로 진행되었다. 1905년 을사늑약이 체결되기 전 한의사들은 국가의 공식 의료기관인 광제원의 의사로 재직하는 등 공식적 차별을 받지는 않았다. 일제가 광제원을 폐지하고 한의사를 내쫓으면서 시작된 한의학에 대한 차별은 100여 년 동안 다양한 형태로 이루어졌다. 조선 황실의 공식 의학이 서양 의학에 밀려 주변화되고 한의사들은 의생으로 격하되었다. 반면 양의학은 일본 제국주의에 의해 문명과 진보의 상

• 이지은(2006)은 미셸 푸코(Foucault, 1973; 1982)의 담론 이론과 에드워드 사이드(Said, 1979)의 오리엔탈리즘의 연구 방법을 따라 '서구 유럽이 300여 년 동안 어떻게 미개한 한국을 발명했는지'를 비판적으로 분석한다.

징으로 이해되었다. 근대와 전통의 이분법은 양의학에 대한 한의학의 열위를 의미하며 국가로부터의 제도적 차별로 구체화되어 나타났다. 조선 황실의 의학은 미개한 조선의 의학으로 여겨졌고 일제의 식민지 지배를 정당화하는 근거 중 하나였다.

이 장에서는 한의학의 식민화와 근대화 과정을 역사적으로 분석한다. 일제에 의해 식민화되고 해방 이후 법제화와 제도화에 성공하는 과정은 미리 정해진 수순이 아니었고 다양한 정치적·역사적·사회적·문화적 상황에 영향을 받았다. 또한 권력지형 안에서 한의사 집단은 한의학의 명맥을 유지하고 제도적 세트들을 확충하려는 가열찬 노력을 경주했다. 이 과정에서 몇 번의 결정적 분기점이 있었는데 1905년의 을사늑약, 1910년의 한일강제병합, 1945년의 해방, 1951년의 한의학 법제화 성공, 1990년대의 두 차례 한약 분쟁이었다. 한의사들은 그때마다 힘의 열세에도 불구하고 권력지형 안에서 한의학의 영역을 확보하려는 다양한 전략을 사용했다. 한의학의 근대화를 다루는 대부분의 책들이 구한말, 일제시기, 해방 후 특정 시기 등에 초점을 맞추기 때문에 전체적인 그림을 제공하는 데 한계가 있다. 따라서 이 장은 근대 한의학의 형성에 대한 전체적인 그림을 제공하는 데 목적이 있고, 특히 한의학이 양의학과 국가를 상대로 어떤 투쟁을 벌였고 어떤 성과를 냈는지에 집중한다.

한의학의 식민화

역사학자 박윤재는 『한국 근대의학의 기원』(2005)이라는 탁월한 책에서 개항 이후부터 식민지 시기까지 한의학과 양의학의 관계를 탄탄한 역사적 사실에 기반하여 분석했다. 그는 개항 이후 한일강제병합까지의 시기를 '동서 병존의 의학 체계 형성'으로 규정지으면서 한의학이 조선의 황실 의학이자 주류 의학으로 자리 잡고 있었고 서양의학이 서구와 일본에서 들어와 공존한 상황을 설명한다(박윤재, 2005: 99). 양의학이 조선과 식민지 시기 제도적, 사회적, 문화적으로 자리잡는 데는 상당한 시간이 걸렸다. 곧 '양의학의 세트들의 세트들'이한국에 안착하는 데 상당한 시간이 요구되었고, 인적·물적 자원은열악했다. 하지만 이러한 동서 병존의 의학 체계는 일제의 본격적인식민지화로 통감부 중심의 의학 체계로 재편되었다. 이후 양의학과한의학의 권력관계는 급속하게 바뀐다.

구한말 다른 모든 사회 부문과 마찬가지로 의료 체계도 혼란과개혁을 맞고 있었다. 한의학의 근대화는 갑오개혁을 거쳐 점차 축소되었으나 을사늑약이 체결된 1905년까지 여전히 공식적인 위상을차지하고 있었다. 이는 1905년 이후 일본 제국주의에 의한 한의학말살 정책과 대조적이다. 고종과 황실은 어의를 두었는데 모두 한의사였다. 어의였던 정인진은 고종의 일곱째 아들인 이은(영친왕)의 천연두를 치료해 종2품의 벼슬에 올랐고, 또 다른 어의 박준승은 고종을 인삼일물탕으로 치료하는 등 그 능력을 인정받아 여러 벼슬을 거쳐 1900년에 내부 위생국장에 임명되었다(김남일, 2011: 33-35). 조선말서양 의학이 조금씩 도입되기는 했으나 진척이 느렸고, 여전히 조선민중 절대다수는 한의학과 민간의료에 의존했다. 한 가지 흥미로운통계는 1899년 김익남이 한국 최초의 양의가 되었는데 이때 일본에서 근대식 교육을 받은 일본인 의사가 2만 명에 달했다는 것이다(황상익, 2013: 548). 그만큼 서양 의학이 조선에 본격적으로 진출하는 것은 아직 더디었고 한의학의 자리를 대체하는 데 역부족이었다.

한방 의료는 1895년 갑오개혁을 계기로 급변하기 시작한다. 정부의 관직의원을 양성하던 전의감이 폐지되고 과거제도인 의과도 철폐되었다. 대신 위생국이 설치되었고 서양식 의학 교육 양성기관과 서양식 병원을 확대하려는 계획이 세워졌다. 의료 부문에서 갑오개혁의 전체적인 방향은 한방 의료를 국가 의료에서 배제하고 양의학을 본격적으로 도입하는 것이었다(신동원, 2002: 336).

1897년 대한제국의 선포와 함께 진행된 일련의 의료개혁에서 정부는 한의학을 포기하지 않고 양의학과 병존시키려는 의지를 보였다. 우선 1899년에 설립된 정부 병원인 광제원에 한방 진료부를 설치하여 국가 공식 영역에서 한의학을 존속케 했으며, 1900년에 발표된 '의사규칙'에서 한의사의 법적 지위를 최초로 승인, 보장했다. 이 의사규칙에 따르면 "의사는 의학을 관숙하여 천지운기와 맥후진찰과 내외경과 대소방과 약품온량과 침구보사를 통달하여 대증투제하는 자"로 정의되었다(신동원, 2002: 337). 이는 보건의료제도에 한의학의 의료행위를 포함시킨 최초의 법적 근거가 되었다. 고종은 을사늑약이 체결된 이듬해인 1906년에 최초의 한의 양성 교육기관인 동제의학교를 재정적으로 지원하기도 했다.

이 같은 한의학에 대한 우호적인 분위기는 1905년 을사늑약 이후 일본이 실질적으로 조선을 장악하면서부터 급격하게 바뀐다. 일제는 '의사규칙', '치과의사규칙', '의생규칙'을 1913년 11월에 반포하고 1914년 1월 1일부터 시행함으로써 한의학을 체계적으로 통제하고 식민화했다(여인석 외, 2012: 271). 의생규칙은 일제 당시 한의학과 관련된 가장 중요한 법령이었다. '의생규칙'은 한의사를 의생으로 규정했다. '의사'는 의학적 전문지식을 갖추고 의료를 실행하고 가르치는 사람인 데 비해, '의생'은 전문적인 의학적 지식을 갖추지 못하고 의술을 '배우는' 학생과 같은 존재라는 뜻이다. 즉 한의사를 의생으로 명명함으로써, 한의사를 의사보다 지위가 낮은 의료인으로 규정했다. 또한 의사의 경우 면허발급의 주체를 조선총독으로 하고, 의생의 경우는 경무총감으로 하여 국가가 인정하는 양의/한의의 위계를 만들었다. 의생규칙에서 면허를 이미 취득한 한의사들은 영구 면허를 소유하게 되었지만 새롭게 면허를 취득하는 의생들에게는 5년이라는 한시적 기간을 부여했다. 이는 일제가 한의학을 점차적으로 배제, 소멸시키고 완전히 양의학으로 대체하려는 의도였다. 의생규칙은 "국가면허제를 통한 한의의 질 관리"라는 특징을 가지고 있었으며 이는 근대 의료 체계에서 국가 주도로 한의학을 통제, 관리하려는 시도였다(신동원, 2002: 350).

1914년 반포된 의료법령에 기반하여 면허 통계를 보면 의사(양의)는 총 641명이었고 이 중 조선인 의사는 144명에 불과했다. 대부분 일본인 의사거나 서양인 의사였으며 당시 1500만 명이던 조선 인구의 의료를 담당하기에는 턱없이 부족한 인력이었다. 서양식 병원은 치료비가 워낙 비싸고 양의의 수가 적어 실질적으로는 5827명의 의생이 조선 민중의 의료를 담당하고 있었다(여인석 외, 2012: 272). 의생과 더불어 조선 민중이 손쉽게 접근할 수 있는 곳은 약종상이었다. 한약 약종상은 한약뿐만 아니라 양약도 취급했다.

1930년대 이전까지 한의학의 위상이 서서히 쇠퇴해가는 반면, 양의학의 위상은 높아졌다. 1920년의 통계를 보면 의생의 수는

5389명으로 1914년에 비하면 438명이 줄어들었고, 양의의 경우 총 1209명으로 568명 증가했다(이꽃메. 2008: 141). 의료 교육기관에서 한의학이 배제되면서 양의학 중심으로 의사가 양성되었다. 한의사들의 노령화 또한 한의학 쇠퇴의 주요 원인 중 하나였다. 하지만 여전히 의사의 공급이 전체 인구에 비해 턱없이 부족한 상황이었고 양의학의 의료 네트워크에 접근하는 것은 일반 서민들에게 어려운 일이었다. 1915년 이후에는 법이 바뀌어 조선총독이 임명하던 의생을 도지사가 임명했다. 한의사의 개업이 특정 도 안에서만 이루어지도록 한 조치였다. 1922년부터는 지역을 더 좁혀 특정한 면 내에서만 의료행위를 할 수 있는 한지면허로 바뀌면서 한의사의 이동은 더욱더 제약을 받았다(신동원, 2003: 113-114).

1930년대 들어서 한의학은 외부 환경의 변화에 의해 새롭게 주목받았다. 1931년의 만주사변과 1937년의 중일전쟁이 중요한 계기였다. 일제는 전쟁으로 인해 의료물자의 부족을 겪었고, 여기에다 중국으로부터의 한약재 수입마저 막혔다. 그러자 일제는 한약을 통해 해결 방안을 모색하기 시작했다. 조선총독부 경무국 위생과는 한약재 중 "판로가 확실한 것, 수요가 많은 것, 수입을 대체할 수 있는 것, 재배가 쉬운 것" 등의 기준에 부합하는 약초 57종을 선정하여 재배를 장려했다(신동원. 2003: 119). 이에 따라 전국 각지에서 한약 재배를 장려하기 위한 다양한 정책이 시행되었다. 예를 들면 1933년 함경남도 위생과의 주최로 약초한약전람회가 열렸고, 1936년에는 개성에 약용식물연구소인 약초원을 개장했다(여인석 외. 2012: 280). 중일전쟁이 발발한 1937년에 일제는 한약 재배를 적극적으로 장려했다. 조선총독은 한약이 "치료상 커다란 공헌을 하고 있다"라고 말하는 등 한약에 대한 일제의 변화된 인식을 드러냈다(여인석 외. 2012: 281). 또한 한약에 대한 과학적 연구를 수행하기 위해서 '한약조사위원회'를 구성하는가 하면 한약 활용을 위해 '한약약국방'을 제정했다. 이는 "한약의 제조·처방·배급이 체계화될 수 있고, 약국방에 게재된 한약들은 일본 약국방과 같은 효능과 품질을 갖춘 것으로 인정"받기 위한 조치였다(여인석 외. 2012: 281). 일제의 변화된 인식과 정책은 한국 내에서 최초의 한의학 논쟁, 곧 '한의학 부흥 논쟁'과 연결된다.

한의학 부흥 논쟁 또는 동서의학 대논쟁

1899년에 세워진 한국 최초의 근대 의학 교육기관인 의학교는 9년의 짧은 역사 동안 36명의 의사를 배출했다. 이들은 향후 진료, 방역, 의료 교육 등의 분야에서 큰 족적을 남겼다(황상익. 2013: 632). 이들은 서양 의학을 배운 당대 최고의 엘리트 신지식인이었다. 그중 한 명인 장기무는 1930년대 한의학 부흥 논쟁을 일으킨 장본인이다. 의사학자인 황상익은 의학교 3회 졸업생(1907년 1월 29일)인 장기무에 대해 이렇게 기술한다(황상익. 2013: 619).

> 수석 졸업생인 장기무는 다재다능한 사람으로 (졸업 후) 다양한 활동을 벌였다. 장기무는 1909년 한국인에 의한 최초의 의약 전문지 월간 『중외의약신보』를 발간했으며, 동시에 "약업의 부진한 정황도 연구하며 가격도 균일케 하야 남매하는 폐단을 교정할 목

적으로" 약업 단체를 조직하기도 했다. 『중외의약신보』는 1910년 11월 25일자 제15호에 사회의 안녕질서를 해치는 기사를 게재했다 하여 악명 높은 '광무 신문지법'에 의해 발매 및 반포 금지 조치를 당했다. 아마도 일제의 의약 정책을 비판했기 때문이었을 것이다.

　장기무는 서양 의학을 배웠고 언론 단체와 약업 단체까지 조직할 만큼 매우 활동적이고 정열적인 인물이었다. 그는 1909년 가을 세브란스병원의 의사들과 함께 콜레라 방역에 기여하는 등 사회 봉사에도 열중했던 것 같다(황상익, 2013: 604). 한국 근대 의학의 산증인이기도 한 그의 이름이 가장 많이 알려진 계기는, 1930년대 『조선일보』 지면에서 벌어졌던 '한의학 부흥 논쟁'이다.

　장기무의 「한방의학—어떻게 부흥시킬 것인가」라는 소론이 1934년 2월부터 『조선일보』에 실리기 시작했으며, 이는 정근양, 이을호, 조헌영, 신길구, 강필모로 이어지는 논쟁을 촉발했다. 1930년대 동서의학 대논쟁에서 가장 중요한 사람은 장기무, 정근양, 이을호, 조헌영이다. 이들의 주장의 요지를 살펴보면 다음과 같다.

　장기무는 한의학을 부흥시키기 위해서 네 가지 방안을 제시했다(장기무, 1997). 한의사 전문단체의 설립, 한의학 문헌의 번역, 연구소와 학교 설치, 한의학 관련 언론기관의 설립과 학술지의 발행이다. 그가 제안한 대안들은 '한의학의 전문화'를 통한 부흥이었다. 대한제국 시기 의학 교육을 받았고 근대 의료 체계가 막 도입되는 시기에 의학을 배웠던 그는 의학의 제도화가 주는 힘을 알고 있었으며 한의학이 이런 노력의 부족으로 인해 쇠퇴하고 있다고 진단했다. 그가 제안한 대안들은 이미 양의학에서 이루어진 것이라는 점에서 양의학의 제도화를 그대로 모방한 것이었다.

장기무는 종래의 한의사 단체가 "두세 명 야심가의 이기욕을 조장케 하는 이외에 학술계에 대하여는 하등의 이익이 있음을 보지 못하였다"(장기무, 1997: 10)라고 거세게 비판한다. 한의사 단체가 존재했지만 학술 연구에 치중하지 않고 몇몇 임원진의 이익을 위해 회비를 받고 농단하는 "유령적 집합"이라고까지 칭한다. 그는 당시 한의사들의 학문적 결여에 대해서 경멸적인 어조로 비판한다. 그의 시각은 과학주의로 무장한 오리엔탈리즘적 성격이 강하다(장기무, 1997: 10-11).

> 저들 (한의사) 집단의 구성원이 개별적으로 보아 과학적 지식이 기본적으로 결여되었을 뿐만 아니라, 그 소위 학설이라고 발표된다는 것이 학술적으로 보아 하등 가치를 인정할 수 없는 가공설을 편향되게 믿는 구태를 되풀이하는 데 불과하여 천편일률적으로 폐금신수니, 상화가 어떠니, 군화가 어떠니, 무슨 장이 허하니, 어느 부가 실하니 하는 식으로 공허한 말을 부연하여 명의로 자처하고, 이 이상 더 연구 노력할 것이 없는 것 같이 떠벌일 뿐인즉, 이런 무리의 허풍쟁이들이 수천 명 집합한들 말이 단체이지 하등의 역량과 포부가 있을 리가 만무하고, 따라서 실행 능력이 박약한 것은 자명한 이치이다.

양의사로서 장기무는 무의식적으로 한의학에 대한 편견과 경멸을 가지고 있었는데 기본적으로 그는 한의사 집단을 신뢰하지 않았고 과학주의에 기반한 단체의 설립을 주장했다. 장기무의 관점은 철저히 제도적인 것이었으며, 그의 대안은 양의학이 제도화되는 방식으로부터 나왔다. 기본적으로 그는 한의학에 대한 애착은 가지고 있되 한의학이 폐쇄적이고 전근대적인 의학이라고 여겼다. 그는 1930년대의 한의학을 종합적으로 평가하면서 "돌이켜 조선의 한방의학계의 현상을 보면 다만 한심하다는 말로써 이 상황을 표시할 뿐이다"라고 말함으로써 자신의 의견을 일갈했다(장기무. 1997: 16).

장기무가 촉발한 한의학 부흥 논쟁은 양의사 집단과 한의사 집단의 즉각적인 반응을 불러일으켰다. 장기무의 주장을 가장 불편하게 느꼈던 논자는 경성제대 의학부 출신으로 의원을 운영하고 있던 정근양이었다. 그는 의학의 본질은 환자를 치료하는 것이지 양방의학과 한방의학을 구분할 필요가 없다고 주장했다. 환자를 치료하는 데 있어 최상의 효과를 가진 의학이면 된다는 것이다.

정근양은 장기무보다 훨씬 더 한의학에 대한 오리엔탈리즘적 시각이 강했으며 과학화되지 못한 한의학에 비판적이었다. 한의학은 경험에 의해 축적되었지만 "하등 볼 만한 실험적 근거를 가지지 못한" 의학이며 한방 의료기관 설치는 무의미하다고 주장했다. "결코 한방의생을 애써 만들 필요가 없"기 때문이었다(정근양. 1997: 21, 23). 그는 한방 의료기관뿐 아니라 한방병원을 설립하는 것도 반대했지만 한약 연구를 바탕으로 진단과 치료를 발전시켜야 한다고 주장했다. 그의 시각은 지금까지도 이어지고 있는 양의사와 약사 집단의 지배적인 생각과 흡사하다. 그는 현대 양의사와 약사 집단이 한의학을 바라보는 관점의 원형을 제공했다고 볼 수 있다.

이을호는 경성약학전문학교를 졸업했다. 학생 시절 앓던 폐병을 사상의학가인 최승돈에게 치료받고 나서 한의학에 심취했고 독학으로 한의학을 공부했다. 1930년대 한의학 부흥을 위해 노력했으나 한계를 느낀 나머지 고향인 전라남도 영광으로 내려가 호연당 약방을 열고 농촌진흥운동에 힘썼다(정민성, 1997: 253-254). 이을호의 주요 논변은 상당히 관념적이며 일종의 패러다임론에 기반한다. 그는 동양의학과 서양 의학을 비교하고 이 둘의 차이는 인체와 사물을 다르게 보는 데서 기인한다고 주장했다. 그는 "종합적 진리를 구하여 연역하는 데 따라서 동양 의학은 부분적 지식을 구하게 되었고, 현대 과학은 베이컨의 귀납법적 관찰로부터 출발하여 전체에 미치는 학문"이라며 과학철학적인 논변을 펼쳤다(이을호, 1997: 35). 아울러 한의학의 침체 원인으로 시대적인 억압과 한의사들의 노력 부족을 들었다. 그가 스스로 인정하듯이 한의학 부흥의 구체적인 방안을 뒤로 미루고 관념적이고 철학적인 입장에서 한의학의 부흥을 두둔했다.

1930년대 동서의학 대논쟁에서 장기무와 더불어 가장 중요한 인물은 조헌영이다. 시인 조지훈의 아버지이기도 한 그는 일본 와세다대학에 다닐 때 조선유학생우회장을 맡으며 활발한 사회활동을 했고, 귀국 후에도 『통속한의학원론』이란 책을 출판하고 동서의학연구회의 편집을 맡는 등 한의학 부흥에 중요한 역할을 했다. 조헌영의 주장은 이을호와 같은 패러다임론에 입각하고 있으나 좀 더 이론적으로 세련되었다. 그는 한의학을 종합의료치술, 자연치료의술, 현상의학/동체의학, 치본의학, 양생의술, 내과의학, 응변주의, 평민의술, 민용의술이라고 불렀고, 대립 지점에 있는 양의학을 국소치료의술, 인공치료의술, 조직의학/정체의학, 치표의학, 방어의술, 외과의학, 획일주의, 귀족의술, 관용의술로 분류했다(조헌영, 1997). 이러한 이분법은 내가 누차 말하는 패러다임론의 정치적 활용으로는 효과가 있지만 의학의 역사적·실천적 다원성을 무시하는 입장이다.

조헌영의 패러다임론적 해석에서 특이한 점은 그가 한의학과 양의학을 계급적 관점과 국가적 관점에서 이해했다는 것이다. 그의 한의학/양의학에 대한 이러한 관점은 일종의 사회학적 해석이었다. 조헌영은 양의사들이 서양 의술을 독점함으로써 고가의 치료비를 받는 귀족의술이 된 반면, 한의학은 누구나 손쉽게 이용할 수 있는 평민의술로서 평등한 의학이라고 주장했다(조헌영, 1997: 85). 또한 의학과 국가의 관계가 중요하다는 점을 간파하고 양의학이 "국가의 방역사업이나, 또는 혈액형·지문·검시 등 사법관계에 필요한 의술"이라고 하면서 "관력과 부력과 삼위일체가 되어 있는 현대 의학"과 비교하면 한의학은 불리한 입장이라고 분석했다(조헌영, 1997: 85). 그의 이러한 관찰은 의학에 있어 국가와 자본과의 관계가 중요하며 이를 한의학이 극복해야 할 과제로 인식했다는 점에서 상당한 의미가 있다고 볼 수 있다. 조헌영은 동서의학 대논쟁뿐 아니라 향후 한의학의 법제화와 제도화에 결정적인 영향을 미치게 된다.

한의학의 법적 승인과 이원의료 체계의 형성

해방 후 한의학이 멸망의 위기에서 벗어나 존영의 지반을 이룩하여 한의사 제도의 이원제 국민의료법을 국회에 통과시킨 일은 하나의 기적이라 아니할 수 없을 만큼의 위대한 업적이라 할 것이다. 그러나 이 같은 사실은 우연히 얻은 불로소득의 행운이 아니라 희생과 노력의 결과이며 피나는 투쟁의 대가로 얻어진 전리품

임을 아는 사람을 별로 없을 것이다. (정원희 유고집에서 발췌. 김남일.
2011: 274)

1951년 9월 25일, 한국전쟁으로 인해 정부가 부산으로 피신해
있을 때 '5인 동지회' 회원들과 국회 방청석에 있던 100여 명의 부
산 동양의학전문학원 학생들은 환호성을 질렀다. 61 대 18. 한의사
제도가 국회에서 통과되었기 때문이다. 정원희의 말대로 한의계에
서 이는 기적과 같은 일로서 한의사들의 끈질긴 투쟁의 결과였다.

이에 앞서 1950년 2월 보건사회부는 보건의료 행정법안을 국회
에 제출했다. 이 법안의 1장 총칙은 의료인을 규정하면서 한의사를
제외하고 양의사만을 포함하고 있었다. 동서의학 대논쟁에서 활약
한 조헌영은 해방 후 임시정부 및 연합군 환영준비위원회 사무차장
을 역임했고, 1948년 한민당으로 출마해 제헌국회 의원이 되었다.
국회 내에서 조헌영이 한의계의 유일한 대변자였다. 그는 "민족의학
을 말살시켜서는 안 된다", "5000년 전통을 가진 민족의학의 맥을
단절시킬 수 없다"며 국회에 진정서를 제출하고 이 법안의 통과를
막았다(대한한의사협회. 2012: 95-96).

1948년 정부 수립 이후 국민의료법 제정은 한의사들에게는 가
능성의 공간이었다. 하지만 2대 국회의 행정부와 국회에 양의사 출
신들이 대거 진출했고, 한의사들을 대변할 정치 세력은 미약했다.
1951년 1월 15일 경남도청에 마련된 국회에서 2대 국회가 열렸다.
이때 제출된 국민의료법안에도 한의사는 의료인에서 배제되어 있었
다. 위기감을 느낀 한의사 집단 중 전면에 등장한 사람들은 부산에
서 활동하던 '5인 동지회'였다. 윤무상, 이우룡, 우길룡, 권의수, 정원

희 등으로 결성된 이 단체는 부산에서 활동하던 한의사들을 주축으로 국회의원들을 대상으로 로비를 하고 한의사가 국민의료법에 포함되도록 국회에서 증언을 하는 등 입법 과정을 주도했다.

국회 증언에서 윤무상은 실험 결과를 직접 언급하면서 장질부사 환자를 치료하는 데 한의술이 양의술보다 우수하다는 발언을 했다. 권의수는 한국의 의학은 한의학에서 유래했으며 허준의 『동의보감』과 이제마의 사상의학은 민족의 보물이라는 점을 강조했다. 이우룡은 중국의 사례를 들면서 양의만을 의사로 입법할 경우 양의사와 한의사 간에 전쟁과 같은 상황이 벌어질 것이며, 의약품을 외국의 수입에 의존해야 하는 등 경제적 타격도 클 것이라는 점을 국회의원들에게 상기시켰다. 정원희는 한의학이 비과학적이라는 생각은 중대한 착오이며 양의학의 원조인 히포크라테스의 병인론도 한의학과 유사하다고 말하면서 세계보건기구의 가맹국인 한국이 한의사 제도를 없앤다는 것은 국제적으로도 체면이 안 서는 일이라고 주장했다(김남일, 2011: 266-275). 이들의 주장을 들은 국회 사회보건위원회는 국민의료법안에 한의사를 포함시키기로 결정했고 이는 본회의에서 힘겹게 통과되었다.

한의학의 법적 승인은 대단히 중요하다. 의료와 국가의 관계에서 양의학은 인구를 관리하고 통제하는 중요한 도구일 수 있지만 한의학은 민족주의에 의거한 정체성 정치를 펼칠 수밖에 없었다. 1951년 법적 승인을 받으면서 한국은 한의와 양의의 이원적 의료 체계를 갖게 되었다. 이 일은 한의계뿐만 아니라 한국 의료 체계 전체에서 중요한 사건이자 전환점이다. 법률은 국가 안에서의 특정 활동을 용인하거나 규제하기에, 한의계는 지속적으로 법률 투쟁을 이어왔다.

1950년대부터 1970년대까지 한의학은 여전히 기초적인 체계를 형성하는 시기였으며 여러 법률적 지원을 필요로 했다. 헤게모니를 장악한 양의계는 의료 이원화를 탐탁지 않게 생각했으며 양방 위주의 의료 일원화를 다양한 방법으로 시도했다. 한의학 관련 법률적 지원은 일종의 "법률의 세트들의 세트들"의 확장으로 이해될 수 있다. 한의학의 영역을 넓히기 위해 끊임없이 새로운 법을 만들고 덧붙여야 하는 것이다. 이 법률의 세트들을 만드는 데 있어 양의계와 한의계는 계속 대립했으며 정부 관료들과 정치인들과의 연대가 강조되었다. 1951년의 법률 이외에 한의계에 영향을 미친 중요한 법률들을 살펴보면 다음과 같다.

1962년과 1963년에는 한의사 자격을 부여하는 대학의 설립을 둘러싼 법률 투쟁이 있었다. 1962년 3월 20일 개정된 의료법 14조 2항은 한의사의 자격 취득을 "국공립대학교 의과대학에서 의과대학 과정 중 최종 2년간 한방의학과에서 한방의학을 전공한 자로서 한의학사의 학위를 받고 한의사국가시험에 합격한 자"로 규정했다(박용신. 2008: 49). 당시 한방의학과가 있는 국공립대학은 없었고, 유일한 한의과대학인 동양의약대학이 대학 설치 기준령 미달로 폐교 조치를 당했기 때문에, 이는 자연스럽게 한의사의 재생산을 가로막으려는 시도로 해석되었다. 한의계는 1963년 개정된 한의사 자격 요건을 바꾸는 데 총력을 다했고, 그 결과 위의 구절은 "의과대학 한의학과에서 한방의학을 전공한 자로서 한의학사의 학위를 받고 한의사국가시험에 합격한 자"로 수정되었다(박용신. 2008: 49). 이로써 사립대학에서 한의사를 양성하는 길이 열렸다.

1973년에는 한방병원 규정이 신설되었고 1975년 8월에는 보건

사회부 내에 의정3과가 설치되어 한방 행정을 전담하게 되었다. 이 새로운 행정기구는 1981년에 폐지될 때까지 "동양의약학 분야의 제도 및 법령 정비, 동양의약학의 연구개발 및 계몽사업, 한의약 요원의 수급 계획 및 훈련, 한방 의료단체 및 한의사, 침구사 지도감독, 한방치료 제제의 개발, 한방 의료기기의 조사 연구" 등의 사업을 수행했다(박용신. 2008: 50). 1975년 12월에는 약사의 한약 임의 조제를 금지하는 법률이 제정되었는데, 이는 1990년대의 한약 분쟁과 연결된다. "약국 내 한약장 철거와 양약사의 임의 한약 조제를 금지"한 이 법률은 1980년에 "약국에는 재래식 한약장 이외의 약장을 두어 이를 청결히 관리할 것"이라는 약사법시행규칙으로 바뀌어 실질적으로 약사의 한약 조제를 금지했다. 1990년대 한약 분쟁은 국회에서 이 구절을 삭제하게 함으로써 약사에게 한약 조제의 길을 열어주었다.

1980년대에는 한의학이라는 용어가 漢醫學에서 韓醫學으로 변경되었다. 또한 한방이 국민건강보험에 참여하게 되었으며 향후 30여 년 동안 국민건강보험에 한의학이 확장될 수 있는 계기가 되었다. 1990년대에는 약사법시행규칙의 개정으로 한약 분쟁이 일어났으며 이 투쟁의 결과물로 여러 법률적 지원이 이루어졌다. 1999년에는 한의사 전문의 제도가 시행되고, 2001년에는 공중보건 한의사 제도가 신설되었으며, 2003년에는 한의약육성법이 제정됨으로써 한의계의 법률적 숙원을 풀었다.

한의학 제도 교육의 정착과 확장

한의학의 제도화 가운데 가장 중요한 요소 중 하나는 한의과대학의 설립이다. 이는 미래의 한의사들에게 한의학을 전수하고 전문가 집단을 형성할 맨파워를 형성하며 일반 시민을 진료할 의료 인력을 갖추는 일이기 때문이다. 해방 이후 대학의 한의학 교육은 지지부진함을 면치 못했다. 1945년 이후 1952년까지 한의계의 이런저런 노력으로 동양대학관이라는 교육기관을 설립했으나 대학으로 승격되지는 못했다. 한국전쟁 당시 이 학교는 부산에서 서울한의과대학이라는 이름으로 1953년 3월 설립 허가를 받고 그해 4월 문을 열었다. 이 학교는 1955년에 '동양의약대학'으로 이름을 바꾸고 학생들을 배출하기 시작했으나 1959년 말 이 대학의 이사장인 김경진이 운영기금을 전용한 사실이 밝혀지면서 내분에 휩싸였다. 이 사태가 장기화되고 5·16 쿠데타 이후의 혼란 중에 군사정권이 정한 대학시설 기준령에 미달해 결국 폐쇄된다. 유일한 한의과대학이 문을 닫게 됨에 따라 한의계는 군사정권을 상대로 공격적으로 로비를 했고, 그 결과 1963년 6년제의 동양의과대학이 설립되었다. 그러나 이 대학 또한 재정적인 문제로 표류하다가 1965년 경희대학교에 흡수·합병되었다. 이처럼 해방 후 20여 년 동안 한의과대학은 그야말로 지리멸렬한 상태였으며 교육과 연구 수준도 높지 않았다.

한의학의 제도화를 가장 잘 알 수 있는 자료는 『한국한의약연감』이다. 2009년부터 한국한의학연구원, 대한한의사협회, 부산대학교 한의학전문대학원, 한약진흥재단이 공동으로 제작하고 있는 이 자료의 최신판은 한의과대학의 높아진 위상을 잘 보여준다. 불과 50여 년 전 하나에 불과했던 한의과대학은 현재 열두 개로 늘었으며 교수도 총 476명에 달한다(한국한의약연감 발간위원회, 2018: 52). 한의과대학의 세트들이 급속하게 늘었고 대학 내의 세트들도 증가했다.

한의과대학의 설립이 중요한 이유 중 하나는 대학에 딸린 부속병원에 있다. 대학부속병원을 통해 안정적이고 체계적으로 환자를 진료할 뿐만 아니라 임상 연구를 할 수 있기 때문이다. 진료 장소로서 대학부속병원은 다양한 형태의 창조적인 진료가 가능할 뿐만 아니라 임상 지식을 활발하게 교류하고 생산하는 역할을 한다. 2016년 통계를 보면 전국적으로 스물네 개의 대학부속병원이 있는데, 대학부속병원이 대학보다 많은 이유는 한 대학이 여러 지역에 부속병원을 설립했기 때문이다(한국한의약연감 발간위원회, 2018: 54-55). 예를 들어 원광대학교는 익산한방병원, 전주한방병원, 광주한방병원을 가지고 있다. 또한 한의대 부속병원은 한방 전문의를 양성하는 데 필수적인 임상 전문지식을 전달하는 중요한 기능을 한다.

한의학 교육의 중요한 전환점 중 하나는 2005년 한국한의학교육평가원의 출범이다. 한국한의학교육평가원은 한의학 교육을 평가, 인증함으로써 한의과대학 교육의 질을 끌어올리려는 목적으로 설립되었다. 또한 한의과대학 교육을 표준화함으로써 수준을 향상시키겠다는 목적을 가지고 있다. 한의계 교육의 오랜 염원인 국립대학에 한의대를 설립하는 목표는 진보적 정권으로 평가되는 노무현 정부 때 추진되어 2008년에 이루어졌다. 2016년 현재 한의대의 입학 정원은 775명이며 총 6년제 과정에서 4533명이 수학하고 있다(한국한의약연감 발간위원회, 2018: 57).

한의과대학의 중요성은 연구와도 연결된다. 1930년대 동서의학

대논쟁에서 한방과 양방 모든 진영에서 한의학은 실험에 의해 증명되어야 한다는 논변이 강력하게 자리 잡았다. 이 주장은 향후 한의학을 공격하는 핵심 포인트가 되었다. 1970년대와 1980년대에 한의학 실험이 간간이 이루어졌지만 한의학의 과학적 연구가 본격적으로 이루어진 것은 한약 분쟁을 겪은 1990년대 말부터라고 할 수 있다. 이처럼 한의학의 과학적 연구는 20여 년이라는 비교적 짧은 역사를 가지고 있다. 한의과대학의 교수진들은 BK21, MRC, SRC 같은 대형 연구 프로젝트를 수주함으로써 한의학 연구를 위한 기반을 다져왔다. 나의 현장연구가 시작된 1999년 당시 SCI급 논문은 한의계 전체에서 손에 꼽힐 정도로 드물었다. 그로부터 20여 년이 지난 현재 한의대에서 수백 편의 영어 논문이 나오고 있다. 가령 경희대 암예방소재개발연구센터(MRC)는 2007년부터 2014년까지 52편의 SCI급 논문을 출판했으며, 경희대 한의과학사업단(BK21)은 128편의 SCI급 논문을 발표했다.

한의학, 국가로 진격하다

한의학의 제도화에 있어 중요한 다른 한 가지는 국가기구에 한의학을 담당하는 직제와 조직이 만들어지고 확장된 일이다. 1970년대부터 대한한의사협회는 한의학을 전담하는 정부조직의 필요성을 역설했다. 1972년 박승구 회장은 세계침구학술대회 준비를 보고하는 자리에서 당시 보건사회부에 한방 정책을 담당하는 기구를 두어야 한다고 주장했고, 대한한의사협회는 지속적인 로비를 벌여 정부를 설득하는 데 성공했다(대한한의사협회, 2012: 380). 1975년 보건사회부의 직제가 개편되면서 의정 1, 2, 3과로 분화되고 이 중 의정3과가 한의학 정책을 총괄하는 부서로 신설되었다. 이로써 한의계의 오랜 염원이 풀리는 듯했으나 1981년 보건사회부 직제 개편에서 한의학 전담부서는 사라지게 된다(박용신, 2008: 50).

정부의 한의학 전담부서는 15년 후에 다시 만들어지는데 이는 한약 분쟁의 결과로서 한의계가 얻어낸 것이다. 1996년 11월 보건복지부 내 한의약정책관이 신설되어 한의학에 대한 정책을 총괄하게 된다. 한의약정책관은 정부 내에 이러한 조직이 있는 것과 없는 것의 차이를 다음과 같이 설명한다(필자와의 인터뷰).

> 한의약정책관 정부 내에서 아예 한방에 대해 뭘 만들 생각을 안 했죠. 의료법도 사실은 한방이 포함되어 있는데 한방의 특수성이 별로 반영이 안 돼 있고, 약사법이 전부 다 양방 위주로 만들어져 있어서 사실은 한방에 안 맞는 현실이 법이 되어 있죠. 한의약정책관이 있음으로 해서 한방만 전문적으로 법을 다룰 수가 있어요. 한방 자체를 자기 업무로 갖고 있으니까 그 업무에 대해서 관심을 가지고 신경을 쓰고 하나하나 챙기는 거죠.

한의약정책관은 한의학의 거의 모든 정책에 관여하고 관심을 보이며 정부와 한의계의 가교 역할을 한다. 한의약정책관은 한의학 인력, 연구개발, 한약 처방의 표준화, 한약 유통과 관리, 한의학의 국제협력 등 방대한 영역에 개입하며 한의학의 위상을 높였다.

한의학 국가 연구기관인 한국한의학연구원의 설립은 한의학이 국가로 진격하는 데 있어 또 다른 중요한 사건이었다. 한약 분쟁의 결과물로 1994년 10월 10일에 설립된 이 연구원은 여타 정부 출연 연구원과 다른 점들이 있다. 우선 설립 계기부터가 직능단체 간의 갈등이었기에 특정 분야에 대한 지원을 목적으로 한다. 따라서 어떤 연구기관보다도 한의계의 요구를 잘 받아들이고, 기관 자체가 한의학의 발전이라는 뚜렷한 목표 의식을 가지고 있다. 가령 기초과학연구원에서 과학의 발전을 위한다고 하면 특정 집단을 연상시키는 것은 어렵다. 곧 후자가 더 추상적이고 보편적이라면, 전자는 구체적이고 로컬하다.

한국한의학연구원의 시작은 보잘것없었다. 1994년 당시 23명의 인력과 15억 7000만 원의 예산으로 시작했는데 연구 시설과 인력이 턱없이 부족한 실정이었다. 1995년 연구 성과를 보면 등재지와 등재 후보지를 포함해 총 27편의 논문을 출판했고 국제 논문은 전혀 없었다. 하지만 2016년에는 총 143명의 인력과 597억 원의 예산을 확보한 연구원으로 성장했고 국제 SCI 논문 202편, 비SCI 논문 113편을 발표했다. 20여 년 전과 양적, 질적으로 비교도 할 수 없을 정도로 성장한 것이다(한국한의약연감 발간위원회, 2018: 142-144).

한국한의학연구원의 주요 성과는 진단 분야에서 디지털 설진기 개발, 디지털 맥진기 개발, 사상체질 대표 얼굴 공개, 체질정보은행 홈페이지 구축 등 정보화 시대에 맞게 한의학의 주요 자원들을 과학적으로 전환한 것이다. 침구 분야에서는 침의 진통 효과를 세계적인 저널 『Pain』에 싣는가 하면, 알레르기 비염에 대한 침 치료 효과를 밝히기도 했다. 한약 분야는 가장 많은 성과를 냈다. 닥나무에서 면역증강 물질 발견, 계피에서 암 억제와 면역 증진 효과 규명, 육미지황탕의 전립선비대증 치유 효과 확인 등 수많은 한약재 처방의 과학적 효과를 입증한 것이다. 2012년에는 『Integrative Medicine Research』라는 영문 국제 저널을 창간하고 정기적으로 발간함으로써 한의학의 우수성을 전 세계에 알리기 위한 기반을 마련했다.

이처럼 한국한의학연구원은 한의학의 세트들의 세트들을 확충하는 데 있어 전진기지의 역할을 해오고 있다. 한의학의 과학화, 세계화, 산업화를 주도하고 있을 뿐만 아니라 한의학의 발전을 위한 정책을 개발하는 데도 주도적 역할을 해왔다. 이를 마뜩지 않게 여기는 양의학계는 수차례 한국한의학연구원을 공격적으로 비판하기도 했다. 20여 년 동안 존속해온 한국한의학연구원은 한의학의 세트들을 확장시킨 결정적인 계기였다.

한의학의 국가로의 진격은 중앙정부와 지자체에서 적극적으로 한의학을 포용하면서 더욱더 확장되었다. 2016년 정부는 한의약 연구개발 투자에 1042억 원을 지원했다(한국한의약연감 발간위원회, 2018: 118). 2003년 한의약육성법 제정과 2008년 국립부산대의 한의학전문대학원 설립은 한의계의 또 다른 쾌거였다. 한의학의 국가로의 거침없는 진격은 성공적이었으나 이 성공은 한편으론 양의학이라는 거대한 적과의 싸움을 통해, 다른 한편으론 전통의학의 독점을 지키기 위한 주변 의학과의 싸움을 통해, 즉 다중적 권력지형 속에서 이루어진 결과였다.

양의학의 공격과 주변 의학과의 영역 다툼

한의학은 의학이라는 권위를 누릴 만한 자격을 갖고 있지 않습니다. 한의학은 과거 전근대 중국에 대한 사대주의의 산물이면서 몇몇 개인들의 잘못된 인체 인식과 낡은 도제 교육에 의해 성립, 유지되어온 것으로서, 유구한 전통이라는 의로운 이름 또한 사칭할 자격이 없는 비과학적인 의술입니다. (……) 우리나라의 한의학은 이원화된 의료 체계 속에서 현재 전 세계 어느 토속의학도 받지 않는 대접인 강력한 정치적·제도적 보호를 받고 있습니다. 엄혹하였던 일본 제국주의 시대와 성찰의 틈조차 주지 않았던 개발독재시대 속에서 불가피하게 싹틀 수밖에 없었던 저항적 민족주의가, 이제는 권력이 되어 역설적으로 우리 민족에게 질곡으로 작용하면서 잘못된 사대주의적 인습의 지킴이 노릇을 하고 있는 것입니다. 비록 올바른 개방적 민족주의가 아닌 삐뚤어진 폐쇄적 민족주의의 반발이 크지만, 그렇다고 해서 한의학을 과학적 근거를 배경으로 현대 의학에 비판적으로 편입시키고자 하는 '의료일원화'Medical Science-Based Integration가 결코 불가능한 일만은 아닙니다.

대한의사협회의 한방대책특별위원회(의료일원화 특별위원회) 유용상 전 위원장의 말이다(www.truemedicine.co.kr). 이 글에서 알 수 있듯이 대한의사협회는 한의학을 '전근대 의학의 산물', '삐뚤어진 민족주의'가 만들어낸 '비과학적인 의술', '잘못된 사대주의의 인습', '잘못된 인체 인식과 낡은 도제 교육에 의해 성립'된 것이라며 한의학의 근거 자체를 부정하고 있다.

한의학을 향한 양의학의 공격은 전방위적이다. 2000년대 중반 이후 지금까지 있었던 주요 공격 사례들을 보면, 한의계의 CT 사용에 대한 비판, 한방항암제 넥시아 비판, 부산대 국립한의학전문대학원 설립 비판, 한약의 간 독성 문제 제기, 한약재의 발암물질 검출 문제 제기, 침시술의 부작용 문제 제기, 한의사의 진단기기 사용 비판 등 다양하다. 양의학계는 한의학의 대표적인 치료기법인 한약과 침의 효능을 부정하고 부작용을 설파하는가 하면 한의학의 제도적 확장 또한 견제해왔다. 의학계의 이런 입장은 앞서 인용한 유용상 위원장의 말과 궤를 같이한다. 의학계의 입장에서는 한의학을 양의학에 흡수, 통일되어야 하는 존재로 보고, 곧 양의학 중심의 의료일원화를 통해서 문제를 풀 수 있다고 여긴다. 이는 1951년 이원의료체계가 확립된 이후 양의계에서 줄기차게 요구해온 사안이다.

나아가 한의학이 비과학적이라는 비판은 지난 100여 년 동안 끈질기게 이어진 이데올로기 공격이다. 조선총독부에서부터 1930년대 한의학의 부흥을 외친 장기무를 거쳐 2000년대 대한의사협회의 발언에 이르기까지 한의학은 전근대적이고 비과학적인 학문으로 폄하되었다. 이들은 과학이 도대체 무엇인지도 면밀하게 묻지 않고 근대라는 것이 또한 도대체 무엇인지 검토하지 않은 채 지난 100여 년 동안 녹음기를 재생하듯 똑같은 레퍼토리로 한의학을 공격했다.

그렇다고 한의학이 늘 사회적으로 취약한 위치에 있었던 것은 아니다. 양의학과의 관계에서는 약자의 입장이지만 다른 주변 의학과의 관계에서는 강자의 입장이 되기도 했다. 한의학은 자신의 영역을 지키기 위해 침구업자, 한약업자, 한약사, 마사지사 등과 끊임없이 영역을 다투었다. 법에 의해 신분이 보장되는 한의사 집단은 전문적 지위가 불확실한 이들로부터 자신들의 영역을 보호하고 독점하기 위해 노력했다. 한의학이 자신들의 영역을 구축하기 위해 주변 의학과 싸운 가장 유명한 사건 중 하나는 구당 김남수와 관련된 것이다.

나는 '기적'을 체험했다. 병원에서 치료를 포기한 오른쪽 어깨를 한 번의 침, 서너 차례의 뜸으로 95퍼센트 완치하게 된 것이다. 왼손으로 글을 쓸 수밖에 없게 된 작가의 불행을 단숨에 해결해준 은인은 다름 아닌 구당 김남수 선생이셨다. (……) (오른쪽 어깨가 아파) 궁여지책으로 왼손으로 쓰려 했지만 그 참담함과 비감함은 얼마나 컸던가. 그런데 침 한 번, 뜸 몇 번으로 다시 오른손으로 자유롭게 글을 쓰게 되었으니 그 기쁨과 환희는 말로 다 할 수가 없었다. 또한 치료비도 받지 않고 내 팔을 되살려준 구당 선생에 대한 고마움도 이루 헤아릴 수가 없었다. 그래서 나는 어느 텔레비전 방송에서 구당 선생 '그분은 명의를 넘어서 신의'라고 자연스럽게 말했던 것이다. (소설가 조정래 씨의 추천의 글. 이상호, 2009: 7-8)

구당 선생의 의료 봉사가 계속되자, 일부 수능 고득점 한의사들은 그야말로 노벨 '패륜상'에 빛날 비책을 내놓았다. 구당이 침사 자격만 가지고 있는 점을 노려, 침사가 뜸도 떴다며 고발 조치를 한 것이다. 세상에 이런 일이 또 있을까? (이상호, 2009: 13-14)

'뜸 뜨는 집'이라는 뜻의 구당炙堂이라는 호를 가진 김남수는 우리 시대의 가장 유명한 침사 중 한 명이었고 그 공로를 인정받아 2008년에 국민훈장 동백상을 받았다. 남수침술원의 원장이자 봉사단체인 뜸사랑 회장을 맡으며 대중적인 조직력을 갖추었고 2008년 9월 KBS의 추석 특집 프로그램에 등장하면서 일약 스타로 떠올랐다.

문제는 침뜸이라는 치료행위를 일반인은 할 수 없고 '면허증'을 소지한 사람만이 할 수 있다는 점이다. 법률적으로 침은 침사, 뜸은 구사가 맡아야 하며, 한의사는 둘 다 할 수 있는 법적 권한을 가지고 있다. 세월호 다큐멘터리 〈다이빙 벨〉의 제작자로도 유명한 이상호는 MBC 탐사보도 기자 출신으로 2005년 삼성 X-파일 보도 등으로 자신의 영역을 구축하고 있었다. 그는 6년간 구당 김남수를 취재하여 책까지 출판했다. 그는 이 책을 한의계의 '패륜'을 고발하는 책이라며 열을 올렸다. 한의계는 김남수가 침사 자격만 있고 구사 자격이 없다는 사실을 알고 그가 시술하는 뜸은 불법이라고 고발했다. 그러나 이상호 기자가 보기에 한의사 집단은 국가가 부여한 '면허'로 대학을 나오지 않은 김남수의 성공을 시기하고 질투하는 배은망덕한 기득권 집단이다.

직능단체로서의 한의사 집단은 양방으로부터 차별과 멸시를 받았기에 피해자 의식이 강하다. 일반 시민들도 민족주의 이데올로기로 무장한 한의사 집단에 동정적이었지만, 한의사 집단 역시 자신들의 이익을 지켜야 한다는 점에서 여느 직능단체와 다를 바 없다. 한의계의 고발로 재판을 받은 김남수는 2009년 5월 20일 구사 자격 없이 뜸을 시술했다는 이유로 45일간의 자격정지를 당한 후 미국 애틀랜타로 떠났다(대한한의사협회, 2012: 433). 김남수에 대한 언론의 검증은 혹독했다. 그가 장준하를 치료했다는 주장이나 영화배우 장진영, 수영선수 박태환, 김재규 전 중앙정보부장, 김영삼 전 대통령 등을 치료했다는 이야기는 사실과 달랐다(대한한의사협회, 2012: 435). 그가 이끌었던 뜸사랑회의 불법 뜸시술에 대해서 열일곱 건의 형사고발이 이어졌고, 그가 미국으로 떠나고 언론과 시민들로부터 신뢰를 잃으면서 이 단체도 쇠락해갔다.

한의사 집단은 이처럼 자격이 없는 사람들이나 일반인들의 한의학 치료행위를 꾸준히 단속하고 자신들의 영역을 확고히 지키기 위해 노력했다. 가령 한의사 집단은 다방이나 목욕탕에서 대접하는 쌍화탕 등을 불법 매약행위로 규제하도록 당국에 끊임없이 압력을 행사했다. 또 다른 예로 대한침구회라는 단체가 불법 강의를 하고 비인가 자격증을 수여했는데, 대한한의사협회는 이런 단체의 단속을 지속적으로 요구했다. 한의학은 국가가 체계적으로 관리하기 전에 전문 영역과 일상 영역의 구분이 없는 행태로 존속해왔다. 이제 한의사 집단은 국가, 법률, 면허, 전문성의 이름으로 일상 영역에서의 한의학을 제거하고 자신들의 직업 영역에서 배타적으로 독점했다. 한의학의 권력은 이분법적으로 이해할 수 없으며 다층적 정치, 법, 경제, 지식, 의료집단 간의 상관관계에서만, 곧 권력지형 내에서만 이해될 수 있다.

전투적 의료 전문집단의 형성

2013년 1월 17일 추운 날씨에도 불구하고 1만 2000여 명의 한의사들과 한의대생들이 서울역 앞에서 집회를 가졌다. '2만 한의사는 식약청에 폭탄을 던지고 싶다'라는 살벌한 문구가 적힌 플래카드가 등장했다. 한의사들은 '한약을 다국적 제약회사에 팔아넘긴 식약청은 자폭하라' '천연물 신약 백지화' '독립한의약법 제정' 같은 문구가 있는 피켓을 들고 집회에 참여했다. 대한한의사협회 비상대책위원회 위원장은 단상에 올라가 한의사들의 권리를 지키자며 "국민 건강과 한의학을 위해서 싸우자!"라고 외쳤다. 이에 호응하여 참여자들도 "싸우자! 싸우자! 싸우자"를 연달아 외쳤다. 천연물 신약 분쟁은 2010년대 한의계에서 가장 큰 이슈로 떠올랐다. 한약 처방에 근거해서 만든 신약이 의사 처방만 가능한 것에 대해 한의사들이 집단적으로 반발했던 것이다. 『동의보감』의 처방을 바탕으로 개발된 동아제약의 '스티렌'은 대표적인 천연물 신약으로 의사들이 위를 보호하기 위해 상시적으로 처방하고 있으며 지금까지 누적 매출액이 수천억 원에 달한다. 한의계는 한의학에 근거한 처방을 한의사가 사용하지 못하는 상황을 개탄하며 정부의 정책을 비판하고 이를 담당하는 식약청에 선전포고를 했다. 이러한 한의 전문집단의 전투성은 100여 년 전에도 비슷한 모습으로 나타났다.

1915년 10월 말 전국의 한의사 770여 명이 창덕궁 후원에 모여 전선의생대회를 개최하고 전선의회를 설립했다. 이 대회가 있기 2년여 전 일제는 한의사를 의생으로 격하했으며 그 이전에는 국가 의료기관인 광제원에서 한의사를 해고하는 등 본격적인 차별과 배제를 실시했다. 일제의 탄압에 분노한 한의사들은 이날 집단행동으로 일제에 맞섰고 한의학의 발전을 위해 합심할 것을 다짐했다. 하지만 1916년 이 조직의 회장인 지석영을 비롯한 10여 명이 종로경찰서에서 조사를 받았고 이들은 전선의회와 같은 한의사 단체를 만들지 않겠다는 서약서를 제출했다. 이로써 당시 한의사들의 유일한 단체인 전선의회는 불과 1년여 만에 사라졌다.

100여 년 전이나 지금이나 근대 한의학의 역사는 투쟁의 역사다. 국가와 양의학에 의해 체계적으로 배제된 의학을 일으키기 위해 한의사들은 전투적인 한의사 집단으로 거듭 태어났다. 일제시대에는 강압적인 방법으로 한의사 단체가 해체되었지만, 이후 한의사들은 여러 학술단체들을 통해서 집단적인 이익을 도모했다. 1930년대 한의학 부흥 논쟁을 촉발했던 장기무도 이를 위해 가장 중요한 것으로 한의학 단체의 필요성을 꼽았다(장기무, 1997: 10). 그는 직능단체 또는 전문가 단체라는 개념을 사용하지 않았지만 이러한 단체의 결성을 통해 학술연구를 증진하고 학계와 사회에 봉사하는 조직을 만들어야 함을 강조했다. 일제시대에 몇몇 단체들이 있었지만 한의사의 권리 증진이나 국가의 의료 정책에 개입할 수 있는 전국적인 조직은 갖추어지지 못했다.

해방과 함께 일제의 핍박과 차별이 사라지자 한의사들은 한의학과 자신들의 이익을 위해 전국적인 조직을 갖추어야 한다는 당위를 실행에 옮겼다. 한국전쟁 중 한의사의 지위가 법적으로 보장되자 한의사들은 곧바로 부산에서 전국적인 조직을 결성하기 위한 결성 준비 상임위원회를 만들었다. 1952년 11월과 12월 상임위원들은 교전 중인 경기도와 강원도를 제외하고 전국을 돌며 각 지방에서 한의사들을 조직하고, 다시 이들을 대표할 대의원들을 선출했다. 서울, 경기, 강원 지역의 대의원은 당시 부산에 피난해 있던 그 지역 출신의 한의사들이 맡았다. 이렇게 두 달 동안 전투적인 결성 준비를 마치고 1952년 12월 10일 총 68명의 대의원 중 44명이 참석한 가운데 '대한한의사회'가 출범했다(대한한의사협회, 2012: 102-103). 하지만 1950년대 대한한의사회의 활동은 미미했다. 1959년까지 정기총회가 단 네 차례만 개최되었고 변변한 업적도 없었다(대한한의사협회, 2012: 104). 이 단체는 1959년 '대한한의사협회'로 이름을 바꾸고 전국적인 조직화를 위해 협회를 재정비하여 현재 16개 시도지부에 1만 7000여 명의 회원을 거느리고 있다(대한한의사협회, 2012: 107).

한의사계의 주요 소식 전달, 여론 형성과 반영, 이익 관철, 정책 방안 제시 등의 역할을 하는 『한의신문』의 창간은 대단히 중요한 의미를 지닌다. 1930년대 장기무가 주장했던 한의학을 위한 '보도언론기관'의 창설은 무려 30여 년이 지나서야 비로소 만들어질 수 있었다.

당시 대한한의사협회는 기관지의 중요성에 동의했으나 열악한 재정 상태로 인해 발행이 보류되었다. 한의계를 대표하는 신문의 발행은 이범성이라는 개인의 의지와 역량에 의존할 수밖에 없었다. 1967년 12월 30일 『한의사협보』라는 이름으로 기관지가 창간되었는데 협회 회장을 지냈던 이범성이 사비를 출연해 격주로 8면을 발행했다. 그는 8호까지 사비로 이 신문을 발간했고 그 이후 대한한의사협회의 규정이 개정되어 협회가 그 비용을 감당하게 되었다(대한한의사협회, 2012: 331). 이범성은 『한의사협보』 창간호에서 "(한의사들의) 의무를 이행하고 권리를 주장할 수 있는 강력한 심장과 입이 생겼"

다고 발간 의의를 밝혔다(김남일. 2011: 256). 하지만 당시의 교통, 통신 미비와 협회의 더딘 활성화로 1968년 9호부터는 4면으로 격주 발행되었다. 그만큼 당시 한의계의 상황은 모든 면에서 척박하고 열악했다.

『한의사협보』는 매달 15일과 말일에 4면으로 발행되다가 1980년에는 8~12면으로 확장되었다. 발행을 시작한 지 25여 년이 지난 1993년 5월에야 주간으로 16면 이상을 발행하기 시작했고, 같은 해 6월에 '한의신문'으로 제호를 바꾸었다. 2000년에는 지령 1000호가 발간되었고, 2003년에는 매주 월요일과 목요일, 두 차례 24면으로 발행되기 시작했다. 2004년 3월에는 인터넷 『한의신문』이 개설되었고, 2007년에는 월요일 32면, 목요일 24면을 발행하게 된다. 최초의 발행인이었던 고故 이범성(1917~1993)이 창간 40년 만의 급성장을 보았더라면 기적과 같은 일이라고 말했을 것이다. 1967년 신문이 발행되자마자 그는 신문의 발전을 기원하며 고사를 지내고 축문을 읽으며 절까지 했다고 한다(임일규. 2007).

국가와 양의학을 상대로 한 싸움에서 대한한의사협회의 리더십은 대단히 중요하다. 대한한의사협회 회장은 한의학의 영역과 이권을 지키기 위해 전투적 노력을 기울여왔으며, 특히 정부와 정치권과의 접촉, 설득, 협상을 통해 유리한 법 개정, 제도 개선, 연구개발 지원 확충 등을 이끌었다. 회장은 정치인과 마찬가지이며 한의계에 우호적인 세력과 연대하기 위해 끊임없이 노력한다. 34대, 35대 회장인 안재규(2002년 4월~2005년 6월 재임)는 자신의 일이 곧 정치라고 말하며 다음과 같이 설명한다.

안재규 대한한의사협회 회장 (국회의원 299명) 다 방문을 해요. 못 만나더라도. 국회의원 후원회가 있지 않습니까? 모임을 하거나 뭘 하면 다 찾아 다녔어요. 가서 얼굴 익히는 거죠. 한의사협회 회장입니다. 왜냐면 저희는 국회 법 개정이 필요하기 때문에 나중에 필요하게 되면 도와주십사 하는 의미가 있죠. 특히 복지 상임위는 거의 다 만난다고 봐야죠. 김성순 의원도 그때 국회의원이셨는데요. 그래서 한의약육성법도 대표 발의해주셨지요. 그분들 다 만나고 다니는 거죠. (필자와의 인터뷰)

이러한 정치력을 바탕으로 한의계는 중요한 입법에 성공했고 1990년대 후반 이후 제도권에 점진적으로 안착했다. 대한한의사협회 회장에게 요구되는 자질 중 하나는 전투력이다. 차별받는 한의사 집단을 위해 잘 싸우는 회장이 좋은 회장이고 그렇지 못한 회장은 불신임을 받을 수도 있다. 대표적으로 25대 안학수 회장은 1993년 약사법 개정 때 한의계의 이익을 지켜내지 못했다는 이유로 불신임당해 회장직에서 퇴출되었다. 이때 대한한의사협회는 역사상 가장 호전적이었는데, 협회와 한의계의 지형이 송두리째 바뀌는 계기가 되었다. 1990년대 두 차례나 있었던 한약 분쟁이 이후 한의계의 권력지형을 완전히 바꾸어놓았다.

3장

한약 분쟁과
한의학의
과학적 전환

근대 한의학 역사의 전환점

대한한의사협회 회장　(대한한의사)협회라는 것이 우리 한의사들을 대변하는 이익단체라고 봐도 과언이 아니지 않습니까? 정부하고 의 창구 역할을 한다고 할 수 있겠죠. 한의계를 대표해서. 그동안 보면 다 조사해보셨겠지만 90년도 이후에도 많은 협회 선배들이 활동했지만 93년도 한약 분쟁 이후에, 아마 그때부터 한의계의 역할이 커졌죠. 한약 분쟁이 일어나면서 한약장에 대한 시행규칙을 삭제하면서 큰 파장이 생겼습니다. 그때부터 아마 한의계의 목소리가 커지면서 그때 93년도 이후부터 한의계의 위상이 올라갔어요. (필자와의 인터뷰. 밑줄은 필자의 강조)

　근대 한의학의 역사에서 가장 중요한 사건 두 가지를 꼽으라면 하나는 1951년 한의학의 법적 인정이고, 다른 하나는 1990년대 있었던 한약 분쟁이다. 대한한의사협회 회장의 위의 증언은 한약 분쟁 이후 높아진 한의학의 위상을 잘 말해준다. 한의계는 한약 분쟁을 계기로 더 전투적으로 정치화되었으며 이를 통해 내부 결속과 투쟁성을 확보할 수 있었다. 그들은 국가로 진격했고 자신들이 원하던 목표들을 쟁취할 수 있었다. 한국한의학연구원이 설립되었고 한의약육성법이 통과되었으며 국립대에 한의대가 세워졌고 한의학 연구개발에 대한 국가의 지원이 크게 늘었다.

다른 한편 한약 분쟁은 한의학의 과학석 전환을 이룬 결정적인 계기가 되었다. 한의학을 지속적으로 공격했던 약사계와 의사계의 가장 큰 이데올로기적 무기는 '한의학은 비과학적'이라는 오리엔탈리즘이었고, 이 무기는 한의사들과의 싸움에서 항상 등장한다. 1990년대 중반 이전에는 한의대를 졸업하면 대부분 임상의로 직업을 잡았고 연구를 자신의 커리어로 삼는 한의사는 극히 드물었다. 임상의로 근무하면서 박사학위를 받는 경우가 많았기 때문에 한의계의 실질적인 연구 인력은 극도로 빈약했다. 지금도 여전히 임상의가 다수지만 1990년대 한약 분쟁으로 한의학의 과학화에 대한 내적·외적 추동력이 폭발하면서 이전 시대와는 구별되게 한의학의 과학적 전환이 이루어졌다.

한의학의 대전환을 이끈 한약 분쟁이 일어난 원인은 무엇이며, 그로 인해 어떤 결과들이 초래됐는가? 한약 분쟁은 한의학의 급격한 변화를 이해하는 데 결정적인 사건일 뿐만 아니라 특히 향후 20여 년 동안 이루어진 한의학의 과학화를 이해하는 데 중요한 사건이다.

다중적 경계 사물로서의 한약

일반인이 보기에 "아무것도 아닌 '재래식 한약장'이 엄청난 폭탄의 뇌관"이 되어 한약 분쟁이 일어날 줄은 아무도 몰랐다(지옥표, 2000: 243). 1993년 초 김영삼 정권이 들어서기 직전 "약국에는 재래식 한약장 이외의 약장을 두어 깨끗이 관리하여야 한다"라는 약사법시행규칙 조항이 삭제되었다. 1980년 3월 한의사와 약사 간의 영역 다툼의 결과로 신설된 이 시행규칙은 상당히 애매해서 다른 해석의 여지가 존재했다. 이 구절은 한의계와 약사계 사이에 사활을 건 싸움을 촉발한 대단히 중요한 문구로 이미 1970년대 처음 만들어질 때부터 문제점을 안고 있었다.

1970년대 한의계는 약사에 의한 한약의 임의 조제가 성행하자 이를 막기 위해 정부를 압박했고 그 결과 이 시행규칙이 만들어졌다. 한의계는 당시 약정국장의 말을 인용하여 "원칙적으로 첩약을 짓는 행위는 약사의 영역이 아닌 한약업사나 한의사의 영역이므로 약사로 하여금 첩약을 조제하지 말도록 한 것"으로 해석했다(이충열, 2000: 211). 하지만 약사 측은 보건복지부의 말을 인용하면서 "약국이 한약방처럼 한약만 전문적으로 취급하는 것으로 비춰지는 것을 막고, 약국에 개량된 약장을 두어 한약의 과학적 발전을 유도하는 취지에서 신설한 것이며 약사의 한약 취급 자체를 제한한 것은 아니었다"라고 해석했다(지옥표, 2000: 241). 약사는 '한약도 약'이라는 논리를 내세웠고, 한의사는 한약은 한의학 전문지식을 가진 사람만이 조제할 수 있다는 논리를 내세웠다. 위의 구절만 보면 한약의 조제가 한의사에게 독점적으로 있는지 아니면 약사법에 근거해서 약사가 모든 약을 취급할 수 있는지 분명하지 않다. 즉 '한약'과 '약장'은 의료이원화 체계에서 해석적 유연성interpretive flexibility을 가진다. 여기서 중요한 점은 한약이 분쟁의 소지가 있는 '경계 사물'boundary object이라는 점이다. 한약뿐만 아니라 침, 의료기기, 뜸 역시 경계 사물이기 때문에 해석적 유연성을 낳고 분쟁을 촉발한다.

경계 사물은 과학기술학에서 가장 인기 있고 영향력 있는 개념 중 하나다. 경계 사물은 여러 가지 해석이 가능하지만(해석적 유연성) 정확한 합의가 없는 대상을 일컫는다. 이런 애매함은 다양하고 이질적인 사회 세계들을 연결해주는 장점이 있는데, 이는 서로의 해석이 다름에도 불구하고 공통적인 사물, 개념, 형식을 공유함을 뜻한다(Star and Griesemer, 1989: 393). 경계 사물은 구체적이면서 추상적이고, 특수하면서 일반적이고, 관습적이면서 상황에 따라 이용할 수 있는 애매성을 가진다. 경계 사물은 다양한 사용을 위해 충분히 유연하면서도 공통의 정체성을 유지할 수 있을 정도의 견실함을 가진다는 점에서 약하게 구조화되어 있다고 볼 수 있다. 이 개념은 수전 리 스타Susan Leigh Star와 제임스 그리즈머James Griesemer가 과학적 실행에서 협동이 어떻게 일어나는지를 설명하기 위해 고안한 것이다.

스타와 그리즈머는 캘리포니아주립대학 버클리 캠퍼스 척추동물학 박물관의 사례를 통해서 다양한 사회 세계에 종사하는 사람들이 어떻게 협력하여 과학적 연구를 실행할 수 있었는지를 보여주었다. 연구 중심적인 이 박물관은 서로 다른 이해와 비전을 가진 과학자, 아마추어 수집가, 사냥꾼, 대학 행정 당국, 자선사업가 등의 협력으로 만들어졌다. 동물 수집과 박물관에 대한 서로 다른 지식과 비전에도 불구하고 협력을 가능하게 한 요소는 두 가지다. 하나는 표준화된 방법이고, 다른 하나는 경계 사물의 구성이다. 표준화된 방법은 수집가, 사냥꾼, 다른 비과학자들을 훈련시키는 도구다. 하지만 과학적 협력은 표준화된 방법만으로 완성되지 않는데, 동물 수집과 연구의 과정이 '덜 구조화되어' 있기 때문에 협력을 위해 공통의 그라운드를 만드는 것이 필요하다. 다양한 사람들이 이질적인 사회 세계에 살고 있기 때문에 협력을 가능케 하는 '경계 사물'이 요구되고 이 과정이 완전하게 구조화되면 경계 사물은 그 쓰임새가 없어지게 된다.

경계 사물은 여러 군데에 걸쳐 있는 동시에 서로 다른 사회 세계에 살고 있는 사람들을 이어주는 역할을 한다. 경계 사물은 '주변성'marginality 문제를 해결하기 위한 것인데, 주변성은 다양한 세계의 멤버십을 동시에 가질 때 발생한다. 주변성을 해결하기 위해서는 한쪽을 부정하거나 양쪽을 왔다 갔다 하거나 아니면 새로운 세계를 창조하는 방법이 있다. 과학자들은 경계 사물을 통해 공통의 경계를 형성하고 비과학자들과 소통하고 협력함으로써 주변성 문제를 해결한다.

스타는 경계 사물이 되기 위해서는 해석적 유연성 외에 정보, 작업 과정에서의 필요와 준비, 그리고 덜 구조화된 상황과 잘 구조화된 상황 사이의 역동성을 갖추어야 한다고 말한다. 경계 사물은 조직적인 일을 하는 상황에서 완전한 합의가 없음에도 불구하고 필요한 정보를 수집하고 준비하는 과정을 촉진한다. 이는 조직적 일이 덜 구조화된 상황에서 발전하게 되는데 행위자들의 다양한 해석과 협력의 과정을 거치면 더 잘 구조화된 상황으로 발전한다. 이러한 과정을 거쳐 경계 사물들은 표준화된 과정이나 규제 등으로 변하게 된다. 따라서 경계 사물은 해석적 유연성을 가진 단어나 개념에 무조건 적용되는 것이 아니라 복잡한 조직적 일을 하는 상황에 적합하다.

경계 사물로서의 한약을 이해하려면 한의사 측과 약사 측이 한약에 대해 각자 다른 해석을 하는 해석적 유연성이 있다는 점과 한약 조제를 둘러싸고 완전한 합의가 되지 않았다는 점, 그리고 조제권을 둘러싸고 법적·행정적 규제들이 덜 구조화되었다는 점을 고려해야 한다. 이 문제가 한층 폭발적인 것은 경계 사물로서의 한약이 두 집단에게 엄청난 이권이 걸려 있는 문제이기 때문이다. 여기에 덧붙여 이 문제는 전문가와 국가 간의 문제를 넘어 전문가, 국가, 시민, 언론 간의 '다중적 경계 사물'이 되면서 법적으로만 해결될 것이 아니라 정치적·사회운동적인 해결이 필요하게 되었다. 곧 한약은 법적 경계 사물일 뿐만 아니라 한약 분쟁을 거치면서 정치적 경계 사물이자 경제적 경계 사물이 되면서 문제는 누구도 예측하기 어려운 방향으로 전개되었다.

전문 영역의 경계 다툼으로서의 한약 분쟁

노태우 정권 말기인 1992년 11월 보건사회부는 약사법시행규칙의 개정을 알리고 1993년 1월 30일 이를 입법예고했다. 여기서 약사법시행규칙 제11조 1항 7호인 "약국에는 재래식 한약장 이외의 약장을 두어 이를 깨끗이 관리하여야 한다"라는 조항을 삭제했다. 대한한의사협회는 이에 반발하여 2월 20일 경희대학교에서 시위를 벌였다. 22일 안필준 보건사회부 장관이 약사법 개정을 승인하면서 3월 5일 약사법시행규칙 개정이 공포되었다. 이에 반발하여 3월 9일과 10일, 1500여 명의 전국한의과대학학생회연합(전한련)은 서울에서 집회를 열었다. 이것이 1차 한약 분쟁의 시작이었다.

한의계는 대학생들의 전투적 항거에 자극받아 3월 12일 전국 한의사 비상총회를 열고 궐기대회를 가졌다. 3월 18일에 전한련은 수업 거부 찬반 투표를 실시하고, 3월 23일부터 수업 거부에 들어갔다. 이들은 향후 거리 선전전과 약사의 한약 조제 금지를 위한 서명운동에 돌입했으며 계속해서 집회를 이어갔다. 그러나 5월 17일에 대한한의사협회가 국회에 제출한 약사법 개정 청원이 폐기되자 한의계는 정부가 문제를 해결할 의지가 없음을 알고 격분했다. 계속된 학생들의 시위에 호응하여 전국의 한의과대학 교수들도 5월 20일 집회에 참여하면서 5월 25일 전한련은 유급을 불사하겠다고 선언했다.

한의계의 불만이 최고조에 달하고 한의계에 동정적인 여론이 형성되자 보건사회부 장관은 6월 1일 기자회견을 열어 약사법을 개정하겠다고 밝혔다. 그리고 6월 5일 약사법개정추진위원회(약개추)가 결성되었다. 여론은 분명 한의계를 지지했고, 법 개정을 둘러싼 여론의 각종 의혹 제기가 약사계를 궁지로 몰아넣었다. 이에 약사계가 반발하여 6월 26일 전국 약국이 휴업에 들어갔다. 하지만 여론은 더욱 악화되었다. 대한약사회는 정부가 마련한 약개추를 통해 돌파구를 마련해보려 했지만 교착상태에 봉착한다. 정부는 9월에 약사법 일부 개정을 발표하고 이를 추진했지만 한의계와 약사계의 반발로 무산되었다. 이때 등장한 시민사회의 중재자가 경제정의실천시민연합(경실련)이었다.

1차 한약 분쟁 주요 일지[•]

일시	주요 사건
1993년 3월 5일	"약국에는 재래식 한약장 이외의 약장을 두어 이를 깨끗이 관리하여야 한다"라는 약사법시행규칙 조항 삭제
1993년 3월 9일	전국한의과대학학생회연합(전한련) 상경 집회. 향후 시위 계속됨
1993년 3월 23일	전한련 수업 거부 시작
1993년 4~5월	한의계 시위 계속. 전한련 유급 불사 선언
1993년 6월 1일	보건사회부 장관, 약사법 개정 추진 발표
1993년 6월 5일	약사법개정추진위원회(약개추) 결성. 이후 일곱 차례 회의
1993년 6월 26일	전국 약국 휴업
1993년 7~8월	한의계 시위 계속
1993년 9월 1일	동국대 한의대 교수 사표 제출
1993년 9월 3일	정부 약사법 개정 방향 발표. 약사회 반발
1993년 9월 8일	약사협회 면허증 반납. 보건사회부는 반려함
1993년 9월 14일	정부 약사법 개정 입법예고. 약사계 집단 반발과 시위
1993년 9월 16일	한약분쟁조정위원회 출범. 경실련 주축으로 중재
1993년 9월 20일	한약분쟁조정위원회 합의안 발표. 경실련의 대안 수용하기로 결정
1993년 9월 24일	약사회 반발, 전국 약국 휴업. 국민들로부터 강한 반발 일으킴. 약사회 여론에 밀림
1993년 10월 8일	약사법 개정 발표. 1차 한약 분쟁 종료

당시 경실련은 국민들로부터 가장 신뢰받는 시민단체로서 몇 달째 계속된 한약 분쟁을 중재하기 위해 9월 16일 한의계, 약사계, 전문가들로 한약분쟁조정위원회를 구성했고, 9월 20일 합의안을 도출해 발표했다. 하지만 약사회가 합의안에 반발하여 9월 24일 전국 약국이 휴업을 하는데, 이에 국민 여론은 약사계에 완전히 등을 돌리

• 이 표는 경희대학교 한의과대학 비상대책위원회가 1996년에 정리한 「한약 분쟁 일지」(강연석·최가야. 1996)라는 문건을 바탕으로 필자가 주요 사건을 재정리한 것이다.

게 된다. 경실련을 통해 신뢰라는 사회적 자본을 바탕으로 합의안을 도출했음에도 이를 무시한 약사계에 대한 국민의 질타가 이어졌다. 향후 여론은 더욱더 한의계와 경실련 중재안을 지지하게 된다(박상필, 2000). 비록 시민단체가 주도하여 도출한 법적 효력이 없는 중재안이었음에도 불구하고 10월 8일 국회에서 경실련 안을 받아들여 약사법 개정을 공고하는데, 이로써 1차 한약 분쟁이 종결된다. 개정되는 약사법의 주요 내용은 다음과 같다(이충열, 2000: 212-213).

1. 한방 의약 분업 원칙 천명.
2. 한약사 제도를 신설하되 한약사는 한방 의약 분업 실시 전까지는 한약조제지침서에 수재된 50~100종 이내의 처방에 따라 조제 가능.
3. 기존 약사에 대한 한약 조제 기득권을 인정하여 법 시행 당시 1년 이상 한약을 취급해온 약사에 한해 법 시행 후 2년까지 한약을 조제할 수 있도록 하고, 그 이후에는 법 시행일로부터 2년 이내에 한약조제시험에 합격한 약사에 한해서만 한약을 조제할 수 있다. 또 법 시행 당시에 약학대학 재학생도 보건사회부령으로 정하는 한약 관련 과목을 이수하고 졸업 후 2년 이내 한약조제시험에 합격하면 한약을 조제할 수 있다.
4. 한약조제지침서, 한약조제시험, 한약학과 설치, 한약사 배출 문제는 후속 법령에 위임한다.

하지만 이 개정안은 어디까지나 일시적인 미봉책이었기에 2차 한약 분쟁의 불씨가 된다. 다시 경계 사물로서의 한약을 염두에 둔

1993년 1차 한약 분쟁 당시 한의계 집회(대한한의사협회, 2012: 418)

다면 1차 합의의 성과물인 한약조제시험, 한약학과, 한약사는 모두 다시 경계 사물이 되며 이는 해석적 유연성, 미숙한 구조화, 불완전한 합의의 성격을 지닌다. 1차 한약 분쟁의 결과물로서 1994년 1월 7일 약사법이 개정되고 같은 해 7월 7일부터 개정된 법이 시행되었다. 2차 분쟁은 1996년에 주로 한약조제시험을 둘러싸고 벌어졌다. 시행일로부터 2년 이내에 시험에 합격한 약사에게 조제권을 부여한 것이 갈등의 원인이었다.

1995년 9월 16일 보건복지부는 "한의약관련발전협의회 설치, 약학대학 내 한약학과 설치, 한약조제시험 매년 1회 이상 실시"라는 약사법 후속 조치를 발표했다(이충열, 2000: 213-214). 이에 앞서 같은 해 4월 약사회는 개정된 약사법이 약사들의 조제권을 침해한다고 주장하면서 헌법소원을 제기했다. 이에 맞서 대한한의사협회도 9월 헌법소원을 제기했다. 보건복지부의 발표 중 약학대학 내 한약학과의 설치와 한약조제시험은 한의계의 반발을 불러일으켰다. 9월 21일 전국 한의과 학생들은 이 발표에 격분하여 수업 거부에 돌입했고, 9월 29일에는 한의과대학 교수들이 한의학 수호 결의대회를 열었다. 하지만 9월 30일 보건복지부와 마찬가지로 교육부도 한약학과를 약대 내에 설치하겠다고 발표하면서 한의계는 더욱더 강하게 반발했다.

첫 번째 조제시험은 1995년 12월 17일에 실시될 예정이었다. 이때 약사계에서는 헌법소원 결과가 나오기 전에는 시험을 볼 수 없다고 보이콧하여 49명만이 응시했다. 하지만 헌법소원이 각하될 것이라는 소문이 돌자 약사계는 돌연 헌법소원을 취하하고, 2차 한약조제시험에 응시하도록 약사들을 독려했다. 1996년 4월 19일 보건복지부는 2차 시험을 1996년 5월 19일에 치르겠다고 발표했다. 그러자 총 2만 4844명의 약사가 원서를 접수했다. 1990년대 중반 전국의 약국이 9000여 개였던 것에 비하면 상당히 많은 숫자다.

한의계는 2차 조제시험을 막기 위해 필사적으로 저항했다. 1996년 5월 3일 대한한의사협회는 과천에서 집회를 열어 항의 표시로 300인 삭발식을 거행하고 일부는 조계사에서 단식을 시작했다. 시험을 며칠 앞둔 5월 15일에 전한련의 수업 거부 투표가 가결되어 한의대생들은 다시 수업 거부에 돌입했다. 같은 날 한약조제시험의 출제위원이었던 한의과 교수 전원이 시험 수준이 너무 낮다고 비판하며 출제장을 이탈했다. 한의대 교수, 수련의, 학생들의 격렬한 반발에 보건복지부는 5월 16일 '한약 관련 종합대책'을 내놓게 된다. 하지만 2차 조제시험은 5월 19일에 강행되었고, 이후 이를 둘러싼 각종 잡음과 감사원의 조사가 뒤따랐다. 한의계의 극심한 반발에도 불구하고 2차 조제시험이 유효로 인정됨에 따라 응시자의 96.9퍼센트인 2만 3360명의 약사들이 한약조제시험에 합격하여 조제권을 획득했다. 정부는 한의계의 반발을 무마하기 위해 8월 30일 한의학 육성 발전계획을 발표하고 실질적으로 한약학과를 졸업한 학생들에게만 한약조제시험 자격권을 부여하여 향후 약사들의 한약조제시험 응시를 차단했다. 향후 한약조제시험의 응시 자격을 둘러싼 갈등이 여전히 잠복된 채로 정부의 당근책에 의해 한의계의 극심한 반발은 무마되고 2차 한약 분쟁은 일단락된다.

2차 한약 분쟁 주요 일지●	
일시	**주요 사건**
1995년 4월	약사회 헌법소원 제기
1995년 9월 16일	보건복지부 약사법 후속 조치로 약대 내 한약학과 설치 발표
1995년 9월 21일	한의과 대학생들 수업 거부 돌입
1995년 9월 30일	교육부 약대 내 한약학과 설치 발표
1995년 10~11월	한의계 격렬히 반발하며 집회
1995년 11월	약사회 헌법소원 취하
1995년 12월 17일	1차 한약조제시험 실시. 49명 응시, 37명 합격
1996년 4월 19일	2차 한약조제시험(1996년 5월 19일) 공고
1996년 5월 3일	대한한의사협회 과천 집회. 일부는 조계사에서 단식 시작
1996년 5월 15일	전한련 투표 후 수업 거부. 한의대 교수 시험 출제장 이탈
1996년 5월 16일	정부 한약 관련 종합대책 발표
1996년 5월 19일	2차 한약조제시험 실시. 2만 4844명 원서 접수
1996년 6월 11일	2만 3360명 합격자 발표
1996년 여름	한의계 계속해서 투쟁
1996년 8월 30일	보건복지부 한의학 육성책 발표
1996년 가을~1997년 봄	한의계 산발적인 투쟁. 2차 한약 분쟁 종결

● 강연석·최가야(1996)의 「한약 분쟁 일지」라는 문건을 바탕으로 필자가 주요 사건들을 요약, 정리했다.

정부조직 내 한의학 세트들의 확장

한약 분쟁은 다양한 단기적·장기적 결과를 낳았다. 1996년 한약조제시험으로 상당수 약사들이 한약을 조제할 수 있는 권리를 획득했지만 한약조제지침서에 수록된 100방에 한정한 것이었기에 일종의 제약이 있었다. 한약에 대한 독점적이고 배타적인 권리를 잃어버린 것은 한의계 입장에서는 크나큰 손실이지만, 실제 약국에서 한약이 얼마나 팔리며 이것이 한의계에 어느 정도 타격을 입혔는지 추정할 자료는 없다. 한약 분쟁은 한약에 대한 배타적 독점 문제뿐만 아니라 "정부의 한방에 대한 정책적 무관심 내지는 의사-약사 중심적인 정책 노선에 대한 본격적인 도전이라는 의미가 강"하다(조병희, 2000: 272). 따라서 한약 분쟁 이후 한의학과 정부의 관계 변화는 매우 큰 의미가 있는데, 한의계가 분쟁을 통해 정부의 한의학 육성발전계획(1996년 8월 30일)을 끌어냄으로써 전기를 마련하게 된 것이다.

한약 분쟁 결과 정부는 보건복지부 내에 한의약 전담조직을 만들기로 약속했고 1997년 1월부터 전격적으로 이행했다. '한방정책관'은 추후 보건복지부 보건의료정책실 산하의 '한의약정책관'으로 이름이 바뀌고 그 아래 한의약정책과와 한의약산업과를 두었다. 이 전담조직은 한의계의 염원이었다. 이는 정부조직 내에 한의학 발전을 위한 강력한 행위자를 둠으로써 향후 한의학이 국가 내부의 조직으로 뻗어나가는 데 결정적인 역할을 했다. 한의약정책관은 한의학의 거의 모든 정책 수립 및 조정에 관여하고 지방자치단체 및 민간의 한의학 산업을 육성·장려하며 한의학 관련 법령, 제도, 인력 양성과 수급, 공중보건 사업, 국제협력 등 손대지 않는 영역이 거의 없다.

한의약정책관은 한의학의 이익을 보호하는 한편 한의학 세트들의 확장을 위해 노력해왔다. 국가는 자원 배분, 법률 입안, 정책 입안과 결정이라는 막강한 권한을 가진 강력한 행위자이기 때문에 한의계가 정부와 긴밀하게 유대하는 것은 상당히 중요하다. 한의약정책관은 정부 내부에서 한의계의 이익과 발전을 관철시키는 역할을 한다. 한의약정책관의 유무에 대해 대한한의사협회 회장은 다음과 같이 답한다.

> 필자 한의약정책관이 있는 거랑 없는 거랑 어떤 차이가 있는 겁니까?
>
> 안재규 대한한의사협회 회장 엄청난 차이가 있죠. 90년대까지만 해도 정부에 (한의학 관련) 창구가 없었어요. 그게 바로 현재 역할을 하는 한의약정책관이죠. 무슨 책임을 할 수 있는 과가 있어야지. 정부에서 한의학 관련해서는 뭘 하더라도 거기서 올려야 하는 거지, 일개인이 올릴 수 없지 않습니까? 그 일을 해주는 게 굉장히 중요한 역할이죠. 옛날에 가보면, 그 당시 의료정책국에 찾아가면, 참 푸대접 많이 받았어요. 정말 거기 가면 높긴 높죠. 일개 사무관이 (대한한의사)협회장 알기를 우습게 알고 그럴 정도였죠. 정말 사무관이 높긴 높지만, 그래도 협회장, 단체장인데 가면 그래도 국장이라든가 (이런 사람이 나와야 하는데요)……. 전에는 장관을 어떻게 만나요. 그런 식의 역할을 해주는 게 그 사람들(한의약정책관실의 공무원들)이 해주는 일이죠. (필자와의 인터뷰. 밑줄은 필자의 강조)

대한한의사협회 회장에게도 "정말 높긴 높은" 사람으로 느껴지던 대상은 일개 보건복지부 공무원이었다. 한의계는 정부로부터 푸대접을 받고 무시를 당했지만 정부기구에 한의약정책관이 생기면서 상황이 완전히 바뀌게 되었다. 한의계의 위상 변화는 곧 대한한의사협회의 위상 변화를 알리는 것이었다. 실제로 협회장은 대접이 달라졌다고 말한다. 그는 그렇게 만나기 힘들었던 보건복지부 장관을 비교적 쉽게 만나 WHO(세계보건기구) 서태평양 사무처장 인선을 한의계에서 맡아 성공시킨 일화를 말해주었다. 노무현 정부 당시 최승훈 경희대 교수는 한국 정부와 한의계의 힘으로 WHO 서태평양 사무처장에 취임하고 차후에 한의학의 국제화를 선도하며 한국한의학연구원 원장을 역임하게 된다. 예전 같으면 꿈도 못 꾸는 일이었다. 그만큼 한의학의 위상은 '한의약정책관' 부서가 만들어지면서 지난 20여 년 사이 급격히 높아졌다.

한약 분쟁의 또 다른 중요한 결과물은 국가 의료 체계 내에 한의학이 편입, 확장된 것이다. 1996년 정부는 한의약 육성발전계획에 따라 공중보건 한의사 제도를 만들어 농어촌 지역 136개 보건소에 순차적으로 한의사를 배치하겠다고 발표했다. 이를 통해 한의대 학생들의 병역 문제를 해결할 뿐만 아니라 고령화에 따른 농어촌의 한의학에 대한 수요도 충족시킬 수 있었다. 문제는 한방병원에서 인턴 수료 후에 공중보건의가 될 수 있었는데 당시 한의사 전문의 제도가 도입되지 않아 인턴 과정이 제도적으로 안착되지 않았다는 것이다. 따라서 정부는 2002년 한방 전문의 제도를 도입함과 동시에 병역법을 개정하여 공중보건 한의사를 확대했으며, 이를 통해 272명을 배치했다(대한한의사협회, 2012: 378). 1998년 불과 10명이 배치된 것과 비교하면 상당히 많은 숫자다. 이는 한의학이 국가 의료체제 내에서 확장되었음을 의미한다.

한약 분쟁 이후 정부 내에서 입지를 다진 한의계 인사들은 국립중앙의료원 내 한방진료부 확장에도 힘쓴다. 이 진료부는 1991년 6개의 진료실을 갖추고 국립중앙의료원에 설치됨으로써 국가보건 조직의 일부가 되었다. 하지만 한의학의 낮은 위상과 국립중앙의료원의 낙후성이 결합되어 조직이 급속히 성장하지는 못했다. 한약 분쟁 이후 한의사와 인턴, 레지던트가 증가했고, 이전과 달리 조직 또한 한방내과, 한방신경정신과, 침구과로 전문화되고 팽창했다.

특히 노무현 정부 시기 정부조직 내에서 한의학의 위상이 강화되었다. 노무현 대통령은 각종 국내외 행사 때 두루마기를 자주 입었는데 이는 민족정신을 고취시키려는 목적도 있었지만 그의 허리 통증이 심해서이기도 했다. 노무현 대통령은 후보 시절 2002년 12월 14일 대한한의사협회 창립 50주년 기념식에 참석하여 대통령 한의사 주치의를 신설하겠다고 밝혔고 차후 이를 실현했다. 대통령 한의사 주치의 제도뿐만 아니라 노무현 정부는 한의계의 오랜 염원인 한의약육성법을 제정함으로써 한의학의 세트들이 다시 한 번 확장하는 데 큰 기여를 했다.

한의약육성법의 제정과 성과

제가 보기에 의료정책을 하려면 결과적으로 모든 것은 법으로 귀결돼요. 정책, 제도라는 것이 결국은 법으로 귀결이 되고, 그렇기 때문에 정책의 기본은 법이다, 이렇게 봤고요. 그래서 법을 정리를 해야겠다, 그렇게 마음을 먹고 이것을 한 거죠. 법 안에 다 의료 체계라는 것이 들어 있기 때문에. (필자와의 인터뷰)

『한방의료와 의료법』의 저자인 박용신 전 대한한의사협회 기획이사는 책을 쓰게 된 동기를 위와 같이 설명했다. 참의료실천 청년한의사회 회장을 맡기도 했던 그는 한약 분쟁 후 의료정책에 지대한 관심을 가지고 젊은 한의사들을 조직하는가 하면 대한한의사협회에서 중요한 직책을 맡으며 한방 의료정책을 연구했다. 결국 법에 의해서만 의료 제도, 정책, 인력의 합법성이 인정되고 이를 매개로 국가가 한의학에 지원을 한다. 그렇기 때문에 그는 의료법의 중요성을 누구보다도 절실하게 느끼고 600쪽이 넘는 방대한 책을 한의계 최초로 저술했다. 그는 2000년대 들어 가장 중요한 한의학 관련법으로 2003년 노무현 정부에서 제정된 한의약육성법을 꼽았다. 정부와 지자체에서 이 법이 제정된 이후에 한의학을 육성하기 위해 수천억 원을 지원했기 때문이다. 하지만 한의계의 숙원이던 이 법의 제정이 결코 쉬웠던 것은 아니다.

한약 분쟁을 겪고 또 다른 분쟁의 전초전을 겪고 있던 1995년 5월 22일 대한한의사협회는 한의학 육성 특별조치법을 제정하라고 정부에 촉구했다. 이는 1993년 한약 분쟁 당시부터 요구했던 사안으로 정부는 이를 받아들이지 않는 대신 한방정책관 같은 일련의 정책을 마련했다. 이들의 요구가 약 20여 년이 지난 뒤 성사될 수 있었던 배경에는 우호적인 여건들이 조성되었기 때문이다. 한의학 위상의 상승, 정부의 한의학에 대한 우호적인 인식, 고령화 사회에 따른 한의학 요구의 증가, 대한한의사협회의 정치적 역량 등이 바로 그것이다.

> 국회의원들을 만나러 다녔죠. 저희가 가면 이미 약사 쪽에서 다녀갔어요. '육성법 만들면 안 된다'는 이런 식으로, '약사법이 있는데 (한의약)육성법 왜 필요하냐' 이런 식이었죠. 그렇게 반대를 했어요. 왜 (법률 조항이) 30조에서 18조로 줄었냐면 반대가 심하니까 좀 부딪치는 것을 다 빼나 보니까 중요한 사항들이 많이 빠졌어요. (……) (한의약육성법이 통과되려면) 법안소위 거치고 법사위를 거쳐서 본회의에 올라가는 데까지 가서 '땅땅땅' 쳐야 하는 거거든요. 그 방망이 치는 곳까지 가는 노력이 정말 이루 말할 수가 없죠. (필자와의 인터뷰. 밑줄은 필자의 강조)

2003년에 대한한의사협회 회장이었던 안재규는 그때의 상황을 위와 같이 술회했다. 한의약육성법 제정은 안재규 회장의 가장 큰 업적이었기에 그를 통해 당시 이 법이 어떻게 만들어졌는지 막후 사정을 상세히 들을 수 있었다. 그는 국회의원을 설득하기 위해 새벽까지 집 앞에서 기다린 사연, 국회의원들과 친분이 있던 한의사들을 활용한 사연, 본회의 통과를 위해 순서를 주도면밀하게 정한 사연 등 007작전을 방불케 한 에피소드들을 들려주었다. 한의계의 주도면밀한 정치적 작전도 중요했지만 한의학 육성에 대한 정치적인 합의가 없었다면 이 법은 통과되지 못했을 것이다.

한의약육성법 제정을 주도한 정치인은 김성순 국회의원이었다. 그는 서울시에서 사회복지를 오랫동안 담당한 공무원 출신이었다.

송파구청장 네 번, 국회의원 두 번을 지냈고, 복지에 관심이 많아 노인복지에 관한 책을 저술했으며 의료복지에 대한 철학을 가진 정치인이었다. 그는 한의약육성법 제정 당시의 상황을 술회하면서 대한한의사협회의 요구만으로는 법 제정이 이루어질 수 없었다고 말했다. 국회의원들을 설득할 수 있는 중요한 이유가 있어야 하는데, 경쟁국인 중국의 한약 시장 지배, 미국에서 대체의학의 부상, 노령화 사회에 따른 한의학 수요의 급격한 증대, 비교적 값싼 의료복지 제공, 만성질환에 대한 양의학 치료의 한계 등 경제적·정치적·사회복지적 요소들이 이 법의 정당성을 제공해주었다고 술회했다.

한의약육성법은 총 18조로 이루어져 있는데, 한의학이 정부 내에서 세트들의 확장을 정당화한 몇 가지 조문은 특히 중요하다. 3조는 국가의 한의학 발전을 위한 책무를 규정하고 있는데 그중 1항은 "국가는 한의약기술의 발전을 위한 종합적인 시책을 세우고 추진하여야 한다"이고, 2항은 "지방자치단체는 국가의 시책과 지역적 특성을 고려하여 한의약기술진흥시책을 세우고 추진하여야 한다"였다. 이 구절은 국가와 지자체가 한의학을 발전시킬 책무가 있음을 정함으로써 향후 한의학에 대한 대규모 지원을 이끌어냈다. 이 법이 만들어지고 대통령시행령을 통해 정부 내에 한의약육성종합계획과 한의약육성발전심의위원회를 만들도록 규정함으로써 한의약 육성을 실현시키기 위한 제도적 장치가 마련되었다.

법이 정해졌다고 자동적으로 예산이 나오는 것은 아니다. 많은 새로운 법들이 형식적으로만 존재하고 구체적인 예산은 뒷받침되지 않는 경우가 많다. 예산을 확보하기 위해 한의계와 이에 우호적인 국회의원들은 보건복지부, 동료 국회의원, 직능단체와 사전 협의를 하고 구체적인 전략을 세웠다. 한의약육성법을 실현시키기 위한 예산 확보의 구체적인 과정에 대해 김성순 전 의원은 다음과 같이 말했다.

> 법안을 만들면 자식같이 애착이 가지요. 제가 법을 만들었으면 법안을 발의했다는 취지로 신문에 한 줄 났다는 걸로 만족할 순 없죠. 대개 그걸로 끝나는 경우가 많이 있지만. 중요한 것은 법안이 발의된 후부터가 문제입니다. 그게 될 수 있도록 (예산으로) 뒷받침해줘야 해요. 법안 발의한 사람이 계속 다른 의원들 설득하고 정부 설득하고 예산의 얼마라도 반영되도록 힘써줘야 합니다. 그건 몇 년간 해줘야 해요. 제가 (국회의원을) 계속하지는 못했지만 제가 (국회의원으로) 있는 동안은 했죠. (필자와의 인터뷰)

한의약육성법은 2000년대 후반부터 정부와 지자체가 본격적으로 한의학을 지원하는 계기가 되었다. 그리고 한의계, 국회, 정부의 다양한 한의학 우호 세력들이 이를 위해 전략적으로 노력했다. 이 법률은 한의학의 과학화와 산업화의 세트들을 확장시킬 수 있었던 결정적인 한 방이었다.

한의학 연구개발 지원 세트들의 형성

한약 분쟁 이전 정부의 한의학 연구개발 지원은 전무했다. 정부의 첫 번째 한의학 연구개발 지원책은 1996년에 한약 분쟁의 결과로 시작되었는데, 30억 원 규모의 한의학발전연구사업(한국한의약연감 발간위원회. 2018: 122)이 그것이다. 당시 한의학 연구개발은 불모나 다름없었고 이 연구비는 한의계의 눈물겨운 투쟁으로 겨우 따낸 성과물이었다. 그로부터 20년 후인 2016년 정부는 한의학 연구개발을 위해 1042억 원을 투자했다(한국한의약연감 발간위원회. 2018: 118). 액수로만 무려 약 34.7배 성장했고 지원하는 정부기관도 보건복지부에서 미래창조과학부, 교육부, 산업통상자원부, 식품의약품안전처, 농림수산부, 중소기업청, 특허청 등으로 다각화되었다. 즉 한의학 연구개발 지원 세트들이 확충되었다.

한의학 연구개발 지원이 하향식top-down으로 발전한 경우도 있지만 상향식인 경우도 많다. 정부는 전체적으로 한의학 연구개발 지원을 조정하는 것이 아니라 부처별, 기관별, 지자체별로 실시한 연구개발 사업을 사후적으로 집계한다. 여러 정부 부처들은 각기 독립적으로 예산을 운용하며, 이 개별적 예산 운용 속에서 한의약 연구개발에 투자한다. 따라서 한의계의 노력만으로 연구개발이 확충되는 것이 아니라 부처별 필요와 한의약 연구개발에 대한 정당성이 있어야만 한다. 여기서 중요한 요소가 하나 있는데, 그것은 미국과 중국의 대체의학에 대한 공격적인 투자다. 대규모 연구개발이 투자될 경우 정부기관들은 반드시 해외 동향을 파악한다. 특히 산업화와 맞물려 있을 경우 해외 사례를 구체적으로 벤치마킹한다.

미국의 경우 1992년에 미국보건의료원 내에 대체의학사무소가 설립되었고 1995년에 국립보완통합의학센터가 설립되었다. 당시 미국 국민의 대체보완의학 이용률이 상당히 높다는 통계가 발표되면서 양의학에 대한 불만과 양의학의 한계에 직면한 미국 정부가 1990

구분	2009	2010	2011	2012	2013	2014	2015	2016
한국	495.2	609.6	679.9	751.1	829.1	832.9	931.35	1042.3
중국	1039.6	1371.8	1366.6	1627.2	2136.3	2319.7	2703.6	2664.3
미국	5686.3	5777.2	4895.4	5279	4010	4036	4467	4742.9

년대부터 대체의학에 대대적인 투자를 하기 시작했다. 중국의 경우 중의약 발진이 헌법에 보장되어 있고 동양 의학의 종주국답게 일찍부터 중의학에 투자했다. 최근 한의학에 대한 중국의 소비가 크게 늘어 좀 더 공격적인 투자가 이루어지고 있다. 위의 표는 한국, 중국, 미국의 연구개발비를 비교한 것이다(한국한의약연감 발간위원회, 2018: 222).

이 표를 통해 확인할 수 있는 것은 첫째, 한국의 연구개발비 절대 액수가 인구와 GDP를 고려하면 중국과 미국에 비해 결코 작지 않다는 것이다. 1990년대 이후 한의학 네트워크의 공격적인 팽창과 대체의학 수요와 산업화는 한의학 연구개발의 증가를 이끌었다. 최근 7년 동안 중국의 중의학 투자는 급격하게 느는 반면 미국의 대체보완의학 투자는 점차 줄었다가 다시 늘어나는 추세다. 이는 경제적·문화적 요인이 크다. 한국과 중국은 한의학과 중의학에 대한 문화적 인식을 국민과 폭넓게 공유하고 있는 반면, 미국은 그렇지 못하다. 또한 중국의 경제적 부상과 맞물려 중의학에 대한 수요 역시 크게 늘었고, 중의학 연구자인 투유유屠呦呦가 2015년 노벨생리의학상을 수상함으로써 중의학 투자에 대한 당위성을 인정받았다. 한국과 교역이 가장 많은 중국에서 중의학이 급격히 부상하는 상황은 한의학 연구개발 투자에 긍정적인 영향을 미쳤다.

한의학 연구조직의 형성

한의학 연구자 제가 한의학을 서양 과학적 언어로 이해하려고 시도한 결정적인 계기는 한약 분쟁이었어요. 그 투쟁 동안 한의학의 언어가 약사들에게 설득력이 없는 것처럼 느껴졌어요. 예를 들어 음양오행은 우리에게는 괜찮아요. 아무 문제가 없죠. 하지만 약사들을 포함해서 일반 국민들에게는 먹히지 않아요. 만약 우리가 과학적 언어로 한의학을 설명할 수 있다면 그들이 우리의 언어를 배우겠죠. 그렇게 함으로써 그들이 한의학을 안다면 좋은 일이라고 생각해요. (필자와의 인터뷰)

위의 인터뷰에서 잘 드러나듯이 한의계의 과학화를 이끈 전기는 한약 분쟁이었다. 1990년대만 해도 한의학 연구조직은 극도로 미미했고 이렇다 할 혁신적인 연구도 없었다. 당시 한의학 연구의 국제적 위상은 상당히 낮았고 해외에 알려진 연구조직도 없었다. 20여 년 후 한의학의 연구 위상은 대단히 높아졌으며 해외에서 명성이 자자하다. 일례로 경희대학교 침구경락연구센터, 암예방소재개발연구센터, 한의약융합연구정보센터는 전통의학 연구의 글로벌 센터로 양질의 논문과 국제적 네트워크를 자랑한다. 한국한의학연구원은 중국중의과학원, 대만위생복리부국가중의약연구소, 일본기타사토대학교 동양의학종합연구소, 미국국립보완통합의학센터, 인도 아유르베다 과학연구중앙위원회와 더불어 전통의학 연구 분야의 글로벌 선두주자로 활약하고 있다. 그토록 보잘것없던 한의학 연구조직이 어떻게 20여 년 만에 이렇게 발전할 수 있었을까?

한의학 연구조직의 급속한 발달은 한의대에 입학하는 학생들이 우수한 인재집단이라는 점에 기인하는 바가 크다. 한의대 입학생들은 학업 성적에서 최상위권에 속하며 잘 훈련되어 있는 고급 엘리트 인력이다. 이들 다수가 졸업 후 여전히 임상을 선택하지만 한의학 연구에 전념하는 인력이 조금씩 증가했다. 여기에는 크게 두 가지 이유가 있다. 첫째, 임상개업의가 이전만큼 큰 경제적 성공을 보장해주지 못하고 있다. 둘째, 한의학 연구 인프라와 연구조직의 팽창으로 말미암아 연구개발 쪽에 더 많은 기회가 생겼다.

한의학 연구조직은 크게 세 부류로 나뉘는데, 정부출연 연구기관 또는 정부 소속의 연구기관, 대학 연구기관, 그리고 지자체 연구기관이다. 정부출연 연구기관 또는 정부 소속의 연구기관 중 가장 중요한 기관은 한국한의학연구원이다. 한약 분쟁의 결과로 1994년 설립된 이 기관은 앞서 설명했듯이 보잘것없는 시설과 예산에서 출발했으나 2016년 현재 171명의 인력과 한 해 597억 원의 예산을 사용하는 조직으로 성장했다.

한국한의학연구원의 예산은 1994년 15억여 원으로 출발하여 한약 분쟁이 끝난 1997년에는 68억여 원으로 증가했고 2004년까지 이 액수는 크게 증가하지 않았다. 하지만 2005년에 100억 원을 돌파했고 2007년에 230억 원으로 증가했다. 2010년에는 347억 원, 2016년에는 597억 원의 예산이 편성되었다(한국한의약연감 발간위원회, 2018: 142). 1994년과 비교해서 2016년 예산은 39.8배가 증가했는데 이는 실로 어마어마한 팽창이다.

한국한의학연구원의 연구 실적 또한 과거와 비교하면 눈부시다. 연구의 국제적 역량을 가늠하는 지표인 SCI 논문 수를 보면 설립 초반인 1995년 0편, 1996년 1편, 2000년 3편 등 거의 존재감이 없었지만 2005년 29편, 2010년 107편, 2013년 166편, 2016년 202편으로 크게 늘었다(한국한의약연감 발간위원회, 2018: 144). 국내외 특허출원을 보면 2000년 3건, 2004년 4건 등 저조한 실적에 머물다가 2007년 31건, 2010년 61건, 2013년 84건, 2016년 103건으로 지난 15년간 급격히 증가했다(한국한의약연감 발간위원회, 2018: 144). 한국한의학연구원의 급격한 성장은 한의학 연구 인력의 팽창과 궤를 같이한다. 1994년 설립 당시 23명의 인력으로 출발하여 2004년 46명, 2005년 68명, 2008년 127명, 2013년 143명, 2016년 171명으로 지난 20여 년 동안 연구 인력 역시 급격히 증가했다(한국한의약연감 발간위원회, 2018: 142). 한국한의학연구원은 이제 전통의약 연구 분야를 세계적으로 리드하는 기관으로 자리 잡았다.

한의학 연구조직 중 한국한의학연구원보다 아마도 더 중요한 집단은 한의과대학의 연구실일 것이다. 왜냐하면 대학은 연구자를 체계적으로 훈련시키고 길러내는 곳이기 때문이다. 내가 현장연구를 통해 알게 된 한의대 석사와 박사 학생들 중 상당수가 한국한의학연구원 또는 식품의약품안전처에 취직했다. 또한 한국한의학연구원 원장은 교수 출신이 많으며 이들은 대학 연구실과 깊은 인연이 있다. 하지만 내가 현장연구를 시작하던 1999년만 해도 당시 한의과대학의 연구실은 너무나 빈약했다. 제대로 실험실을 갖추지 못했고 한의대의 특성상 국제학술대회에 참석하는 연구자도 드물었다. SCI 논문과 같은 영어 논문은 거의 출판되지 않았다.

당시 나는 경희대 동서의학대학원에서 현장연구를 시작했는데 연구자들은 우왕좌왕하면서 어떻게 연구를 해야 할지 방향을 잡지

대학	구분	센터명	지원기관	사업 기간	과제별 예산 (단위: 백만 원)	2016년 성	
						SCI 논문	특 (국 국
경희대	BK21 PLUS	한의과학 사업단	교육부	2013. 9. 1~ 2020. 2. 28	644	134	(4
	전문연구 정보활용 사업	한의학융합 연구정보센터 (KMCRIC)	미래창조 과학부	2013. 5. 24~ 2018. 4. 30	250	—	
대구 한의대	MRC	방제과학 글로벌 연구센터	미래창조 과학부	2011. 9. 7~ 2018. 8. 31	1300 (지자체 보조금 250 포함)	21	(
	CRC	중독제어 연구센터	미래창조 과학부	2013. 9. 1~ 2022. 2. 28	600	5	
대전대	RIC	난치성면역 질환의 동서생명 의학연구센터	산업통상 자원부	2015. 3. 1~ 2020. 2. 29	89	—	(
부산대	BK21 PLUS	건강노화한의 전문인력 양성팀	한국연구재단	2016. 3. 1~ 2020. 8. 31	154	39 (SCI(E))	(
	MRC	건강노화 한의과학 연구센터	미래창조 과학부	2014. 5. 1~ 2021. 2. 28	1066	40	(
세명대	RIC	한방바이오 임상지원센터	산업통상 자원부	2007. 7. 1~ 2017. 2. 28	982	—	
원광대	MRC	한방체액조절 연구센터	미래창조 과학부	2008. 9. 1~ 2017. 8. 31	1175	18	(

못했다. 동서의학대학원의 주축은 경희대 한의대 교수들이었으며 이들 또한 서양 과학적 관점에서는 과학자본이 변변치 못했다. 하지

* 이 표는 『2016 한국한의약연감』에 실린 표를 바탕으로 재정리한 것이다(한국한의약연감 발간위원회, 2018: 148).

만 20여 년이 지난 지금 그들은 세계 대체의학계에 우뚝 선 연구자들로 한의학의 과학화 1세대라고 할 수 있다. 이들은 상당히 공격적으로 네트워크를 확장해나갔고 국가의 연구 지원을 적극적으로 추구했으며 한의학에 우호적인 환경 속에서 한의대 연구실을 발전시켰다. 앞의 표는 한의과대학에 소속되어 있으면서 가장 활발한 연구를 수행하고 있는 연구실의 현황을 보여준다(한국한의약연감 발간위원회, 2018: 148).

이 대학 연구실들은 불과 20여 년의 짧은 기간에 집중적으로 육성되었고 한의학의 과학화를 선도했다. 이들 연구소들을 통해서 한의학 연구에 필요한 중심적인 연구 인력critical mass이 배출되었다. 이들은 다양한 국제학술대회에 참석하고 수준 높은 국제 논문을 작성하며 국제 연구 네트워크를 형성해 공동연구를 수행하고 있다. 이런 모습은 1990년대 말까지만 해도 찾아볼 수 없었던 것이다. 그렇다면 이들은 과연 어떤 방식으로 연구를 하는가? 한의학의 과학화는 실제로 어떻게 일어나는가? 이제 인류학적 시선으로 한의학과 과학의 융합이 어떻게 일어나는지 살펴보자.

4장

한의학
실험실에서는
무슨 일이
일어나는가?

한의학의 과학화는 무엇인가

미국 뉴올리언스 버번스트리트의 명물인 해산물 요리를 먹은 뒤 미시시피강가의 유람선 선착장으로 일행을 안내했다. 함께한 이들은 경희대 동서의학대학원의 연구자들과 대학원생들로서 세계 최대의 신경과학학회Society for Neuroscience에 참석하기 위해 왔다. 이들 중 상당수는 미국 방문이 처음이었고, 교통편이 여의치 않았기에 내 차를 타고 이동했다. 조그마한 차에 다섯 명이 꽉 들어차니 차가 무겁게 느껴졌다. 미국의 남쪽 끝에 위치해 있어 11월인데도 따뜻한 훈풍이 우리의 얼굴에 부딪쳤다. 프랑스 식민지였던 곳이라 미국적 정취와 프랑스의 오묘한 이국적 향기가 어우러진 풍광을 감상하며 미시시피강의 산뜻한 바람을 즐기고 있을 때 인숙이 침묵을 깼다. "이 컨퍼런스는 우리를 위한 곳이 아닌 것 같아요." 옆에 있는 동료들이 그의 말에 동의하면서 소외된 이방인의 느낌을 서로 공유했다. 이들은 한약의 신경보호 효과를 탐구하는 연구자로서 한약의 우수성을 발표하기 위해 서울에서 이 먼 곳까지 왔다. 그러나 학회의 관심은 한약이 아니라 신경과학의 최첨단 연구에 쏠렸고, 이 분야에서 유명한 과학자들의 강연이 인기를 끌었다. 한약의 신경보호 효과에 대해서는 누구도 큰 관심을 갖지 않았다. 이들은 이렇게 큰 학회에 참가했다는 사실에 의미를 부여해야 했다. 미시시피강가에서 그들이 토로하는 소외감, 불편함, 열등감은 학회 초기에 보여주었던 그들의 기대와 열정과는 대조적이었다.

도대체 한의학의 과학화는 무엇인가? 이들이 뉴올리언스 강가에서 느낀 미묘한 불편함을 어떻게 이해해야 하는가? 도대체 한의학 실험실에서 무슨 일이 벌어지고 있는가?

문화와 권력으로서의 실험실

실험실은 과학의 인프라infrastructure다. 전통적으로 한의학은 '임상'에 기반을 두고 발전했다. 망문문절望聞問切과 변증을 통한 한의사의 진단과 한약과 침을 통한 치료가 우리가 경험하는 한의학이다. 즉 한의학의 과학화는 임상에서 행해지는 치료의 요소들을 실험실이라는 공간으로 이동시켜 새롭게 해석하는 작업이다. 인프라는 "새로운 작업의 시작에 있어 우리가 재고려할 필요가 없는 시스템, 기술, 조직, 만들어진 인공물"을 가리킨다(Slota and Bowker, 2017: 529). 한의학의 과학화는 실험실이라는 인프라를 어떻게 구축하는가의 과정인 동시에 이 인프라 속에서 실험을 어떻게 수행하느냐의 문제이기도 하다. 실험실을 구축하는 데 필요한 사회물질적 세트들을 동원해야 하며, 이를 통해 실험을 성공시켜 결과물을 생산해내야 한다. 이 과정에서 한의학의 과학화는 과학 논문이라는 '과학자본'scientific capital을 생산하게 되고, 연구자는 '과학 시민권'scientific citizenship을 획득함으로써 과학 공동체에 진입한다.

그렇다면 한의학 실험은 어떻게 이루어지는가? 한의학적 진단은 실험실에서 어떻게 번역되는가? 한의학적 처방은 실험실에서 어떻게 증명되는가? 이 과정에서 연구자들은 어떠한 어려움에 봉착하는가? 한의학 실험과 일반 과학 실험은 어떻게 다른가? 한의학에서 실험실은 도대체 무엇을 의미하는가? 이 장에서는 한의학 실험실이라는 인프라와 실험 과정의 동시적 생산을 살펴볼 것이다.

과학기술학에서 실험실 연구laboratory studies는 문화기술지 방법을 중심으로 1970년대에 처음 수행되었다. 인류학적 방법을 택하여 실험실에서 과학자들의 일상생활과 문화를 탐구하는 것이 실험실 문화기술지다. 고전적인 인류학은 '전근대'를 탐구하는 학문이었으며 인류 사회와 문화의 원형을 밝히기 위해 아프리카, 남아메리카, 아시아, 폴리네시아 등에서 연구를 수행했다. '인류학'은 '원주민'primitive을 연구하고 이들의 "전과학적 믿음 체계"prescientific belief system를 탐구하였다(Latour and Woolgar, 1986: 20). 실험실이라는 '근대적 공간'을 인류학적 시선으로 보는 것은 분명 혁신적이다. '과학'이라는 것은 특수하고 맥락적인 '문화'와는 다른 보편적이고 객관적인 것으로 인식되어왔기 때문이다. 따라서 실험실에서 '과학 문화'를 탐구하는 것은 과학/문화의 이분법에 대한 도전이며 전근대와 근대를 동등하게 바라본다는 점에서 새로운 방법론이다. 즉 이

'대칭적 인류학'은 과학을 하나의 '문화'로 취급하며 행위자들의 상호작용에 의해 어떻게 과학이라는 사회물질적 문화가 구성되는지를 탐구한다.

문화 연구로서의 실험실 연구는 실험실 세팅에서 실제로 실험이 수행되는 '과정'을 분석하는 것이다. 일반인들은 대부분 과학의 '결과'만을 안다. 과학철학자들은 과학이 인식론적 특권을 가진다고 가정했다. 실험실 연구는 실험실에서 과학자들이 특별한 인식론적 특권을 가지고 있지 않다는 짐을 발견했다. 일상으로서의 실험실 생활에서 그들은 '진리'를 찾는 사람들이 아니라 어떻게 하면 실험을 '성공'적으로 수행해낼까를 고민하는 사람들이다.●

실험실 연구의 대표적인 사례는 라투르와 울가의 연구를 들 수 있다. 이들은 실험실에서 과학적 사실이 어떻게 '구성'되는지를 탐구했다. 캘리포니아대학의 소크연구소Salk Institute에서 2년간의 참여관찰을 바탕으로 라투르와 울가는 실험실을 '기입 장치'inscription device로 명명했다(Latour and Woolgar, 1986: 45). 이는 과학자들이 실험실에서 다양한 종류의 도표, 그림, 사실들을 생산한다는 의미다. 무질서하게 생산된 자료들은 차후 논문으로 정리되어 출판된다. 실험실에서 생산되는 다양한 진술statement이 과학적 사실에 도달하기 위해서는 다른 과학자들의 승인을 받아야 하며, 이는 다른 실험실에서

● 실험실 문화기술지는 일반인이 가진 과학과 과학자에 관한 고정관념에 도전한다. 과학자는 진리나 과학적 발견을 추구하는 고고한 이미지를 가지고 있는데, 실험실 문화기술지는 이를 허상이라고 말한다. 실험실에 직접 들어가서 과학자들을 관찰해보라. 진리를 좇는 사람을 발견하기가 대단히 어려울 것이다. 그들은 일반인과 비슷한 멘털리티를 가지고 어떻게 하면 실험을 성공적으로 수행하고 타당한 과학적 결과물을 생산할 것인가에 골몰한다.

도 같은 결과가 나올 때 가능하다(Latour and Woolgar, 1986: 83). 나의 문화기술지에서 라투르와 울가의 연구가 시사하는 바는 한의학에 대한 과학적 사실의 구성이 데이터와 논문의 끊임없는 생산이며 이를 통해 한의학 연구자들은 과학자본과 과학 시민권을 획득한다는 것이다.

초기의 실험실 문화기술지가 과학적 사실의 구성과 실험의 맥락성을 강조했다면, 이후의 실험실 문화기술지는 한편으로는 국가나 분과마다 실험실이 어떻게 다른지, 다른 한편으로는 과학적 사실이 생산되는 실험실의 제도적 특징에 대한 분석으로 확장된다. 실험실과 실험은 국가의 연구비 정책, 연구 집단을 조직하는 방식, 연구 목표 등에 따라 다르게 설계된다. 예를 들어 일본은 미국에 비해 연구비 집행이 관료적이고 엄격하며, 연구비는 초기의 실험실 시설에 많이 투자되고 실험실의 유지에 들어가는 비용은 적다(Traweek, 1988). 따라서 일본에서는 입자물리학 연구를 위해 설계되는 탐지기detector가 다기능을 갖추고 많은 실험을 할 수 있도록 설계되면 좀처럼 수정되지 않는다. 한국의 실험실 문화의 경우 실험실의 지정학이 실험실과 연구에 중요한 영향을 미친다. 한국의 연구자들은 세계적인 연구를 따라잡기 위해서 적극적으로 세계화를 포용하는데 이는 영어 논문 출판, 글로벌 연구 네트워크의 확장, 연구 윤리의 글로벌 스탠더드화 등을 포함한다(이준석, 2013).

국가적 문화 차이뿐만 아니라 분과에 따라 실험실이 다르게 구성된다. 가령 입자물리학은 큰 탐지기와 컴퓨터에 의존하는 반면, 연구 대상은 쿼크처럼 작은 경향이 있고 연구원들은 대규모로 조직되어 서로 협업하는 경우가 많다(Knorr-Cetina, 1999). 반면 분자생물학은 상대적으로 작은 실험실에서 연구원들의 숙련된 기술에 의해 실험이 진행되며, 연구원들은 여러 단위의 소규모 작업을 수행한다. 실험실 문화기술지는 실험실을 구성하는 제도적 특징에도 차츰 관심을 가지게 되었다. 특히 신자유주의 시대를 맞아 과학의 상업화가 추구되면서 실험은 특허를 얻어내고, 실험실 역시 산업화에 기여할 수 있는 방향으로 조직되고 있다. 기업 실험실은 과학적 사실의 발견보다 경제적 이익을 더 중요시하며 실험도 비밀스럽게 진행되는 경향이 있고, 연구원들은 자신들의 실험 노하우를 공개하기를 꺼린다. 군사적 목적과 관련된 실험실과 연구 활동도 비밀성을 가지게 되며, 과학자들은 대중의 비판을 피하기 위해 자신의 무기 개발이 평화 유지를 위해 쓰인다는 믿음을 가진다.

이 장은 실험실 연구의 연장선상에서 우선 '다양한 실험실'multiple laboratories이라는 개념을 제안한다. 이는 연구원, 연구 대상, 분과, 국가 등 이질적인 요소들의 결합을 통해 실험실의 인프라와 문화가 풍성하게 생산될 수 있음을 의미한다. 연구자들이 실험과 실험실을 구성하는 방식은 연구자 커뮤니티와 사회와의 상호작용 속에서 공진화共進化한다. '다양한 실험실'이라는 개념은 다른 실험실들과 차별되게 한의학 실험실이 한의학과 과학을 동시에 동원하며 자신만의 독특한 방식으로 실험을 구성한다는 의미다.

다른 한편 이 장은 '인프라 권력으로서의 실험실'이라는 관점으로 한의학의 과학화를 이해한다. 라투르(Latour, 1983: 168)는 「나에게 실험실을 달라. 그러면 내가 세계를 들어 올리겠다」라는 유명한 글에서 실험실을 '다른 수단을 통한 정치'politics by other means라고 말하며 실험실이 현대 사회에서 가장 중요한 권력의 원천이라고 주

장한다.* 라투르는 1880년대 파스퇴르가 파리고등사범연구소에서
탄저균을 발견한 것과 이에 대처하는 백신의 개발이 어떻게 프랑스
사회를 바꾸어놓았는지를 설명한다. 라투르는 파스퇴르의 실험실
이 탄저균에 대한 다양한 이해와 관심을 '등록'시키고 이 문제를 해
결하여 프랑스 농업의 실행과 구조 자체를 바꾼 권력의 창출자라고
분석한다. 라투르는 실험실 내부와 외부라는 이분법을 넘어 파스퇴
르의 실험실이 어떻게 프랑스 사회를 전환transformation시켰는지를
밝힘으로써 실험실이 세계를 들어 올리는 지렛대가 될 수 있다고 강
조한다.

한의학의 권력지형에서 한의학 실험실은 인프라 권력으로서 실
험 데이터와 과학 논문을 생산하는 기입 장치일 뿐만 아니라 한의
학의 과학화를 통한 권력 강화 장치이기도 하다. 한의학의 과학화는
1990년대 말에 본격적으로 수행되었기 때문에 초기에는 실험을 수
행할 능력과 자원이 부족했고 BK21이라는 정부 연구비를 통해 자
원을 동원할 기회를 포착했다. 한의학 연구자들에게 연구비를 따내
는 것은 무엇보다 중요한데, 연구비가 실험실의 하부구조와 연구원
을 동원할 수 있게 해주는 결정적인 요소이기 때문이다. '임상의 영
역에서 존재하던 한의학의 요소들은 실험실로 이동하고 재적응하는

• '다른 수단을 통한 정치'라는 말은 원래 사회운동을 가리킨다. 비제도적 집합행동으로
서의 사회운동은 행정, 입법, 사법의 제도정치에 도전한다. 공식적인 선거, 입법, 행정
절차를 따르지 않고 자신이 싫어하거나 좋아하는 정책이나 제도를 비공식적인 집합행
동을 통해 비판하거나 관철한다는 의미에서 사회운동은 '다른 수단'을 통한 정치라고
할 수 있다. 과학이 실험이라는 수단을 통해 사람들의 관심을 집중시키고 세계를 다른
방식으로 바꿀 수 있는 권력을 가졌다는 의미에서 라투르는 위트 있게 이를 '다른 수
단을 통한 정치'라고 불렀다.

과정'을 거친다.* 임상에서 이루어진 한의학적 개념과 치료는 실험실에서 과학적으로 번역되어야만 한다. 여기서 과학과 한의학 사이에 또 다른 권력관계가 존재한다. 곧 한의학은 과학자 공동체에 받아들여질 수 있게 실험을 수행한다. 이러한 현상은 실험의 결과를 발표하는 논문의 작성에도 반영된다. 한의학이 과학적 언어로 표현되고 발표된 논문들이 과학 공동체에 받아들여질 때 한의학 연구자들은 과학자본을 획득하게 되며 실험실 운영에 필요한 연구비를 조달받게 된다.

이 장은 다음과 같이 구성된다. 우선 한의학 실험의 동기에 대해서 알아본다. 그런 다음 경희대 한약리학 실험실의 구성과 실험 과정을 살펴볼 것이다. 한약을 연구하는 실험실은 '역사와 문화가 없는 실험실'을 특징으로 하는데 이를 극복하고 안정된 실험실 인프라를 구축하기 위해 상호 교육과 혼종적 연구자를 만드는 데 주력한다. 실험 과정에 대한 이해에서는 한의학적 개념이 어떻게 과학적으로 변환되고 임상에서 쓰이는 약재가 어떻게 화학물질로 전환되는지를 설명한다. 그런 다음 논문 출판의 정치에 대해서 살펴보는데 이는 과학 논문이 한의학 연구자들의 커리어뿐만 아니라 실험실의 연구비 획득을 위한 중요한 과학자본이기 때문이다. 끝으로 '정치적 체제로서의 한의학 실험실'이 어떻게 새로운 권력지형을 형성하는지를 분석한다.

.

---

* 이 과정은 새로운 다양체multiplicity를 형성하는 것으로, 한의학적 요소와 자연과학적 요소를 동원하고 연결시켜 새로운 공생관계를 만든다.

한의학 실험실에 들어오게 된 동기

내가 실험실 참여관찰을 수행한 기관은 경희대 동서의학대학원이다. 이 대학원은 '두뇌한국21'Brain Korea 21(BK21) 사업의 지원으로 1999년에 만들어졌으며 현재까지 여러 변화가 있었지만 여전히 존속하고 있다. 인적 구성을 보면 기존에 있던 한의대 연구원들과 새로 뽑은 과학자들로 이루어진 혼종적 연구기관이다. 나는 한의사들과 과학자들의 심층 인터뷰를 통해서 그들이 왜 한의학 실험에 참여하게 되었는지 물어보았다.

동서의학대학원에 참가한 한의사들의 주요 동기는 실험을 통해한의학의 과학적 정당성을 확보하는 것이었다. 한의사 집단은 일제시대부터 현재까지 양의사와 과학자 집단으로부터 끊임없이 비과학적 지식 체계라는 비판을 받았다. 1990년대 한약 분쟁에서 과학주의는 한의사 집단을 비판하는 주요 이데올로기였다. 서구에서 말하는 실험과학은 고전적인 한의학에는 존재하지 않았다. 한의사들의연구는 환자를 치료하고 환자의 반응을 직접 관찰하면서 이루어진것이었다. 이와 동시에 한의사들은 고래로 전해 내려오는 한의학의고전들을 통해서 지식을 쌓았다. 이러한 접근법은 특히 양의사 집단과 약사 집단으로부터 검증되지 않은 처방과 이론을 인간의 신체에적용하는 것이라는 비판을 받았다. 한 한의학 교수는 이러한 억압에답하기 위해서 한의학 실험에 뛰어들었다고 고백한다.

자기네들(과학자와 양의사)의 수준에서 (한의학을) 실험적인 언어로 표현하길 원해요. 우리가 아무리 우리 방식으로 음양방법으로 치료했더니 나았어 해봤자 이 사람들이 무시합니다. 그런 방법론을 가지고 논문 천 편을 내도, 분명히 우리가 환자를 치료했음에도, 그 논문 SCI에 안 실어줘요. 우린 그런 현실을 오랫동안 맛봐왔어요. (……) 아무리 한의학이 우수해도 우리끼리만의 언어, 우리끼리만의 컨셉으로만 환자를 치료하면 궁극적으로는 우리 내부에선 환자를 치료할 수 있을진 몰라도, 그것이 과학적 언어로서 표출이 되지 않으면 그건 미신의 범주로 들어가요.

이 교수는 한의학이 과학과 양의학의 관계에서 겪고 있는 지식 인정의 비대칭성을 강조한다. 그러면서도 다른 한편으론 과학적 방법론의 필요성을 강조한다. 그는 경희대 한의학 공동체 내에서 한의학의 객관화를 위해 선봉적인 역할을 하고 있다. 한의학과 과학 사이에 권력의 비대칭성이 존재함에도 그는 한의학이 객관화되었을 때 세계적으로 인정받을 수 있고 과학적 방법론 자체는 한의학과 반대되는 것이 아니라고 주장한다. 한의학과 과학이 공존할 수 있다는 것이다. 이러한 주장은 동서의학대학원에 참여한 한의사들 대부분에게서 들을 수 있었다.

동서의학대학원에 참가한 과학자들은 오히려 한의학의 발전에 기여하고 싶다며 다른 논리들을 내세웠다. 예를 들어 자원식물학을 전공한 상민은 한의학의 과학화를 통해서 외국으로부터 한국의 식물과 약초를 보호하고 싶다는 민족주의적 사명감을 표현했다.

상민　저는 자원식물학 쪽이니까. 왜 우리 거를 갖다가 외국인들이 연구를 해서 그걸 역수입해야 되느냐, 그게 화가 난 거죠. 솔직히 말하면. 왜 우리 과학자들은 그걸 제대로 연구를 안 했느냐. 미국에서 마음만 먹고 10년 잡고 한의학을 잡겠다고 해버리면 우리나라에서는 미국에 로열티를 주면서 한의학 소스를 받아서 한의학 처방을 할 거고 뭐 정말 따로 생각하면 침마저도 외국 사람들이 침을 뭔가 좋게 만들어서 생산을 하면 우리가 그것을 사와서 침 놓아야 될 입장이 될 건데 왜 연구를 빨리 안 하느냐, 그런 생각이 많이 들었죠.

과학자로서 상민에게 민족주의적 정체성이 어떻게 형성되었는지에 대한 나의 질문에, 상민은 자신은 시골 출신인데 어릴 때 어른들이 여러 가지 한의학적 개념들을 사용하는 것을 들으면서 자랐다고 말했다. 그래서 과학자로서 가질 수 있는 의심을 가져본 적이 없고 한의학을 배우는 것이 어렵지 않았다는 것이다.

박사 후 연구생인 지은은 식품영양학을 전공했다. 그는 동서의학 대학원에 들어온 이유를 자신의 임상 경험에서 찾았다. 대학원에 들어오기 전 그는 영양사로서 병원에 오랫동안 근무한 경력이 있었다. 환자들에게 제공하는 식이요법으로 한약 제제를 사용하곤 했는데 환자마다 반응이 달랐다. 그는 인과적인 관점이 아니라 개인적이고 전인론적인 관점에서만 이러한 임상 경험을 이해할 수 있다고 주장했다. 그는 "한의학이 정말 과학적이에요"라고 말했는데, 그 이유는 한의학이 개인의 체질, 생활습관, 식습관 등 종합적인 접근을 한다는 데 있다고 했다. 나는 그에게 과학자로서 한의학의 개념이나 이론들을 의심해본 적이 없냐고 물어보았다. 독실한 기독교인인 그는 오히려 내게 종교적인 설명을 해주었다. 영혼이 눈에 보이지 않는 것처럼

'기'라는 것도 눈에 보이지 않지만 우리가 그 존재를 확신할 수 있다는 것이다. 나뭇잎이 흔들리는 것을 보고 바람이 존재하는 것을 알듯이 여러 신체 증상들을 보고 기의 존재를 추론할 수 있다고 했다. 우리는 지은과 같은 과학자들에게서 '한국인-기독교인-임상 연구자-과학자'라는 혼종적 정체성을 발견할 수 있다. 이러한 혼종적 정체성은 이력과 경험에 따라 다른 과학자들에게서도 발견되고 있다.

현희는 약사이면서 동서의학대학원에서 한의학을 공부하고 있다. 1990년대에 한의사와 반대편에서 싸운 약대 출신이다. 그는 소화불량 때문에 오랫동안 고생했는데 스트레스를 받으면 더욱더 심해졌다. 고등학교 3학년 때 가장 심했다. 병원에서는 과민성 대장 증후군이라고 했다. 현희는 항상 배가 아프고 자주 설사를 했으며, 어떤 때는 쉬는 시간마다 화장실에 가야 했다. 흥미로운 점은 아버지가 의사였는데도 정작 딸을 위해서는 할 수 있는 일이 별로 없었다는 것이다. 서양 의학적으로도 딱히 치료할 방법이 없었으며 엑스레이를 찍어봐도 별 이상이 나타나지 않았다. 따라서 증상을 치료하는 길밖에 없었는데 소화가 안 되면 소화제 먹고 설사를 하면 지사제를 먹는 식이었다. 그러다가 한약을 먹고 나서 증상이 좋아졌다고 한다. 한의학 치료에 관심을 갖게 된 이유를 묻자 "너무 아프니까"라고 대답했다. 너무 아파서 뭐든 먹어보았다는 것이다. 그가 약대 출신이고 아버지가 의사지만 양의학으로 병을 치료하기 어려웠던 경험이 한의학에 대한 인식을 바꾸어놓았다.•

• 현희와 같이 양의학이나 자연과학적 세계관을 가진 사람이 자신 또는 타인의 질병이나 육체적 고통이 한의학을 통해 해소되었을 때 새로운 깨달음을 얻게 되는 경우가 종종 있다. 나는 이를 육체적 이피퍼니somatic epiphany 또는 육체적 각성이라고 부른다.

이처럼 동서의학대학원에는 한의학과 서양 의학이 공존할 수 있다고 생각하는 혼종적 관점과 정체성을 가진 과학자가 많았다. 이 사실은 과학자가 단일한 정체성을 가지거나 과학적 인식론에 기반하여 연구활동을 수행하는 것은 아니라는 점을 잘 보여준다. 쿤(Kuhn, 1970)의 패러다임 이론에 따르면 과학자들은 과학자 사회에 통용되는 규범과 가치를 '균질적으로' 공유한다. 이 책에서 계속 비판하듯이 과학자의 정체성과 행위체는 비통일적이고 이질적이며 혼종적이다. 연구자의 정체성은 과학자의 개별적 경험과 국지적 성격의 과학적 생산 때문에 다양하고 비통일적이며 이질적이다. 따라서 과학적 실재와 과학자의 정체성에 관한 메타담론보다 국지적으로 생산되는 과학자들의 정체성과 행위체에 우리는 주목해야 한다.

실험실 문화와 인프라의 생산

동서의학대학원에는 다섯 개의 실험실이 있었다.** 나는 그중에서 '한약리학 실험실'을 중점적으로 관찰했다. 이 장에서는 이 실험실을 중심으로 분석한다. 한의사와 과학자가 함께 실험실을 만드는 것은 보기 드문 새로운 시도였다. 지식과 문화가 다른 이들이 어떻게 서로 협력하며 실험실 문화를 만들어가는가? 이 절에서는 한의사와

** 1999년 동서의학대학원 설립 당시 한약리학 실험실, 침구경락학 실험실, 동서신경학 실험실, 임상영양학 실험실, 의료공학 실험실이 세워졌다. 이듬해인 2000년 3월에 동서종양학 실험실이 새롭게 추가되었다. 현재는 이 대학원의 조직이 바뀌었으나 이 장에서는 필자가 현장연구를 수행할 당시의 상황에 맞게 기술할 것이다.

과학자 사이의 협동이 어떻게 새로운 실험실 문화와 인프라를 생산하는지를 살펴볼 것이다.

실험실은 "역사를 가진 문화 체제"다(Hacking, 1992: 33). 실험 기구, 데이터와 이론, 연구 집단의 문화 등이 어떻게 '상호 안정화'되는가에 따라 여러 형태의 실험실이 존재한다. 과학은 실험실에서 연구자들의 통시적 행위에 의해 이루어진다. 실험실의 문화와 역사 없이는 실험행위 자체가 불가능하며, 이 역시 실험행위의 통합적인 부분들이다.

동서의학대학원의 다른 실험실과 같이 한약리학 실험실도 BK21의 지원으로 새롭게 만들어졌다. 처음에는 실험실 구성원들의 전공이 제각각 달라서 의사소통이 원활하지 않았다. 연구자들은 생물학, 약학, 한의학, 축산학, 화학, 식품영양학 등 다양한 분야에서 왔다. 이 실험실에서는 '한약의 신경과학적 실험'을 주로 하는데 처음에는 거의 대부분이 한의학과 신경과학 두 분야를 이해하지 못했다. 실험실을 이끌어가는 김호철 교수는 "어느 누구도 우리 실험실과 같은 시도를 한 적이 없어요. 완전히 새로운 시도죠. 우리 실험실 자체가 실험이에요"라고 말했다. 그는 이질적인 다양한 연구자들을 지도해야 했고 전체 실험실을 하나의 유기적 조직체로 만들어야 했다. 처음 수년 동안 그는 연구자들을 어떻게 교육시킬까 그리고 전체 실험실 인프라를 어떻게 구성할 것인가에 골몰했다. 어떻게 실험실을 꾸려나가야 할지 막막한 것은 초기 연구원들도 마찬가지였다. "어떻게 한의학과 과학을 통합해야 할지 모르겠어요" "아직 초기 단계예요" "한의학과 과학을 통합하려는 시도 자체가 실험이죠" "우리 실험실이 어디로 가는지 모르겠어요" 이런 대답이 쏟아졌다. 이러한 혼란은 실험실이 갑자기 만들어져 인프라가 제대로 구축되지 않았다는 점, 그리고 이질적인 연구자들이 의사소통할 수 있는 국지적 규칙과 문화가 부재했다는 점에서 기인한다. 또한 그들이 초기에 새롭게 학습해야 할 실험이 지나치게 전문적이고 많았다. 한숙은 동료들과 의사소통을 하는 것이 얼마나 힘들었는지를 고백한다.

> 한숙 제가 보는 관점에서는요. 학문적 백그라운드도 너무 다르기 때문에 그런 거 있죠. 내가 너무 당연하게 아는 것을 물어봐요. 물어보는데 그 사람이 어설프게 안다 말이에요. 어설프게 알면 내가 보면 저 사람이 뭘 모르는지 알아요, 얘기를 하면서. 알아서 이건 이렇게 하니까 이거 이거 이래서 틀렸고 이건 이렇게 해서 맞으니까 이쪽으로 생각해서 이렇게 해보십시오. 그러면 알았대요. 그런데 돌아서서 할 때는 자기 고집대로 해요. 그러고 나서 와서 (또) 물어봐요.
>
> 필자 알았다는데 자기는 못 알아들은 거군요?
>
> 한숙 못 알아들은 거죠.

또 다른 문제점은 각각의 연구자들이 한약리학 실험실에 오기 전에 다른 실험실에서 배웠던 기술과 습관이 충돌한다는 점이다. 예를 들어 같은 실험이라도 각자가 배운 실험의 절차가 다르면 실험실의 공간과 기구의 배치가 달라진다. 연구원들은 자신이 사용하기에 편한 배치를 선호해서 서로 갈등을 빚었다.

또 다른 예를 보면, 명훈은 실험 기구를 쓰고 나서 당장 씻지 않고 싱크대에 그냥 놓아두는 버릇이 있었다. 이전의 실험실에서는 실험 기구를 씻어주는 사람이 있었기 때문이다. 그런데 한약리학 실험실에서는 씻어주는 사람이 따로 없고 많은 사람들이 같이 실험 기구를 사용하기 때문에 사용 후 당장 씻어야 다른 연구자에게 방해가 되지 않는다. 이런 사소한 습관 차이가 일상생활에서 분란을 일으키기도 했고 어떤 연구자들은 자기의 규칙을 다른 연구자들에게 강요해서 갈등을 야기하기도 했다. 공통의 규칙과 문화가 없을 때 실험 행위는 매끄럽게 진행되지 못한다. 영미는 실험실 문화가 얼마나 중요한지를 상소한다.

> 영미   제가 생물학과에 있었던 게 저한테 단점이 될 수 있고 장점이 될 수 있어요. 여기서 생활하는 것에. 왜냐하면 여기는 여기 나름대로 문화를 만들어나가야 되는데 제 머릿속 잔재 속에 자꾸 생물학과의 실험 방법이 남아 있는 거죠. 그 방의 구성원 모습, 체계, 룰이 남아 있기 때문에 제가 처음 여기에 와서 초창기에 사람들에게 이렇게 해달라고 부탁하고, 안 되면 스스로한테 화를 내곤 했어요. 어쩌면 처음에는 강요를 하고 싶었던 거 같아요. "실험실은 원래 이런 거야"라고 강요를 하고 싶었는데 나중에 돌아보니까 여기 나름대로의 문화를 만들었어야 된다는 생각을 갖게 되더라고요.

더 좋은 연구 환경을 만들고 의사소통을 원활하게 하기 위해 연구자들은 각자의 역할을 조정해나가기 시작했다. 여기서 실험실의 보스인 김호철 교수의 역할이 아주 중요했다. 초기에 김 교수는 구성원들에게 실험실에서 행해지는 모든 실험을 배울 것을 권했다. 한약리학 실험실에서는 다양한 실험이 행해진다. 대표적인 것이 동물 실험, 세포 실험, 성분 분리 실험, 그리고 한의학 연구다. 김 교수는 한의학과 과학을 결합시키려면 구성원 모두가 전 영역에 대한 지식을 알고 있어야 한다고 생각했다. 따라서 초기 실험실에는 연구자들 사이에 분업이 이루어지지 않았다.

하지만 각 영역이 전문적이기 때문에 모든 영역의 실험을 다 소화하는 것은 현실적으로 불가능했다. 예를 들어 영미는 생물학과 출신으로 신경과학 분야를 처음 접했다. 그는 의욕적으로 많은 실험을 배우려고 노력했지만 이런 시도는 헛된 것임을 알게 되었다. 왜냐하면 실험 하나를 완전히 소화하는 데 몇 달이나 걸렸기 때문이다. 그러자 연구자들은 김호철 교수에게 각 분야의 전문화를 요구하면서 그에 기반한 분업을 주장했다. 전문화하되, 그 외의 다른 분야는 서로 의사소통할 수 있을 만큼만 교육을 받자는 것이었다. 김호철 교수도 이들의 주장에 동의함에 따라 실험의 분업과 역할 조정이 이루어졌다.

연구원들은 실험의 재분배와 노동의 분업을 통해 실험실 인프라, 공간, 시간을 새롭게 만들어나갔다. 실험의 분업에 따라서 우선 실험실 공간이 새롭게 나뉘었다. 연구자들은 '중앙실험실'에 주요 실험 기구를 배치했다. 동물 실험실은 다른 실험실로부터 새로 얻어냈다. 이어서 김호철 교수는 세포 실험실을 만들어 그곳에서 세포 실험을 집중적으로 할 수 있게 했다. 이와 더불어 실험실 연구자들은 자신의 실험 계획과 일정에 맞게 실험실을 사용할 수 있도록 타협했다. 총 30여 명의 연구자들이 실험을 해야 하기 때문에 장소, 시간, 실험 기구와 시약 등을 효율적으로 배분할 필요가 있었다. 예를 들어 초기에는 동물 실험실에 현미경이 하나밖에 없어서 여러 명이 공유했다. 4-VO(쥐의 혈관 네 개를 막아 뇌허혈을 일으키는 방법) 동물 실험은 월요일과 수요일에, MCAO(쥐의 혈관 두 개를 막아 뇌허혈을 일으키는 방법)는 화요일과 목요일에 하기로 합의했다. 이와 같이 실험실의 시공간은 실험의 분업과 실험실의 조직화와 분리될 수 없다.

이러한 분업의 결과로 실험실 구성원들은 팀이라는 새로운 사회 조직을 만들어내게 되었다. 각자의 전문 영역에 따라 동물 실험팀, 세포 실험팀, 성분 분리 실험팀으로 나뉘었다. 팀의 형성은 실험실에 새로운 동학을 제공했다. 같은 팀의 구성원일수록 실험실에서 일상생활을 같이 하게 되면서 더 친밀해졌다. 팀원들은 한약리학 실험실의 연구자라는 의식과 더불어 각 팀의 소속원이라는 생각을 갖게 되었다.

그러나 분업에 의한 실험실 조직의 재조직화에도 불구하고 전체 구성원들은 여전히 의사소통의 어려움을 겪고 있었다. 실험실이 하나의 조직체로 굴러가기 위해서는 규칙과 자원의 분배를 협상할 새로운 사회적 조직이 필요했다. 이를 위해 다양한 종류의 모임이 만들어졌다. 교수 미팅, 대학원생 미팅, 예산 미팅, 전체 실험실 미팅, 팀 미팅 등이 바로 그것들이다.

교수 미팅을 통해서 김호철 교수를 비롯한 세 명의 교수들은 전체 실험실의 기자재 배치, 대학원생들의 분업과 업무 배치, 졸업 필수요건, 팀별 연구비 책정 등을 정한다. 대학원생 미팅에서는 실질적인 실험 습관과 실험실 운영에 대해 서로의 의견을 조율한다. 예를 들어 고장을 막기 위해 파이펫(실험 기구)을 사용하고 난 다음 스케일을 제자리에 돌려놓는 규칙 등 아주 세세한 부분들에 대해서도 토론이 이루어졌다. 또 실험실의 오염을 막기 위해서는 실험실 청소가 중요한데, 순번제를 만들어 돌아가면서 청소를 하기로 했다. 이처럼 실질적으로 실험을 수행하는 대학원생들은 대학원생 미팅을 통해서 구체적인 실험실 규칙들을 만들어나갔다. 예산 미팅에서는 각 연구원들이 한 달 동안 어떤 실험을 수행할 것인가를 발표하고, 이에 맞게 연구비 사용 예산안을 보고한다. 예산 미팅의 주요 기능은 자원의 분배에 있지만 각 연구자들의 실험 일정을 조율하는 데도 중요한 역할을 했다. 전체 실험실 미팅과 팀 미팅은 다음 절에서 자세히 다룰 것이다. 이와 같이 여러 사회적 만남을 통해서 한약리학 실험실은 서서히 자신들의 실험실 문화와 인프라를 만들어나갔다. 연구자들은 이런 미팅과 연구자들의 상호 교육을 통해 실험에 필요한 지식과 기술을 습득할 수 있었다.

상호 교육과 혼종적 연구자 만들기

한의학의 과학적 실험 수행과 실험실의 의사소통 문제를 해결하기 위해 한약리학 실험실의 거의 모든 사회기술적 공간은 교육 공간이 되었다. 동서의학대학원의 주요 목적 중의 하나도 과학과 한의학에 능한 혼종적 연구자hybrid researcher를 배출하는 데 있다. 한약리학 실험실에서는 한의학, 신경과학, 약학 및 성분분석학 등을 주로 교육한다. 이 교육의 궁극적인 목적은 연구자가 '생산적 주체'가 되어 한의학의 과학적 연구를 수행하게끔 하는 것이다. 여기서 기술되는 주요 교육의 '공간'은 네 가지다.

첫째, 실험실에서 연구자는 기술이 뛰어난 연구자들에게서 실험을 전수받는다. 실험실의 행위들은 대부분 몸에 밴embodied 지식들이다. 실험행위 자체는 실험 기구, 약재, 세포, 동물 등을 실질적으로 다루는 기술이다. 주로 숙련된 연구자가 새로운 신참을 교육하는데 이들의 교육이 얼마나 집중적이냐에 따라 배우는 진도가 달라진다. 신참은 우선 고참 연구자의 실험을 여러 번 자세히 관찰한다. 그런 다음 고참의 지도에 따라 직접 실험을 한다. 여기서 고참은 신참의 여러 실수를 지적한다. 실험 기구와 동물 관리 등도 체크한다. 성공적인 실험은 연구자의 몸에 밴 지식과 여러 실험 기구와 실험 대상의 안정적인 조율에 의해 이루어진다. 따라서 고참은 신참이 이런 조율을 완벽하게 익힐 때까지 교육한다. 예를 들어 석사 학생인 미현은 4-VO 동물 실험에 능숙한 박사 후 연구원인 경화에게서 이 실험을 배웠다. 미현이 이 실험을 안정적으로 하는 데는 6개월 이상이 걸렸다. 이처럼 실험실에서의 교육은 연구자 자신의 실천적 성취에 의해서 이루어지는 고단한 과정이다.

둘째, 대학원생은 정규 수업을 통해 다양한 이론적·개념적 지식을 배운다. 김호철 교수는 한의학을, 생물학을 전공한 교수는 주요 생물학 이론을, 약학을 전공한 교수는 약리학 및 성분분석학을 가르친다. 정규 수업의 가장 큰 장점은 정해진 일성에 따라서 학생들이 광범위하고 집중적으로 주어진 주제에 대해 공부한다는 것이다. 독자들은 이 실험실의 연구원들이 이전에 한의학이나 신경과학에 대해 전혀 공부해본 적이 없는 사람들이라는 것을 상기해야 한다. 따라서 정규 수업은 실험에 필요한 배경지식을 제공해준다. 이에 덧붙여 교수들은 이런 이론적인 지식 이외에 실험실에서 자기의 경험을 이야기해준다. 이러한 이론적 교육은 실험실에서 행해지는 실천적 교육을 보완해준다. 실험실에서 부딪히는 어려운 개념은 정규 수업에서, 수업에서 들은 막연한 개념은 실험실의 실험을 통해서 명확하게 이해하게 된다.

셋째, 전체 실험실 미팅은 모든 연구자들이 한자리에 모이는 유일한 시간인 만큼 중요한 교육적 기능을 담당한다. 매주 2~3명의 연구원들이 자신이 수행한 실험 결과를 발표하며, 다른 연구원들은 발표자의 연구에 대해서 배운다. 30여 명이나 되는 연구원들은 같은 팀이 아니면 다른 연구원이 구체적으로 무엇을 연구하는지 잘 모르기 때문에 전체 실험실 미팅을 통해서 서로의 연구에 대한 정보를 얻을 수 있다. 발표자는 파워포인트로 자료를 시각화하고 복잡한 연구 과정을 간단한 이야기로 재구성한다. 이러한 '서술적 기능'을 통해서 발표자는 청자들에게 자신의 연구를 의미 있는 실행으로 표상한다. 이 전체 미팅을 통해 연구자들은 복잡한 실험 과정을 간단하게 이해할 수 있다.

넷째, 팀 미팅은 또 다른 교육의 공간이다. 전체 실험실 미팅이 실험의 '결과'를 발표하는 자리라면, 팀 미팅은 실험의 '과정'을 발표하는 자리다. 팀 미팅을 통해 연구자들은 팀을 이끄는 교수와 변증법적 대화를 해나간다. 실험 도중에 잘 안 되는 부분들을 교수에게 보고하고, 경험이 풍부한 교수는 문제점을 지적해준다. 이 자리에서 교수는 학생들을 나무라기도 하고 사기를 높여주기도 한다. 팀 미팅에서는 감정이 표출되기도 하는데, 이것은 전체 실험실 미팅에서는 거의 일어나지 않는 일이다.

이러한 교육의 과정이 수년에 걸쳐 이루어짐으로써 연구자들은

실험 토론을 통한 상호 교육

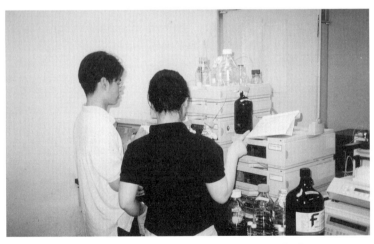

한약 성분 분석을 위한 고성능액체크로마토그래피HPLC 분석 교육

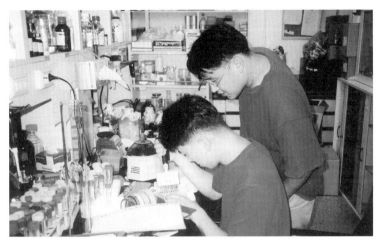

세포 실험 현장 교육

이론 토론을 통한 상호 교육

혼종적 연구자로 새로 태어난다. 이 교육의 공간들은 '교역장'trading zone이나 다름없다(Galison, 1997). 초기에는 연구자들이 서로 다른 언어를 사용했지만 서로의 교육을 통해 공통의 언어를 만들어나간다. 실험실이라는 교역장을 통해 문화적 차이에도 불구하고 국지적 조정과 타협을 함으로써 의사소통을 하게 된다. 한약리학 실험실에서는 교육과 타협, 상호이해를 통해서 새로운 문화와 인프라가 만들어진다.

한약 실험의 과정

'과학적 내용'을 직접 다룸으로써 과학과 사회의 상호작용을 보여주는 것이 과학기술학Science and Technology Studies의 접근법이다. 따라서 이 절에서 기술되는 과학적 내용이 다소 생소할 수 있지만 이것은 사회학의 영역이 과학적 사실의 최첨단까지 분석하고자 하는 진취적인 시도임을 강조하고 싶다. 행위자-연결망 이론이 주장하듯이 과학적 내용 자체는 사회적 맥락과 직접적인 관련이 있다. 특히 이 절에서는 한약의 과학적 생산이 과학과 한의학의 불균등한 권력관계에 의해 이루어짐을 강조하고 싶다.

또한 이 절에서는 한의학의 실험화 과정이 다른 실험실 연구에 비해 독특하다는 것을 보여주고자 한다. 한약리학 실험실의 독특한 문화는 다음과 같이 정리할 수 있다. 첫째, 한의학의 효능과 임상의 정당성이 과학적 기준에 의해 재단되면서 실험실에서 한의학의 독특함이 사라진다. 둘째, 한의학의 과학적 연구는 국제와 국내의 청자audience에 따라 이중적인 접근을 한다. 예를 들어 한의학의 '탕재' 관련 실험은 국제적으로는 받아들여지지 않지만 국내의 한의계와 과학계에서는 받아들여지고 있다. 가령 기와 혈을 보하는 십전대보탕은 열 가지 약재를 사용하는데 그 효능의 실험적 증명은 국제적으로 받아들여지지 않는다. 국제적인 기준은 단일 화학성분에 대한 것이기 때문에 수백 가지 성분이 들어간 탕에 대한 효능 실험은 일반적으로 받아들여지지 않는다. 하지만 국내에서는 탕에 대한 개념을 공유하고 있기 때문에 탕의 효능 실험은 출판 가능하다. 이에 따라 실험 자체도 국제용과 국내용으로 나뉘어 이중적으로 이루어진다. 셋째, 실험실은 '정치적 기능'을 갖는다. 한의학 실험실은 한약의 과학성을 입증하려는 목적에 과도하게 치우쳐 있다. 이제까지 실험실 문화 연구는 실험실을 하나의 '문화적 체제'라고 보았는데, 여기서는 한의학 실험실이 문화적 체제인 동시에 '정치적 체제'임을 보여줄 것이다.

한약리학 실험실은 한의학에서 '중풍'에 효과가 있는 약재들을 주로 실험한다. 한의학에서 중풍은 의식, 언어, 동작의 손상을 포괄하는 광범위한 개념이다. 이 실험실에서 '중풍'은 '뇌허혈'cerebral ischemia(혈관의 막힘 등에 의해 뇌의 특정 부위에 피가 공급되지 않는 현상)로 번역되고 약재는 뇌허혈 방지를 입증하는 실험에 이용된다. 한약의 신경보호 효과 실험을 설명하기 위해 나는 세 가지 영역의 구성에 초점을 맞출 것이다. ① 중풍의 개념적 번역 ② 한약재의 물질적 변형 ③ 실험 과정.

한의학에 따르면 '풍'은 병을 일으키는 육음(여섯 가지 사악한 요소: 풍, 한, 열, 습, 조, 서) 중 하나다(Kaptchuk, 2000). 이 여섯 가지 요소는 외부 환경의 영향뿐만 아니라 내부의 부조화를 은유적으로 나타낸 것이다. 중풍의 원인은 한의학의 역사에서 논쟁거리였다. 고대에는 외부의 해로운 인자에 의해 중풍이 발생한다고 여겼다(Scheid, 2002: 240). 하지만 중국 금원시대(1115~1368)에는 중풍이 인체 내부의 부조화에 의해서 생긴다고 보았다. 중풍의 원인에 대한 다양한 해석에도 불구하고 신체에 일어나는 갑작스러운 증상의 일부분들만이 중풍으로 분류되었다.

중풍 증상은 양의학에서 여러 가지 질병을 포함한다. 의식, 언어, 동작의 갑작스러운 손상은 뇌허혈, 뇌종양, 모야모야병, 파킨슨병, 여러 가지 근육질환, 척추종양 등에서 기인한다. 양의학에 따르면 이러한 병들은 원인이 다 다르지만 한의학에서는 모두 중풍으로 분류한다. 중풍을 실험하기 위해서는 질병의 정확한 원인과 위치를 지정해야만 한다. 중풍이 광범위한 질병을 포함하기 때문에, 이것을 기계적인 인과관계로 환원시켜야만 실험이 가능하다. 현대 한방병원 한의사들은 많은 경우 중풍의 증상이 뇌허혈과 유사하다는 것을 발견했다. 따라서 한약리학 실험실에서는 여러 가지 질병 가운데서 중풍을 뇌허혈로 번역한다. 이러한 번역은 실험을 가능하게 해주지만 한의학의 병인론을 부정하는 결과를 낳게 된다. 한의사들은 뇌의 기능과 뇌에서의 혈액 순환에 주목한 적이 없다. 한의학 이론에서 인체의 장기 이론은 오장육부에 집중되어 있다. 한의학에 따르면 뇌는 신장에 소속되어 있고 그것의 기능은 심장이 관장한다. 나아가 중풍의 발병 원인을 뇌의 특정 부위의 혈액 부족으로 제한적으로 해석하면 기존의 중풍 이론은 완전히 사라진다. 결과적으로 중풍을 뇌허혈로 번역하는 것은 한약의 경험적 처방과 이에 기반한 이론의 분리를 낳게 된다.

한약재는 실험실에서 다양하게 가공되는데 이 방법 또한 임상에서 가공하는 것과 다르다. 한의사들은 치료 목적에 맞게 한약재를 탕, 환, 침용, 연고 등으로 가공하여 사용한다. 가공의 이유는 한약의 성질을 변용하여 특정한 약효를 발휘하게 하기 위해서다. 보통 물을 이용한 탕재가 인체에서 약을 흡수하는 가장 보편적이고 유용한 방법이다. 이 방법은 물과 한약재를 20:1 정도로 섞고 두세 컵이 남을 때까지 달이는 것이다. 때로 단일 약재가 처방으로 사용되지만 한약 처방의 대부분은 약재의 수가 네 가지에서 많게는 열다섯 가지나 된다. 양의사와 과학자는 다음과 같은 이유로 전통적인 한약 가공법을 비판해왔다. 첫째, 한약재는 품종, 재배 시기와 장소, 가공 방법, 약재로 쓰는 부위에 따라 그 성분이 다양하다. 둘째, 탕재는 원하지 않는 성분끼리 상충작용이나 상승작용을 일으켜 다른 효과를 낼 수 있다. 셋째, 한약재의 가공 과정, 저장, 준비 과정 중에 원하는 약재의 활성작용bioactivity을 잃어버릴 수 있다. 이러한 이유로 양의사와 과학자는 한약재의 표준화와 적절한 품질 관리가 이루어져야 한다고 주장한다.

한약리학 실험실에서는 이 같은 비판을 염두에 두고 한약재를 표준화한다. 표준화 방법은 한약재를 증발기, 농축기, 정수기, 유기 용매, 저온 건조기, 멸균기 등 실험실의 기구를 이용하여 가공하는 것이다. 이 가공은 임상에서 사용되는 약재들과 분명히 다른 과정을 거친다. 우선 연구자들은 한약 처방이나 단일한 한약재를 하나 고른다. 그런 다음 한약재를 잘게 잘라서 물에 끓이는 대신 유기 용매를 이용하여 초음파 방법으로 추출한다. 이 방법을 이용하면 한약재의

화학 분리 작업 후에 정제된 한약 물질

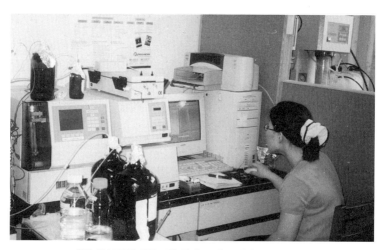

한약 성분 분석을 위한 고성능액체크로마토그래피HPLC 분석 실험

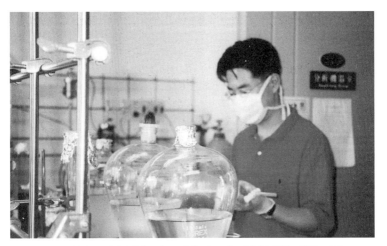

한약의 성분을 분리하기 위해 플라스크를 흔드는 모습. 필자가 실험을 도와주는 장면

한약으로부터 보다 세밀하게 물질들을 분리하기 위한 작업(증발기)

성분을 더 균질하게 얻을 수 있다. 이 물질을 증발기에 넣어 용매를 날려 보내고 저온 건조기를 이용해 분말 형태로 만든다. 과학적 실험을 위해 많은 경우 그 분말을 화학적 단위까지 분석하는데, 이 경우 유기 용매의 극성을 이용하여 성분 분리fractionation의 과정을 거친다. 많은 경우 특정한 단일 화학물질의 신경보호 효과를 실험한다. 여러 물질적 변환 과정을 거쳤기 때문에 이 실험실에서 만들어진 한약재는 분명 임상에서 사용되는 한약재의 성분과 차이가 있다.

문제는 한방 임상에서 사용되는 한약재는 기, 맛, 하강과 상승의 속성, 경락과의 적합성 등에 의해 분류되고 이론화된다는 것이다. 즉 실험실에서 도출된 한약의 화학적 분석은 임상에서 사용되는 한약재와 질적으로 다르다. 예를 들어 양의 속성을 가지고 있고 따뜻한 성질을 가진 약은 음과 한의 증상을 다스리는 데 사용된다. 중풍의 번역 과정에서 일어났던 것과 마찬가지로 한약의 물질적 변환 과정에서도 한의학의 이론적인 부분과 임상적인 부분은 무시된다. 이 과정에서 한약의 경험적인 부분과 개념적인 부분이 다시 한 번 분리된다.

다른 실험실 연구에서 볼 수 없는 한약리학 실험실의 독특한 실험실 문화는 국내와 국제의 청자에 따라 이중의 실험 접근을 한다는 점이다. 이것은 국내 한의학 학술지와 국제학술지가 기반한 인식론과 방법론의 차이에 의해 발생한다. 즉 한의계에서는 임상에서 활용하는 한의학 이론이나 탕재 방법이 받아들여지나 흔히 SCI 저널이라는 국제학술지에서는 받아들여지지 않는다. 로컬/글로벌의 권력 차이가 실험 과정에 투영되어 있다.

앞에서도 잠깐 언급했듯이 한약리학 실험실 연구는 크게 네 가지로 나눌 수 있다. 세포 실험, 동물 실험, 성분 분리 실험, 그리고 한약재 연구. 우선 한약재 연구는 한의학의 고전을 바탕으로 이루어진다. 중풍 치료제는 무수한 한의학 고전에서 발견된다. 예를 들어 가장 오래된 본초학 책인 『신농본초경』神農本草經에는 석창포가 기억력을 높이고 정신적 혼란을 막아주는 기능이 있다고 적혀 있다(Yang, 1998: 21). 연구자들은 이러한 효능이 중풍에 효과가 있다고 추측하고 이 약재를 고른다. 『동의보감』에도 중풍에 사용되는 많은 처방이 기록되어 있다. 처방과 한약을 고른 연구자는 성분 분리 실험을 통해 원하는 한약재를 가공한다. 국내 한의계에 제출할 논문의 경우에는 성분 분리 과정에서 여러 가지 한약을 섞는 탕재의 방법이 사용된다. 이 경우 화학 분리를 하는 과정fractionation은 거치지 않아도 된다. 그러나 SCI 저널을 목표로 한다면 단일 한약재를 선택하고 위에서 말한 것처럼 가공의 과정과 화학 분리의 과정을 거친다. 성분 분리를 통해 한약재가 얻어지면 우선 세포 실험을 수행한다. 세포 실험은 동물 실험에 비해 간단하고 비용이 저렴한 데다 빠른 속도로 진행될 수 있다. 세포 실험에서 한약의 효과가 유의미하게 나오면 동물 실험의 단계를 거치게 된다. 동물 실험에서는 쥐의 목혈관을 막아서 인위적으로 뇌허혈을 유발한다. 실험군에는 한약재를 투여하고 대조군에는 한약재를 투여하지 않는다. 며칠 후 죽은 쥐의 뇌 해마hippocampus 부분을 드러낸다. 해마 부위의 사진을 찍은 다음 컴퓨터 파일에 옮겨서 죽은 신경세포의 숫자를 계산하여 계량화한다. 만약 한약재를 투여한 쥐의 살아 있는 신경세포의 수가 투여하지 않은 쥐보다 많으면 그 한약재가 뇌허혈에 효과가 있다고 결론 내린다.

실험의 이중적 접근을 설명하기 위해서 실험실에서 행해진 두 가

쥐의 네 개 동맥을 막는 실험 과정

쥐의 해마 부분에 나타난 뇌허혈의 정도를 계량화하기 위해 컴퓨터 프로그램을 사용하는 모습

지 실험, '황금'과 '황련해독탕'의 경우를 비교해보겠다. 황금은 『신농본초경』에 나오는 약재로 막힌 혈을 뚫어주는 기능이 있다고 기술되어 있다(Yang, 1998: 48). 황련해독탕은 당나라의 왕도王燾가 752년에 저술한 『외대비요』外臺秘要에 처음 등장하는 처방으로 황련, 황금, 황백, 치자로 구성되어 있고 중풍에 효능이 있다고 알려져 있다(Bensky and Barolet, 1990: 78). 황금의 경우 약재의 종류가 하나라서 SCI 저널을 목표로 실험이 이루어지고, 황련해독탕의 경우 여러 약재를 이용한 탕재이므로 국내 한의학 저널을 목표로 실험이 이루어진다. 황금의 경우 주요 성분을 성분 분리 실험을 통해서 만들어내는데 이때 바이칼레인baicalein(황금의 주성분)이라는 물질이 추출된다. 따라서 바이칼레인을 이용하여 위에서 기술한 세포 실험과 동물 실험을 거치게 된다. 반면 황련해독탕은 성분 분리 실험을 거치지 않고 직접 탕재를 사용한다. 그런 다음 똑같은 과정의 실험을 거친다.

SCI 논문과 한의학의 세계화

과학 논문의 작성 과정과 연구 결과의 표상 문제는 실험실 문화를 이해하는 데 있어 중요한 부분이다(Lynch, 1988). 실험 결과는 논문을 통해서 과학자 사회에 의미 있는 결과로 받아들여진다. 또한 논문은 과학자본scientific capital으로 과학자의 지위와 위상을 나타내는 징표이기도 하다.[•] 한의학의 과학적 구성의 주요 목적은 한의학의 우수성을 국내 또는 국제 사회에 알려 과학적 권위를 확보하는 것이다. '과학적 인정'scientific recognition을 위한 SCI 저널 출판은 동서의학대학원의 핵심적인 의제이자 전략으로 떠올랐다. 이러한 전략은 동서의학대학원의 평가 체계에서 잘 나타나 있다. 연구자가 SCI 논문(주로 영어 논문) 한 편을 출판하면 300점을 받고 한의학 저널이나 국내 과학계 저널에 출판하면 10점을 받는다. SCI 논문 출판이 어렵다는 점을 감안하더라도 두 출판 체계의 평가 격차가 엄청나게 크다는 것을 알 수 있다.

한약리학 실험실의 김호철 교수는 "누가 한국 저널에 출판하려고 하겠어요?"라고 빈문한다. 한약리학 실험실에서는 첫 해 동안 4편의 SCI 논문과 35편의 한국 논문을 출판했다. 하지만 두 번째 해에는 11편의 SCI 논문과 2편의 한국 논문, 세 번째 해에는 15편의 SCI 논문과 5편의 한국 논문을 출판했다. 앞서 말한 실험 방법의 이중적 접근은 이러한 '인정 체계'와 글로벌/로컬 권력관계와 연관이 있다.

그러나 한의학의 실험화를 통한 SCI 논문 출판은 중요한 문제점을 내포하고 있다. 푸크스와 터너(Fuchs and Turner, 1986)가 주장하듯이 과학 저널 체계는 특정한 인식론과 방법론을 선호하고 독점하여 과학자 커뮤니티 내에서 과학적 내용과 방법론을 통제한다. 문제는 한의학적 방법론과 인식론이 SCI 저널에 받아들여지지 않는다는 것이다. 김호철 교수는 자신이 보낸 원고에 대한 SCI 심사위원들의 평가서를 보여주었다. 다음은 그 평가서의 일부를 발췌한 것이다.

- 문화자본으로서의 과학 논문은 과학 커뮤니티에서 과학자의 사회적 지위를 드러내는 동시에 자신의 삶과 역할을 꾸려가는 데 중요한 자원이다. 곧 논문은 과학자가 과학 시민권을 획득하는 데 필수적이다. "과학자는 논문으로 말한다"라는 경구는 과학자 커뮤니티와 과학자의 정체성에서 논문이 얼마나 중요한 위치를 차지하는지를 잘 드러내준다.

It is not generally accepted nor acceptable to refer the actions of a lipid and flavonoid extract of leaves to just its action on 'lung and liver channels' and 'expelling pathogenic wind-heat' (한의학 개념들). (……) A 'modern occidental style' manuscript could not introduce these terms that have not been proven in contrasted analyses, and even less to build a significant part of the discussion of the data on them.

한약 추출액의 지질 및 플라보노이드 작용을 '폐와 간의 경락'과 '병원성 풍열 제거'(한의학 개념들)로 언급하는 것은 일반적으로 허용되지 않는다. (……) '현대 서양 과학적' 원고는 대조되는 분석에서 입증되지 않은 이러한 용어를 소개할 수 없으며, 또한 데이터 토론에서도 중요한 부분을 구성하기도 어렵다. (위의 평가서 내용 번역)

이 논문 평가서가 보여주듯이 SCI 저널은 한의학적 개념과 이론을 받아들이지 않는다. 서양 과학적 원고 형식에서 이런 용어도 소개할 수 없으며 데이터 분석에 있어서도 일반적으로 받아들여지지 않는다. 당연히 김호철 교수가 보낸 이 원고는 출판이 거부되었다. 결과적으로 한약리학 실험실의 연구원들은 SCI 저널에 출판하기 위해서 한의학적 개념과 이론을 의도적으로 누락시킨다. 또 그들은 어떤 SCI 저널이 한약에 대한 실험을 받아들였는지, 받아들여진 논문의 글쓰기 스타일은 어떤지, 전통의학을 이용한 연구의 특징이 무엇인지 등을 자세히 파악한다. 하지만 국내 한의학 저널에 투고할 때는 이러한 수고를 기울이지 않아도 된다. 한의학 저널은 한의학의 고유한 방법론과 개념을 받아들이기 때문이다. 따라서 논문을 작성하는 과정에서 국내 저널용과 SCI 저널용으로 이중의 글쓰기가 행해진다. 다음은 이전의 절에서 비교한 '황금'과 '황련해독탕' 연구의 초록을 발췌한 것이다.

해외 SCI 저널에 출판된 '황금' 연구

Based on the use of Scutellaria baicalensis for the treatment of stroke in traditional Oriental medicine, the current study was carried out to evaluate neuroprotective effects of S. baicalensis after transient global ischemia using rat 4-vessel occlusion model. Methanol extract of S. baicalensis inhibited microglial tumor necrosis factor-alpha (TNF-a) and nitric oxide production, and protected PC 12 cells from hydrogen peroxide-induced toxicity in vitro.

전통 동양 의학에서 중풍 치료에 쓰이는 황금 처방에 근거하여, 현재 연구는 쥐의 네 개 혈관 폐색 모델을 사용하여 일시적인 뇌 허혈을 일으킨 다음 스쿠텔라리아 바이칼렌시스(황금)의 신경보호 효과를 평가하기 위해 수행되었다. 동물 실험에서 메탄올 추출물 바이칼렌시스는 소교 종양 괴사 인자인 TNF-α 및 산화질소 생산을 억제했고 세포 실험에서 과산화수소 유도 독성으로부

터 PC 12 세포를 보호했다. (위의 글 번역)

국내 한의학 저널에 출판된 '황련해독탕' 연구

Hwangryunhaedok-tang is a traditional Korean herbal
medicine that is formulated with Coptidis Rhizoma,
Phellodendri Cortex, Scutellariae Radix and Gardeniae
Fructus. It is **cold** and **bitter** in nature and has general
properties of **clearing Heat** and detoxifying, strengthening
the Stomach and settling **the Liver**, and reducing
imflammation, fever and swelling (······) The purpose of the
study reported here was to determine its neuroprotective
effect on global ischemia induced by 4-vessel occlusion in
Wistar rats. [고딕 서체는 한의학의 개념들로 인용자가 강조한
것이다.]

황련해독탕은 황련, 황백, 황금, 치자로 구성된 한국의 전통 약초
다. 이 탕은 속성이 차고 쓴맛이 있으며 열을 내리고 해독작용을 하
며, 위를 강화하고, 간을 정화하고, 염증, 발열 및 부기를 감소시키
는 일반적인 특성을 가지고 있다. (······) 이 연구의 목적은 위스타
쥐의 네 개 혈관을 막아 뇌허혈을 일으킨 다음 신경보호 효과를
확인하는 것이다. (위의 글 번역)

두 글쓰기를 보면 명확한 차이를 알 수 있다. 해외 SCI 저널에 발

표된 황금 연구에서는 단일 약재로서의 황금을 화학적으로 분석한 뒤, 황금의 주성분인 바이칼레인의 효과를 동물 실험과 세포 실험을 통해서 알아보았다. 물론 한의학적 개념은 전혀 사용되지 않았다. 그런데 국내에서 출판된 황련해독탕의 연구에서는 여러 약재들을 섞은 '탕'을 약재로 사용했고 한의학적 개념을 자유자재로 구사하고 있다. 또한 여기서는 세포 실험을 하지 않았다. 한약 처방이 한의학의 유기적 인체관과 결부된 것으로 보는 관점에서는 특정 성분에 의한 단선적인 인과반응을 확인하는 세포 실험을 무의미하게 보기 때문이다. 이처럼 인식론과 방법론의 차이에 따라 글쓰기의 형태가 달라지는데, 이런 지식 생산은 포용과 배제의 작동 원리 속에서 이루어진다.

정치적 체제로서의 한의학 실험실

한의학 실험실이라는 인프라의 구축, 한의학-과학의 혼종 문화 구성, 한의학 개념의 번역, 한약 제제의 물질적 변환, 실험 과정, 논문 작성 과정을 전체적으로 엮어서 종합적으로 이해한다면 이 실험실 연구가 시사하는 바는 무엇인가? '다양한 실험실'이라는 관점에서 이 실험실 연구가 다른 실험실 연구와 차별되는 독특한 점은 무엇인가?

한의학 실험실에 참가한 많은 과학자들은 한의학 연구가 혁신적 연구 수행의 기회를 제공할 것이라고 기대했다. 새로운 영역을 개척함으로써 자신의 경력에 도움이 될 것이라는 기대. 분명 이것은 기회의 공간이지만 한약리학 실험실의 주요 목적은 한약재의 신경 보호 '효과'를 증명하고 정당화하는 데 있다. 앞서 지적했듯이 한의 사들은 양의사와 약사 집단으로부터 비과학적이라는 비판을 받아왔으며 동서의학대학원은 한의학의 과학적 지위 향상을 위해 설립되었다. 따라서 연구자들은 한의학적 요소를 임상에서 실험실로 이동 시키면서 한약의 효과를 증명하기 위해 비슷한 실험을 수행해야 했다. 예를 들어 한약재의 효과를 알아보는 동일한 뇌허혈 동물 실험을 수년 동안 계속해서 반복했다. 한약리학 실험실에서 나온, 다음의 논문 출판 목록은 이런 현상을 잘 보여준다.

- Neuroprotective Effect of Gastrodiae Rhizoma on Global Ischemia Induced by 4-Vessel Occlusion in Rats(쥐의 네 개 혈관 폐색에 의해 뇌허혈을 일으킨 후의 천마의 신경보호 효과)

- Neuroprotective Effects of Acori Graminei Rhizoma on the Brain Ischemia Induced by 4-Vessel Occlusion in Rats(쥐의 네 개 혈관 폐색에 의해 뇌허혈을 일으킨 후의 석창포의 신경보호 효과)

- Cytoprotective Effect of Scutellaria Baicalensis in CA1 Hippocampal Neurons of Rats After Global Cerebral Ischemia(뇌허혈을 일으킨 후의 황금의 해마 신경세포에서의 세포 보호 효과)

- Neuroprotective Effect of Hwangryunhaedok-tang on the Brain Ischemia Induced by 4-Vessel Occlusion in Rats(쥐의 네 개 혈관 폐색에 의해 뇌허혈을 일으킨 후의 황련해독탕의 신경

보호 효과)

■ Flavonoid Wogonin from Medicinal Herb is Neuroprotective by Inhibiting Inflammatory Activation of Microglia(한약으로부터의 플라보노이드 우고닌은 소교의 발열과 염증을 막아주는 신경보호 효과가 있다)

이 목록들이 보여주듯이 실험 방법은 똑같고 한약재만 바꿔가며 그 효능을 실험하는 연구들이다. 과학자들은 이러한 전체 실험실의 경향에 상당히 불만을 느끼고 있다. 자신들이 혁신적인 사고 없이 그냥 명령에만 따르는 '테크니션'technician(실험실에서 과학자들의 지시를 받고 특정한 실험을 수행하는 사람들)의 취급을 받고 있다고 생각하기 때문이다. 실험실은 동일한 실험 행위와 결과를 찍어내는 조립 라인 assembly line이 된다. 한 연구자는 이런 경향을 다음과 같이 말한다.

소현 한약재를 선별해가지고 이거 동물에다 해봐라, 그럼 데이터 나오잖아요. 그러면 (교수들이 연구원들에게) 다른 한약재를 가지고 또 해봐라, 또 해와라. 그럼 여기서는 약재만 바꾸어서 실험을 계속 똑같은 방법으로 하는 거거든요. 그러면 이 약재가 효과가 좋은지, 어떤 결과가 잘 나오는지, 방법이 셋업이 되면 약재를 자꾸 바꾸어가지고 실험을 계속 시키니까 학생 입장에서는 똑같은 실험을 계속해야 되는 거죠……. 기계죠, 기계.

한의학과 과학의 권력관계는 한의학의 실험에 영향을 미친다. 곧 임상에서의 한의학적 개념은 떨어져나가고 한약의 효과를 증명하기 위한 기계적이고 반복적인 실험이 진행된다. 여기서는 한약의 과학적 증명이라는 정치적 목적이 가장 중요하고, 이것이 전체 실험 과정에 영향을 미친다.

하지만 한의학 논문의 출판이 곧 세계 과학자 공동체의 '인정'을 의미하는 것은 아니다. SCI 저널로는 『사이언스』나 『네이처』와 같이 인용 빈도가 높고 아주 잘 알려진 저널도 있지만 상대적으로 잘 알려지지 않고 인용 빈도가 낮은 저널도 존재한다. 한의학 영어 논문은 상대적으로 과학의 변방에 속하지만, 인용지수가 높은 과학 저널에 실리기도 한다.

하지만 한의학이 실험적 방법론에 종속되었다는 주장은 일면 타당하지만 한의학과 과학의 권력관계를 너무 단순히 보는 것이다. 국내의 한의학 논문 발표가 점차 증가하고 언론에도 보도되는 것은 분명 한의학이 과학과의 만남을 통해 그 위상을 높여가고 있음을 말해준다. 실험실이라는 인프라를 동원함으로써 한의학은 과학적 하부구조를 획득하게 되고 과학 커뮤니티로 진입하는 기회를 가지게 된다.

한의학 실험실의 구성과 한약 실험의 번역 과정은 무엇을 의미하는가? 이 과정은 서로 다른 문화의 '자유로운 연결'도 아니고 '미리 정해진' 프로그램화된 과정도 아니다. 이 과정은 여러 저항들을 행위체가 극복하고 서로 다른 문화들을 연결하여 새로운 사회기술적 체제를 형성하는 것이다. 한의학과 과학 사이에 뚜렷한 경계는 없고, 한의학과 과학은 각각 새로운 문화를 형성하기 위한 자원 또는 밑천이 된다. 한의사와 과학자의 혼종적 정체성은 타문화에 대한 적대보다는 포용성을 가진다. 연구자들의 이러한 행위체는 과학을 실행하는 행위자들에게는 두 문화를 연결시키는 창조적 동력이다. 한약리학 실험실에서 일어나는 분업의 형성, 문화적 규칙의 구성, 교육 체제의 형성, 자원의 분배, 시공간의 재구성 등은 실험실 인프라를 생산하는 주요 과정이다. 이 사회물질적 질서는 미리 주어진 것이 아니라 여러 상황적 요소의 결합과 구성원들 간의 타협으로 이루어지는 창발적 속성emergent property을 지닌다. 즉 한약리학 실험실의 탄생은 누구도 경험하지 못한 새로운 사회물질적 현상이다. 이 과정에서 새로운 혼종적인 지식 생산 체계가 출현할 뿐만 아니라 한의학과 과학을 연결시키는 새로운 혼종적 주체가 형성된다.

이 장에서 보여주듯이 한의학의 실험 과정은 탈맥락화된 지식knowledge이나 논리logic가 아니라 물질적이고 문화적인 실행practice이다. 물질적 실행, 개념적 변환, 과학 논문의 성공적 작성 등의 요소들이 서로 연결되고 안정화를 거치면서 실험은 성공적으로 이루어진다. 중풍이라는 한의학의 개념은 증상을 설명하는 범주이기 때문에 병의 위치와 인과관계를 나타내는 뇌허혈로 번역된다. 한약 제제는 실험실에서 여러 가지 물질적 변화를 통해서 질과 성분이 통제된 상태로 생산된다. 과학 논문은 저널의 인식론적·방법론적 체계에 의해 전략적으로 작성된다. 따라서 한의학의 과학적 번역은 한의학과 과학의 이론적 대응theoretical correspondence을 뜻하지 않는다. 한의학적 요소들은 임상 세팅에서 실험실 세팅으로의 이동과 재적응의 과정을 거치게 된다. 이 과정에서 한의학의 경험적 요소들과 실험실의 물질적 요소들 사이의 특정한 결합이 이루어진다. 동시에 이 과정에서 한의학의 특정한 요소, 즉 이론적·임상적 요소들이 떨어져나간다.

중요한 점은 한의학의 실험화 과정이 한의학이 맺고 있는 과학 및 양의학과의 권력관계와 정치적 맥락 속에서 이루어진다는 것이다. 기존의 실험실 문화 연구는 서구의 실험실들을 주요 연구 대상으로 삼았기 때문에 과학으로부터 탄압받는 전통 의사들이나 피지배적 지식 생산 계층의 과학 동원에 관한 예를 찾아보기 어렵다. 한의학과 과학/양의학의 권력관계가 실험 과정과 직접적인 연관이 있다는 점에서 실험실은 문화적·기술적 체제일 뿐만 아니라 정치적 체제이기도 하다. 여기서 '인프라 권력으로서의 실험실'은 한의학의 과학화를 단순히 과학/한의학의 이분법적인 우열관계로 파악할 수 없게 한다. 이는 비통일적이고 다양한 권력의 세트들 속에서 더 잘 파악될 수 있다. 한의학 실험실은 세상을 들어 올릴 수 있는 가장 강력한 장소는 아니다. 하지만 한의학 실험실은 한의학에 대한 과학적 사실들과 논문들을 생산하고 한의학 연구자들에게 과학자본과 과학 시민권을 부여하는 인프라 권력임에는 분명하다. 곧 실험실에서의 한의학의 과학화는 새로운 권력지형을 만들어내며 끊임없이 과학과 투쟁하고 타협하는 창발적인 과정이다.

5장

봉한학의
재탄생

한의학의 성배를 찾아서

기의 길, 즉 경락을 눈으로 볼 수 있을까? 한의학의 성배 찾기로서의 경락의 시각화는 가능한 것일까? 경락의 실체를 파악하기 위한 이 위대한 도전은 1960년대 북한에서 한 번, 2000년대 이후 남한에서 한 번 시도되었다. 수천 년 동안 이어져온 한의학 최고의 이 미스터리는 어떻게 과학적으로 탐구되었고, 이 과학적 도전은 어떤 난관에 직면했을까?

이 장은 과학계와 한의계의 의심에도 불구하고 2002년부터 현재까지 남한의 연구자들에 의해 수행되어온 봉한 연구의 형성 과정을 분석한다. 봉한학은 경락의 '해부학적' 실체를 탐구하는 연구다. 한의학에서 경락은 기가 순환하는 통로를 말한다. 한의사는 이 위에 있는 경혈에 침을 놓는다. 경락의 존재 여부는 고래로부터 현재까지 한의학에서 가장 큰 이슈 중의 하나였다. 현대 과학에서는 경락을 신경으로 해석하는 것이 지배적이며, 혈관이나 림프관과 같은 해부학적 실체라고 해석하는 것은 부정되고 있거나 주변적이다. 반면 한의계에서는 경락이 신경도 해부학적 조직도 아닌 기능들 간의 네트워크라는 해석이 지배적이다. 따라서 몸속에 혈관이나 림프관과 같이 경락(봉한관)이 존재한다는 것은 과학계나 심지어 한의계에서조차 무모한 주장으로 치부된다.

봉한 연구의 기원은 1960년대 북한의 과학자 김봉한으로 거슬러 올라간다. 북한의 김봉한 연구팀에 의해 경락의 시각화 실험이 이루어졌으며 이 실험 과정에서 밝혀진 경락은 봉한관으로 명명되었다. 북한에서 김봉한은 최고의 과학자로 칭송받았다. 하지만 1960년대 중반 급작스럽게 그의 연구팀이 해체되고 그의 이름도 공식석상에서 사라지면서 봉한 연구는 사이비 과학으로 취급되었다. 1970년대 한국과 일본에서 간간이 봉한관 실험의 재현이 시도되었지만 주목받지 못하고 역사의 뒤안길로 사라졌다.

그런데 2000년대 서울대학교의 한 실험실에서 봉한 연구가 재탄생하면서 10년 넘게 연구가 지속되었다. 봉한학의 창시자인 김봉한이 봉한관을 염색한 염료를 밝히지 않아 후대의 연구자들은 이를 찾기 위해 고군분투해야 했다. 이 장에서는 봉한학의 진위를 다루는 것이 아니라 봉한 연구라는 유의미한 과학적-사회적 현상이 어떻게 이루어지는가를 분석한다. 봉한학이 북한에서 사라진 후 36년 만에 남한에서 어떻게 새롭게 부상하게 되는지를 살펴볼 것이다.

이 장은 이론적으로 과학사회학의 시각화 연구와 이에 대한 건설적이고 비판적인 대화 속에서 봉한 연구의 의미를 분석한다. 우선 과학에서의 시각화는 자연적인 것이 아니라 성취되는 것으로 이해된다.[*] 과학자는 무질서한 자연현상을 단순히 관찰하여 기록하는 것이 아니라 일련의 논리와 일관성을 시각화를 통해 구현해낸다(Lynch, 2006). 시각화의 과정은 해석의 과정이며, 이는 과학자의 실험 행위를 통해 적극적으로 구성된다(Amann and Knorr-Cetina, 1990: 90). 하지만 이러한 해석은 주관적인 이해와 평가에 의존한다기보다 특정한 물질적 장치와 기술에 의해 구성된다(Joyce, 2008). 예를 들어 현미경, 엑스레이, MRI, PET 등의 실험 장치가 시각화의 영역에 새롭게 도입되었고 결과적으로 과학과 의료의 지형을 바꾸어놓았다. 시각화는 특정 현상을 그대로 재현한다기보다 물질적 장치들을 동원하여 이를 새롭게 생산한다. 봉한관의 시각화는 실험의 세트들을 동원하고 연결하는 것이며, 이 세트들의 확장을 통해서 진전된다.

하지만 시각화는 때로는 애매하고 경합적이어서 그 해석을 둘러싸고 종종 과학적 논쟁이 실험실 안팎에서 발생한다(Grasseni, 2009: 7). 과학 논문에 들어가는 사진과 이미지는 연구 결과의 신빙성을 높여주며 시각화 기술과 장치는 권위와 신뢰의 담지자가 된다(Joyce, 2005: 438). 해부학적·조직학적 실험에 바탕을 둔 봉한관 실험은 실험실에서 적극적으로 성취되며, 다양한 종류의 현미경과 염료가 동원된다. 봉한 연구의 해석은 경합적인데 수준 높은 기술이 동원될수록, 명성 있는 저널에 발표될수록, 다양한 기법이 사용될수록 설득력, 권위, 신뢰를 확보하게 된다. 결과적으로 봉한관의 시각화는 봉한관의 해부학적 증거의 증가, 높은 수준의 기술을 동원함에 따른 과학적 신

[*] 시각화 연구는 과학사회학, 과학사 분야에서 주변적인 영역에 머물다가 1980년대에 주목받기 시작하여 1990년대부터 현재까지 괄목할 만한 성장을 이루었다. 시각화 연구는 하나의 주제로 환원할 수 없을 만큼 다양화되었지만 구성주의적 시각이 지배적이다(Burri and Dumit, 2008).

뢰의 확보, 실험기법의 안정화와 전수에 따른 재현성의 증가, 새로운 연구 영역에 대한 기대와 연구 투자의 확대 등으로 진화하게 된다. 간단히 말해 봉한학의 시각화는 기술적·사회적 자원의 세트들을 동원하는 과정으로 이해될 수 있으며, 이는 실험실 안팎에서 다양한 종류의 과학적·사회적 효과를 가진다(Latour, 1990: 40).

그러나 기존의 시각화 연구는 봉한 연구가 처한 역사적·문화적 맥락을 이해하는 데 한계를 지닌다. 시각화 연구는 대부분 주류 과학에 초점이 맞추어졌으며 특징 실험실이라는 공간적인 분석이 강하다. 봉한 연구는 주변 지식이 주류 과학으로 진입하려는 과정이란 점에서 권력지형을 수반한다. 봉한 연구가 과학계로부터 인정을 받기 위해서는 이미 형성되어 있는 '편견을 가진 과학 공동체'biased scientific community의 벽을 넘어야 한다. 또한 봉한 연구는 실험실에서 이루어지는 시각적 지식의 생산을 넘어 수천 년의 역사를 지닌 경락의 실체 규명이라는 통시성을 가지고 있다. 이 실험은 해부학적인 측면에서 과학자들과의 논쟁을 동반하는 동시에 다른 한편으론 경락의 실체와 기능을 둘러싼 한의사 공동체와의 논쟁을 수반한다. 즉 봉한 연구는 기존의 시각화 연구로 이해할 수 없는 과학 실험에서의 정치성과 연구 주제의 문화적인 특성을 가지고 있다.

한의학과 과학의 만남 속에서 한의학은 일종의 인식론적 폭력과 과학적 불인정을 경험하게 되는데, 이는 역사적으로 형성되어온 한의학에 대한 폄하와 과학 공동체의 불신과 연관된다. 곧 봉한 연구는 권력지형에서의 불리한 조건들을 극복하기 위해 연구실에서의 실험의 수행뿐만 아니라 실험실 밖에서 미디어 및 일반 시민과 적극적인 소통을 시도하면서 연구의 정당성과 인식적 권위를 인정받으려 한다. 즉 봉한 연구자들은 실험의 성공과 더불어 구조화된 편견의 극복이라는 이중의 부담을 지는데, 이는 기존의 시각화 연구가 조명하지 못한 독특한 점이라고 할 수 있다.

따라서 봉한학의 시각화는 실험실 안팎의 기술적·사회적 세트들의 동원인 동시에 경락의 실체 규명이라는 한의학과 과학 사이의 권력지형 속에서 발생한다. 봉한 연구는 경락의 실체를 실험적으로 증명해야 하는 과학적 과정인 동시에 구조적으로 형성된 과학 공동체의 편견을 극복해야 하는 정치적 과정이며 민족과학의 어필이라는 이데올로기적 과정이기도 하다. 봉한관의 시각화가 가지는 한계와 불안정성에도 불구하고 봉한학 연구의 역사적·문화적 중요성은 봉한학이 계속 확장되거나 유지될 수 있는 원동력이 된다. 따라서 아직도 논쟁 중인 봉한 연구에 대한 분석은 전통적 지식이 과학과 결합할 때 어떤 기술적·문화적·정치적 과정을 거치는지를 보여주는 중요한 사례다.

봉한학의 기원

봉한학은 북한의 과학자 김봉한의 연구로부터 기원한다.[*] 김봉한은

---

[*] 북한 자료들은 봉한학에 대한 역사적 연구를 수행한 전북대학교 과학학과의 김근배 선생님으로부터 받았다. 이 자리를 빌려 고마움을 표시하고 싶다. 1960년대 당시 북한 저널들의 배열 표시(권, 호, 쪽수 등)는 통일되지 않고 생략되는 경우가 많아서 필자는 이를 구분하는 데 상당한 고충을 겪었다. 참고문헌에서 북한 자료의 경우 권, 호가 표기되어 있지 않거나 일부가 생략된 것은 바로 이 때문이다. 북한에서 출판된 자료들은 책 말미 참고문헌에 '북한 자료'임을 명시했다.

1916년 서울의 약종상 집안에서 태어났다. 1940년 경성제대 의학부를 졸업하고 1950년 한국전쟁 때 월북하여 1953년부터 평양의학대학의 교수로 재직했다. 1961년에 경락의 실태에 관한 논문을 처음 발표하고, 1962년에 의학박사 학위를 받았다. 1963년에 봉한 체계에 관한 논문을 발표했고, 1965년에 봉한관의 기능에 대한 일련의 논문을 발표했다(동서문제연구소. 1983: 64). 이후 그의 행적에 대해서는 알려진 바가 없다.

봉한학이 한국의 일반 독자에게 알려지게 된 계기는 공동철이 쓴 『김봉한』이라는 책에서 기인하는 바가 크다. 이 책은 1992년 학민사에서 초판이 출판되어 1만여 부 이상 팔렸고, 1999년에 개정증보판이 발행되었다. 공동철의 해석은 다분히 민족주의적이며 봉한학의 성과를 과장한 측면이 있다. 이 책의 주요 모티프는 봉한학에 대한 일본 논문을 편역하여 일월서각에서 출판된 『경락의 대발견』에 의존한다(생활의학연구회. 1986). 봉한 연구는 1970년대에 일본에 알려졌으며 일본의 몇몇 연구자들에 의해 실험이 진행되었다. 봉한 연구는 북한에서 발행되는 『과학원 통보』, 『조선의학』, 『과학원 학보』와 같은 학술 저널과 북한이 1960년대 봉한학설을 세계에 알리기 위해 제작한 영문 번역본을 통해 그 내용을 알 수 있다.

북한의 봉한 연구는 1961년부터 1965년 사이에 발표되었는데, 3단계로 나누어볼 수 있다(김근배. 1999: 211). 첫 단계 연구는 1961년 8월에 평양의학대학 학술 보고회에 발표되었는데 경락의 전기 생물학적 연구와 해부조직학적 측면을 다루었다. 이 논문의 주요 포인트는 경맥은 관상 구조물의 묶음으로 되어 있고 신경, 혈관, 임파 계통과는 다른 해부조직학적 계통을 이루고 있다는 점이다. 이 연구로 김봉한은 북한 과학계에서 주요한 인물로 부상한다. 그의 부상은 1960년대 초 김일성 정권이 내세운 한국 민족과학의 우수성 전파라는 이데올로기적 방향성과 일치한다. 북한에서 과학은 사회주의 국가체제와 당의 정치경제적 방향과 이데올로기적 요구에 부합해야 한다는 목적론적 사명을 가지고 있다. 북한의 과학 저널 『과학원 통보』의 기록에 따르면 김봉한의 첫 번째 연구가 발표되자 김일성은 "우리 나라에서 유구한 력사歷史를 가지고 있는 동의학 리론理論에 확고한 과학적 및 물질적 근거를 부여하였으며 현대 생물학과 의학 발전에 대한 탁월한 기여"를 했다고 이례적으로 언급했다(강영창, 1962: 6).

김봉한의 두 번째 단계의 연구 성과는 1963년 11월에 발표되었다. 그는 경락의 존재를 다양한 조직과 실험기법을 통해 밝혔다. 여기에는 전기화학적 방법, 생체염색법, 형광/위상차현미경 관찰, 방사능 측정법 등 다양한 방법이 동원되었다. 김봉한은 경혈의 해부학적 구조를 밝히고 이것을 봉한소체라고 불렀으며(경락연구소, 1963: 7), 관구조물에 의해 이 소체들이 연결되는데 이것을 봉한관이라고 명명했다(경락연구소, 1963: 15). 김봉한 연구팀은 봉한관을 피부에 존재하는 표층봉한관과 생체의 심층부에 존재하는 심층봉한관, 두 유형으로 분류했다. 봉한관 내에는 봉한액이 순환하며, 봉한소체에 가해진 자극은 동일한 봉한관으로 연결된 다른 봉한소체들에 전달된다(경락연구소, 1963: 29). 봉한소체에 침을 꽂으면 침의 특이한 회전운동을 관찰할 수 있는데, 이를 김봉한 연구팀의 연구원 이름을 따서 김세욱현상이라고 명명했다(경락연구소, 1963: 35).

이 연구를 통해 김봉한은 북한에서 스타 과학자로 떠올랐고, 북한 정권은 그의 업적을 대대적으로 선전했다. 최창석은 김봉한의 연구를 "현대 생물학과 의학에서의 일대 혁명"으로 묘사했다(최창석, 1963: 7). 1964년 북한의 『조선중앙년감』에 수록된 사진 중의 한 페이지는 김봉한 박사의 실험 과정과 봉한 연구에 관한 것이다. 봉한 연구에 대한 북한의 지원과 선전은 이 연감에서 잘 드러난다.

북한 과학계와 정권은 김봉한의 연구를 대대적으로 지원했다. 1964년 2월 17일 내각 결정으로 '경락연구원'이 설립되고 원장으로 김봉한이 임명되었다. 『조선중앙년감 1965』에 따르면 이 연구원은 무려 40개의 연구실을 가지고 있었는데 이는 북한 '의학과학원'과 비슷한 규모였다(조선중앙통신사, 1965: 170). 김봉한은 북한의 최고 과학자에게 수여되는 인민상 계관인으로 선정되었으며, 그의 연구팀에 소속된 김세욱, 권정도 등도 박사학위를 받는 영예를 누리게 된다(김근배, 1999: 214).

봉한 연구에서 세 번째 단계의 업적은 1965년에 발표되는데, 주요 성취로는 봉한 체계의 확립과 봉한관의 기능을 설명하는 산알학설을 들 수 있다. 해부조직학적 방법, 전자현미경 관찰, 생화학 분석, 정량분석화학법 등 기존의 단계보다 다양하고 수준 높은 실험이 수행되었다. 1965년에 이르면 한의학의 경락 체계와 같은 인체의 전체를 이루는 봉한 체계가 확립되었다. 다음은 김봉한 연구팀의 주요 경락 체계다(경락연구원, 1965a: 15-20). •

• 이 장에 사용되는 그림과 사진은 소광섭 교수님과 이병천 박사님으로부터 제공받았다. 이 자리를 빌려 두 분께 감사드린다.

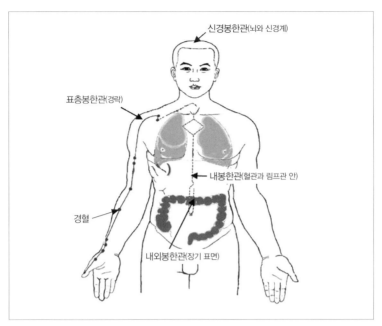

봉한관 체계

1. 표층봉한관 체계: 피부의 진피층에 분포하며 한의학에서 의미하는 경혈, 경락의 위치.

2. 심층봉한관 체계: 몸 내부에 존재하는 다순환계.

   A. 내봉한관 체계: 혈관과 림프관 안에 떠 있음.

   B. 내외봉한관 체계: 장기 표면에 유리된 상태로 존재하며 그 물망을 형성함.

   C. 외봉한관 체계: 신경과 혈관을 따라 분포하고 표층봉한관과 연결되어 있음.

   D. 신경봉한관 체계: 척수, 뇌 등 중추신경계와 말초신경계에 분포함.

E. 기관 내 체계(장기 내 체계): 장기 내에 봉한관이 다양한 방식으로 존재함.

봉한 체계의 확립은 표층봉한관과 심층봉한관으로 나눈 1963년의 연구에 비해 진일보한 것일 뿐 아니라, 한의학의 고전적인 경락 체계에 상응하는 해부학적 체계 확립이라는 점에서 봉한 연구의 완성에 가깝다고 할 수 있다. 제3단계의 또 다른 업적은 산알학설로 불리는 것으로, 봉한액은 산알로 되어 있으며 산알이 자라서 세포가 되며 세포는 산알로 된다는 주장이다. 이에 따르면 산알은 혈관, 림프, 조직액 내에 존재하지 않고 주로 봉한관에 존재한다. 산알이 자라서 세포가 되며 세포의 생리적 갱신 과정에 관여한다. 산알학설은 경락 체계와 생명 현상의 관련성을 설명하는 것으로 봉한액이 생명의 발현에 중요한 영향을 미친다고 주장한다. 이러한 대담한 주장은 차후 서울대학교 소광섭 교수의 연구팀에서 산알을 줄기세포로 재해석하게 되는 것과 연결된다.[*]

김봉한의 세 번째 연구가 발표되자 북한 과학계는 또 한 번 열광했다. 봉한학설은 "위대한 공적"으로 묘사되었고 "조선 로동당과 김일성 동지의 직접적인 지도와 배려의 결과이며 우리 당 과학정책의 빛나는 승리"로 칭송되었다(림영주, 1965: 59). 김봉한 연구팀도 자신들의 연구 성과를 대중적으로 홍보하는 데 노력했다. 하지만 경락학설은 1966년부터 공식적인 지면에서 갑작스럽게 사라지게 된다. 경락연구원과 경락학회가 폐지되고 봉한학설을 주도적으로 지지했던 주

---

[*] 북한 김봉한의 연구에 대한 개괄적인 설명은 소광섭(2003)을 참조할 것.

요 관료들이 전면 교체되었다(김근배, 1999: 217). 경락 연구가 갑자기 사라지게 된 정확한 이유는 알 수 없지만 북한의 내부 요소들과 여러 외부적인 여건들이 직간접적으로 봉한 연구를 파멸로 몰고 갔을 가능성이 크다.**

1960년대에 봉한학이 센세이션을 불러일으켰을 때 중국과 소련의 과학자들은 김봉한 연구실을 직접 방문하여 실험을 관찰했다(Kim, 2013a: 283). 중국 과학자들은 고국으로 돌아간 후 봉한관에 대한 재현 실험을 실시했지만 실패했다. 소련은 1965년 5월 의학계의 저명한 과학자 2명을 북한에 파견했다. 이들은 봉한 연구를 위해 두 개의 실험실을 만들어야 한다고 소련 당국에 제안했다. 하지만 당시 소련 과학계에서 영향력 있는 인물이었던 블라디미르 알렉산드로프는 봉한 연구가 터무니없고 위험한 연구라고 반박하며 소련에서 봉한 연구를 수행하는 것을 막았다(Kim, 2013a: 284). 1967년에 소련은 경락의 실체에 대한 연구를 인정할 수 없다고 발표했다.

1966년 이후 북한에서 봉한학설이 폐기된 뒤, 일본과 한국에서 추시追試(남이 실험한 결과를 그대로 해보고 확인하는 것) 연구가 몇 차례 진행되었다. 1970년대에 수행된 봉한관의 추시 연구는 한국보다 일본에서 더 큰 반향을 일으켰다. 오사카시립의과대학교의 후지와라 사토루는 토끼의 혈관과 장기 표면에서 봉한관을 찾았다고 보고하고 그 연구 결과를 『의학의 도』라는 일본 학술지에 실었다(소광섭, 2004: 197). 그의 연구는 일본 의학계에서 파장을 일으켰고, 신문과 TV

** 북한에서 봉한학이 갑자기 몰락한 이유에 대해서는 역사 자료 부족과 당시 북한 내부 사정에 대한 정보 부족으로 정확하게 알 수 없다. 이 질문은 필자가 학회 발표 때도 자주 듣곤 하는데 향후 역사학자들에 의해 밝혀져야 할 부분이다.

에 보도되어 대중적인 관심을 끌었다. 그러나 후지와라 교수가 도쿄 의과대학 해부학 교실에서 재현 실험을 하던 중 당시 주임교수로부터 봉한관과 피브린을 구별하지 못한 것이라는 비판을 받으면서, 일본에서 봉한학은 더 이상 정설로 받아들여지지 않았다.[*] 이종수는 1970년대 남한에서 유일하게 봉한 연구를 시도했던 사람으로 알려져 있다. 그는 암이 봉한관과 관련이 있을 것으로 추정했다(Lee, 2011). 그는 토끼에게서 내봉한관을 찾았다고 주장했는데 별다른 호응을 받지 못했고 한국의 봉한 연구는 소광섭 교수의 연구 이전에는 별다른 진전이 없었다.

물리학자 소광섭 봉한학의 재탄생을 주도하다

남한에서 봉한학의 재탄생을 주도한 과학자는 소광섭 서울대 물리학과 교수였다. 소광섭은 1945년생으로 1968년 서울대 물리학과를 졸업한 후 미국 캔자스주립대에서 잠시 수학하다가 브라운대학으로 옮겨 1974년 동 대학에서 물리학 박사학위를 받았다. 박사학위 취득 후 1974년부터 1976년까지 코넬대학교 선임 연구원을 지냈고, 1976년부터 1979년까지 한국국방과학연구소에 재직했다. 1979년에 서울대 사범대학 물리교육과 교수로 임용된 이후 1999년까지 같은 학과에 20년간 근무했다. 1999년 서울대 물리학과와 물리교육과

---

[*] 후지와라 박사와 이종수 선생은 2010년 9월 중순에 열린 봉한학 국제심포지엄에 초대받았다. 후지와라 박사의 감회는 남달랐는데 봉한 연구가 이렇게 빨리 다시 일어서리라고는 상상하지 못했다고 말했다.

북한과 남한에서 각기 봉한학을 대표하는 김봉한과 소광섭

의 구조조정으로 인해 물리학과로 적을 옮겨 2011년에 은퇴할 때까지 이 학과의 교수로 재직했다.**

소광섭 교수는 상대성 이론과 양자역학 분야를 전공했다. 입자 물리학은 자연의 근본적 원리를 밝혀낸다는 점에서 철학적 사고와 맞닿아 있다. 그는 오래전부터 불교와 한의학에 관심을 갖고, 동양사상과 물리학을 연결하려는 시도를 했다. 그는 자연의 진리를 기에서 찾을 수 있는 가능성을 발견하고 한의학, 동양사상, 불교 등을 연구했다. 하지만 과학자의 입장에서 실증적으로 증명할 수 있는 유일한 돌파구는 한의학에서 발견할 수 있다고 믿었다. 한의학은 경험

** 소광섭 교수와의 개인적인 인터뷰는 총 세 차례 이루어졌다. 첫 번째 인터뷰는 서울대 안에 있는 소광섭 교수의 연구실에서 이루어졌다. 이 자리에서 소 교수는 봉한 연구를 전체적으로 설명해주었다(2010년 7월 5일). 두 번째 인터뷰는 봉한 연구를 시작하게 된 계기, 실험 과정, 실험실 구성원 등에 대한 주제로 필자가 질문을 하고 소광섭 교수가 대답을 하는 형식이었다(2010년 8월 4일). 세 번째 인터뷰는 소광섭 교수가 은퇴한 후 수원에 위치한 서울대 융합기술원에서 이루어졌다. 주로 연구자들의 네트워크와 사회적 지원이 어떻게 이루어지는지에 대한 인터뷰였다(2011년 6월 14일).

의학으로서 실험과 연결시킬 수 있다는 장점이 있기 때문이다.

> 소광섭 교수 저는 동양적인 진리, 기에 대한 사상, 철학, 이런 것이
> 현재 우리가 갖던 물질적인 원자 철학보다는 다른 종류의 접근이
> 될 것이다라고 생각을 하는 거예요. 그래서 근대 과학이랄까 서
> 양의 물질관 이것을 넘어서야 될 뭐가 필요한데, 갑자기 또 마음
> 이 될 순 없는 거예요. 갑자기 마음이 최고다라고 할 수 없는 거
> 란 말이죠. 물질에 베이스 하면서 정신 쪽으로 나가는 뭔가 있을
> 것이다, 그게 '기'가 아니겠느냐……. 그러면은 그래도 가장 리프
> 러듀서블reproducible(재현 가능한)하고 유용하고 남들이 인정하
> 는 '기'에 관한 게 뭐냐고 하면, 한의학이다. 그래서 제가 한의학
> 을 중시하는 거예요. (필자와의 인터뷰)

소광섭 교수가 한의학에 대한 실험적 기반을 구축하게 된 것은
우연한 기회를 통해서였다. 1999년 서울대 물리교육과와 물리학과
의 구조조정이 있었고 입자물리학을 전공한 소광섭 교수는 물리교
육과에서 물리학과로 자리를 옮기게 된다. 이 과정에서 그는 실험실
을 하나 얻게 되었고, 그의 연구에 대한 포부에 따라 '한의학물리연
구실'을 창설하게 된다.[•]

1999년 실험실을 만든 후 소광섭 교수가 수행한 실험은 다분히
물리학적인 것이었다. 처음 주도적으로 수행한 연구들은 전기와 자

• 1999년부터 2011년 초까지 서울대의 한의학물리연구실은 봉한 연구의 주요 실험실이
었다. 소광섭 교수는 서울대에서 은퇴한 후 2011년 3월에 '나노프리모연구센터'Nano
Primo Research Center를 개설하고 이 연구소를 중심으로 봉한 연구를 계속 수행했다.

기장의 관점에서 경혈을 입증하는 것이었다. 소 교수는 당시 물리학자로서의 정체성을 갖고 있었으며 물리학과 한의학의 접점을 찾기 위해 봉한학으로 직접 뛰어들기보다는 전기와 자기장 연구로부터 시작했던 것이다.

2002년 이전까지 소광섭 교수는 봉한관을 본격적으로 연구하지 않았다. 한의학에 대한 관심은 있었으나 그전에는 이를 일종의 부업으로 여겼다. 소 교수가 봉한 연구를 처음 접한 것은 1970년 미국 캔자스주립대에 재학할 당시 도서관에서 영어로 번역된 김봉한의 논문을 발견하면서였다(김훈기, 2008: 40-41). 봉한학에 대한 본격적인 실험은 2000년 9월과 10월에 세명대학교 한의대 팀과의 협력으로 시작되었다. 이때 메틸렌블루라는 염색약을 사용하여 토끼의 경혈을 찾는 실험을 했지만 실패했다(소광섭, 2004: 200). 봉한 연구의 실패에도 불구하고, 2001년 8월 생체광자 연구로 독일을 방문했을 때 우연히 만난 과학사학자 마르코 비쇼프Marco Bischof로부터 한 편의 논문을 받았는데, 그 논문이 바로 30년 전 캔자스주립대에서 보았던 「On the Kyung Rak System」이라는 영어 논문이었다. 봉한 연구가 중요하다는 비쇼프의 말에 소 교수는 외국에서 봉한학설에 대한 관심이 높다는 것에 매우 놀랐다(김훈기, 2008: 49-50). 이를 계기로 소광섭 교수는 2002년부터 봉한 연구를 본격적으로 시작하게 된다.

봉한 연구는 어떻게 이루어졌는가

"'Seeing is believing'입니다. 훅이 현미경으로 최초로 세포를 보고 나서 근대 생물학이 탄생했고, 왓슨과 크릭이 DNA를 보고 나서 유전생물학이 생겼습니다." 첫 번째 인터뷰에서 소광섭 교수는 봉한 연구팀의 성과와 방향을 설명하기 위해 봉한관 사진을 제시하며 이렇게 말했다. 만약 봉한관이라는 제3의 순환계가 존재한다는 것을 "보여줄 수만 있다면" 의학 혁명이 일어날 것이라고 강조했다. 의학 혁명을 일으킬 연구는 위험성이 크고 불확실할 뿐만 아니라 광범위한 회의와 의심을 수반한다. 봉한학 역시 과학계와 한의계 내에서 비슷한 비판을 받아왔다. "사기", "정신 나간 짓," "말도 안 되는 연구"라는 노골적인 비난이 있었다. 일부 연구자들과의 인터뷰에서도 이러한 비판적인 입장을 확인할 수 있었다. 소광섭 교수 자신도 여러 과학자들과 동료들로부터 봉한 연구를 폄하하는 말을 많이 들었으며, 그것이 자신을 끊임없이 괴롭혔다고 고백했다. 이처럼 봉한 연구는 초기부터 과학 공동체의 강고한 불신과 편견에 직면했다.

소 교수팀의 연구원 A는 자신도 처음엔 봉한관의 존재를 믿지 않았지만 10년 가까이 연구를 하고 나서 비로소 뭔가 다른 해부학적 실체가 있다는 것을 확신하게 되었다고 말한다. 봉한관이 '소설'(꾸며낸 거짓)이면 어떻게 하느냐는 질문에 그는 "그게 소설이냐 아니냐는 사진 갖고 얘기하는 거죠. 사진이 있는데 어떻게 소설을 쓰냐는 거죠"라고 주장했다. '봉한관을 보여주는 것', 그리고 '그것을 사람들이 믿게 하는 것'이 소광섭 교수팀의 연구 목적이다.

2002년 7월 2일 소광섭 교수는 봉한 연구팀을 본격적으로 구성한다. 박사학위를 받은 이병천, 신학수 박사와 소광섭 교수 밑의 정현민, 백구연 대학원생으로 구성되었다. 이에 덧붙여 교환 연구원으로 중국에서 온 강효문과 인턴 학생인 김희경(당시 서울대 화학공학과

4학년)이 연구에 참여하게 된다. 강효문은 연변대학 수의학과 출신으로 동물 해부학에 능숙해서 2002년 첫 실험을 주도하게 된다. 쥐와 토끼의 복대 정맥에서 혈관 내 봉한관을 관찰하는 것이었다. 혈관 내 봉한관을 관찰하기 위한 첫 실험은 10퍼센트의 포도당액을 혈관에 주입하여, 혈관 내부를 굵고 투명하게 만든 다음 혈관을 절개해 봉한관을 찾아내는 것이었다. 이 연구 결과는 2002년 『대한예방한의학회지』에 게재되었다(Jiang et al., 2002). 그러나 이 첫 번째 봉한관 관찰 실험은 피브린fibrin과 봉한관의 차이를 명확하게 드러내지 못한다는 비판을 받았다. 봉한관 연구에서 부딪히는 가장 큰 문제는 피브린과 봉한관의 구별이다. 혈관을 자르면 혈액이 응고되는데 이 과정에서 피브린(혈전)과 혈구가 뭉친 가는 줄이 생긴다. 이 때문에 봉한학 연구자들이 혈관 안에서 발견한 것은 봉한관이 아니라 피브린이라는 비판을 받아왔다. 소광섭 교수는 2002년 실험에서의 이러한 한계를 다음과 같이 인정한다(2004: 201).

> 이때의 가장 큰 애로는 혈전fibrin이 엉킨 곳에 줄 같은 것이 엉켜 생긴 줄과 내봉한관의 구분이 거의 안 된다는 점과 작은 크기의 외부 이물질과 구분하기가 어렵다는 점이었으며, 거의 소경이 더듬는 수준의 일밖에 되지 못했다는 점이다.

즉 첫 논문에서 소광섭 교수는 실험에서 관찰한 것이 혈전인지 봉한관인지 단정할 수 없다는 점을 시인했다. 같은 해 그는 피브린에 묻혀 있을 것이라고 생각하는 봉한관을 찾기 위해 전압을 걸어 전기 분해를 한 다음 현미경으로 관찰하는 실험을 수행했다. 그러나

이 실험 역시 봉한관이라는 형태만 확인한 것이지 그것이 정말 피브린인지 봉한관인지 확실치 않다는 한계를 인정한다(신학수·소광섭, 2002: 377). "그러나 이러한 형태상의 일치가 실제로 봉한 소관의 과립인지 여부는 화학적 분석이 있은 후에 확인할 수 있으며 여기서는 다만 그 가능성만을 보여줄 뿐이다." 이후 기존 연구를 좀 더 자세하게 기술한 논문은 단 한 편(Lee et al., 2003)만 『대한예방한의학회지』에 게재되었을 정도로 2002년과 2003년에는 연구 성과가 미진했다.

이처럼 2003년 상반기까지 혈관 내 봉한관 관찰에 별다른 성과가 없자 소 교수는 고민 끝에 다른 부위를 대상으로 봉한관 관찰을 시도했다. 김봉한은 봉한관이 혈관, 림프, 신경, 장기 표면 등 몸의 거의 모든 곳에 존재한다고 주장한 바 있다. 이에 소 교수는 장기 표면을 타깃으로 정하고, 2003년 여름부터 장기 표면상의 봉한관(김봉한의 분류에 따르면 내외봉한관) 관찰을 진행했다. 쥐와 토끼를 대상으로 실험을 시도했으나 아무런 성과가 없었다(소광섭, 2004: 206-207). 같은 해 12월 연세대 김현원 교수로부터 북한에서 온 김소연을 소개받고 봉한 실험의 시연을 보고 연세대 팀과 공동연구를 수행했지만 별다른 진전이 없었다. 지지부진한 연구에 돌파구를 마련하기 위해 소광섭 교수가 선택한 방법은 봉한관을 찾아냈다는 사람에게 직접 물어보는 것이었다.

소광섭 교수는 기준성 선생과 일본의 데이 아케미 여사의 도움으로 2004년 2월 일본 오사카에서 후지와라 박사를 만날 수 있었다. 후지와라 박사는 소 교수에게 당시 TV로 방영된 봉한관 시술을 담은 필름을 넘겨주었다. 소 교수는 한국으로 돌아온 후 서울대의 봉한관 연구팀과 함께 필름 속의 봉한관 시술을 시청했다. 소 교수는 "이상하게, 그전에 안 보이는 게 그다음에는 보이는 거예요"라고 웃으며 이 필름을 보고 나서야 장기 표면에서 봉한관을 찾는 방법을 알게 되었다고 말했다. 이후 소광섭 연구팀은 쥐의 장기 표면에서 봉한관을 찾는 데 성공했다. 이 연구 결과를 담은 논문은 2004년 『Journal of International Society of Life Information Science』라는 저널에 실리게 된다(Lee et al., 2004a). 헤마톡실린hematoxylin으로 염색한 후 광학현미경으로 관찰한 봉한관의 사진이 이 논문들에 실렸으며, 핵상의 차이를 통해서 봉한관이 장기에 있는 림프관과 구별되는 독립적인 해부조직이라는 것을 밝혔다.

초기 봉한관 연구의 또 다른 진전은 피브린과 봉한관을 구별하는 방법을 개발한 것이다. 앞서 설명했지만 초기 봉한관 연구를 가장 괴롭힌 것은 피브린과 봉한관을 구별하는 명확한 방법을 찾지 못한 데서 오는 비판이었다. 이 방법의 개발을 주도한 사람은 이병천 박사였다. 이병천 박사는 남한의 봉한관 연구에서 소광섭 교수와 더불어 가장 중요한 연구자다. 그는 중앙대에서 약리학 박사학위를 취득한 후 전자기 생물학을 공부하기 위해 소광섭 교수 실험실의 박사 후 연구원(포닥)으로 참여했다. 하지만 봉한학 연구가 소광섭 교수팀의 주요 주제가 되면서 초기부터 봉한학 연구에 주도적으로 참여했다. 이병천 박사의 기여는 연구 초기부터 나타났다. 그는 아크리딘-오렌지acridine-orange를 사용하면 피브린의 핵과 봉한관의 핵이 다르다는 것을 보여줄 수 있다고 생각했다. 아크리딘-오렌지는 세포를 죽이지 않고 염색하는 염료이며 DNA를 염색한다. 이 염료를 통해 봉한관의 핵이 막대 모양이라는 것을 밝혀냈으며 그것을 밝힌 논문은 권위 있는 해부학 저널인 『The Anatomical Record (Part

B: New Anatomist)』에 실리게 된다(Lee et al., 2004b). 기존의 국내 한의학 저널이나 주변부 과학 저널보다 공신력이 높은 저널에 게재된 것은 봉한 연구가 국제적인 인정을 받는 첫 번째 계기였다. 이 실험은 성능이 뛰어난 형광현미경을 사용했는데, 이를 통해 봉한관과 피브린의 차이를 시각적으로 뚜렷하게 보여줄 수 있었다. 염료의 사용과 형광현미경의 사용은, 포도당액으로 혈관을 부풀리는 방법이나 광학현미경을 사용하는 기존의 방법보다 기술적 우위를 제공했으며 봉한 연구가 한 단계 진척되는 데 기여했다.

이후 봉한학 연구는 크게 세 방향으로 전개되었다. 첫째, 시각화를 명확하게 해줄 물질visualizing agent을 찾아내고, 성능 좋은 시각화 기술visualizing technique을 적용하는 것이다. 둘째, 혈관과 장기 표면을 넘어서 림프관, 신경, 외봉한관 등 다른 곳에서 봉한관을 찾는 일이다. 셋째, 봉한관의 기능을 설명할 산알학설에 대한 연구다. 가장 중요한 것은 실험의 재현성을 높이기 위해 기술을 안정화하는 일이다. 봉한 연구는 이렇게 여러 방향이 불연속적으로 혼합되면서 역동적으로 진화해나갔다.

혈관을 아크리딘-오렌지로 염색해서 피브린의 핵과 봉한관의 핵이 다르다는 것을 보여주었지만 여전히 많은 사람들은 봉한관의 존재를 믿지 않았다. 불투명한 혈관이 아니라 투명한 림프관에서 봉한관의 존재를 보여줄 수 있어야 설득력을 얻을 것이라고 생각한 소광섭 교수는 이병천 박사에게 림프관 내 봉한관을 찾는 실험을 지시했다. 이 박사는 "근데 아무리 해봐도 안 되는 거예요"라며 거듭되는 실패를 인정했다. 2004년 10월경 이병천 박사는 우연히 번쩍이는 아이디어를 떠올렸다. 봉한관은 기의 통로이고 침을 놓았을 때

그곳에 흥분성 전기excitability가 나타난다. 현재 알려진 바로는 몸에 흥분성 전기를 내는 곳은 신경밖에 없으며 봉한관도 신경과 비슷한 성질이 있을 것이라는 점에 착안하여, 신경을 염색하는 염료를 림프관에 주입하면 봉한관이 보일 것이라는 가설을 세웠다. 신경 염색에 자주 쓰이는 염색약인 '야누스그린 B'를 집어넣었더니 바로 림프관 안의 봉한관을 볼 수 있었다. 이 실험은 2005년『The Anatomical Record (Part B: New Anatomist)』에 실렸다(Lee et al., 2005). 림프 내 봉한관 찾기는 알시안블루 염료와 엑스레이 마이크로토모그래피 방법이라는 진일보한 실험으로 이어졌다(Lee et al., 2006). 이후 자장이 있는 형광나노파티클 입자(일종의 시각화 물질)를 림프관에 넣어 봉한관으로 추정되는 것을 얻을 수 있었다(Johng et al., 2007).

이러한 일련의 실험들을 통해 연구팀은 혈액에 이어 림프관에 봉한관이 있다는 것을 증명했다고 믿었다. 그러나 이 연구들을 주도했던 이병천 박사는 사람들의 냉담한 반응에 놀랐다. 이 박사는 "사람들의 비판은 언제나, 언제나 들어옵니다. '그걸 꺼내서 잘라 봤느냐', 그거부터 시작해서…… '염료에 의한 데미지를 받아서 artifact(불순물)가 형성된 거다', 이렇게까지 비판을 해요"라고 말한다. 이런 비판을 극복하기 위해 봉한관을 염색하지 않고 볼 수 있는 새로운 방법의 개발을 시도했다. 이 박사는 림프관 안을 특정한 파장의 빛을 비추면 염색하지 않고도 볼 수 있다는 점에 착안하여, 할로겐과 입체현미경을 이용한 봉한관 관찰 실험을 설계했다. 이로써 림프관을 염색하거나 자르지 않고 할로겐으로 붉은빛을 비춘 후 입체현미경으로 촬영하는 방법으로 수술 후 개복한 토끼의 림프관에서 봉한관을 관찰할 수 있었다. 림프벽과 그 주위를 둘러싸

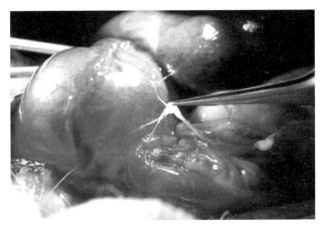

관찰된 내외봉한관을 핀셋으로 들어 올려 보이고 있다.

고 있는 지방에서 반사되는 빛을 최소화하여 림프벽 안의 봉한관
을 관찰하는 이 방법은 대조-증강 광학법contrast-enhancing optical
method으로 명명되었다. 이 방법은 림프 연구의 세계적인 권위지인
『Lymphology』에 2008년 게재되었다(Lee and Soh, 2008). 이 논문은 림
프 안에 피브린과 불순물이 아닌 다른 무언가가 분명 존재한다는 것
을 과학계에 보여주었다.

　　림프 내의 봉한관 관찰 이후에는 시각화 부위가 피부(표층봉한관)
조직과 신경 부분으로 확대되었다. 2006년부터 알시안블루를 비롯
한 다양한 시각화 물질을 이용하여 피부에 존재하는 봉한관의 시각
화 실험이 게재되기 시작했으나, 봉한관 관찰에 좋은 시각화 물질
(주로 염료와 형광나노파티클)을 찾는 것은 여전히 중요한 연구 과제였
다. 하지만 아크리딘-오렌지, 알시안블루, 형광나노파티클 등을 사
용했지만 성공률이 굉장히 낮은 것이 문제였다. 2008년 소광섭 교
수는 연구원들에게 이상적인 염료를 찾아볼 것을 주문했고, 이병천

박사는 그해 11월 트리판블루trypan blue라는 염료가 봉한관을 염색하는 데 획기적이라는 것을 발견하게 된다. 트리판블루의 활용은 곧바로 장기 표면과 피부에 존재하는 봉한관의 관찰 실험을 성공적으로 이끌어냈다. 피부에 존재하는 표층봉한관의 발견은, 임상에서 침을 놓는 자리(경혈)가 대부분 피부라는 점에서 대단히 의미 있는 연구다. 표층봉한관의 발견은 곧 경혈이 해부학적으로 존재한다는 것이며, 논란이 되는 정확한 혈자리 발견의 가능성을 열어주기 때문이다. 혈관, 림프관, 장기 표면에서의 봉한관 실험은 동물의 몸을 절개해서 이루어지는 반면, 표층봉한관의 경우 동물의 몸에 있는 털을 중간 정도 제모하여 상처가 없는 표면에 트리판블루를 염색해서 봉한관을 찾아내는 방식을 취한다. 곧바로 쥐의 임맥, 신경맥, 임경맥의 위치에 대한 실험이 진행되었지만 확실성, 반복성, 재현성이 부족하여 미진한 보고에 그쳤다.

표층봉한관의 실험과 동시에 신경봉한관에 대한 실험도 수행되었다. 뇌/척수신경계에는 인체를 방어하는 기능을 담당하는 림프관이 없다. 이병천 박사는 봉한관이 신경계를 보호하는 역할을 할 것이라고 생각하고 봉한관이 신경계 안에 존재한다는 가정 아래 실험을 시작했다. 이를 위해 토끼의 뇌를 해부한 후 척추 중심관과 뇌실의 뇌 척수액 부분을 헤마톡실린을 이용하여 염색한 다음 입체현미경으로 찍었다. 헤마톡실린 염색과 입체현미경을 이용한 첫 번째 실험에서 토끼의 소뇌 밑에 있는 네 번째 내실의 바닥에서 봉한관을 발견했다(Lee, Kim, and Soh, 2008). 이후 수행된 연구를 통해 뇌와 신경의 다른 부분들에서도 봉한관을 찾을 수 있었다. 트리판블루가 신경계의 봉한관을 관찰하는 데 가장 유용한 염료라는 것을 밝혀낸 후,

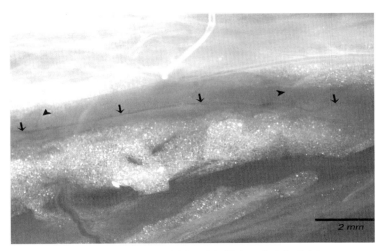

림프 안의 봉한관. 화살표가 가리키는 선이 봉한관으로 추정되는 것이다.

뇌와 신경을 염색하여 관찰한 연구가 보고되었다(Lee, Eom, and Soh, 2010).

2002년에 시작한 실험은 비로소 몸의 거의 모든 부분에서 봉한 관을 발견하는 결실로 나타났다. 혈관-장기 표면-림프관-표층봉한 관-신경봉한관의 순서로 봉한관의 시각화가 진행되었으며, 시각화를 위해 사용된 물질은 아크리딘 오렌지-야누스그린 B-알시안블루-형광나노파티클-트리판블루의 순으로 개발되었다. 실험 과정에서 입체현미경, 형광현미경, 간섭현미경, 위상차현미경, 원자힘현미경Atomic Force Microscope 등 다양한 종류의 현미경이 동원되었다.

각 봉한관들의 시각화와 더불어 봉한 연구의 두 가지 중요한 연구가 진행되었는데 그것은 바로 암 연구와 산알 연구였다. 암 연구는 김봉한이 애초에 손대지 않은 분야이지만 많은 과학자들이 봉한 연구에 관심을 갖게 하는 데 결정적인 영향을 미쳤다. 산알 연구는 봉한관이 재생 기능을 담당하고 있다는 학설에 착안하여 줄기세포 연구와 맥락이 닿았다. 이 두 연구를 통해 봉한학은 해부학 연구를 넘어 암 연구와 줄기세포 연구로의 확장을 도모했다.

봉한관이 암 연구로 확장될 수 있다는 생각은 최근 발표된 암 전이 연구와 관계된다. 2003년 노스웨스턴대학의 메리 헨드릭스(Hendrix et al., 2003) 교수팀은 암 조직에 혈관과는 다른 유사 혈관 vasculogenic mimicry이 존재하며 이 네트워크를 통해 암이 전이된다고 발표했다. 봉한관과 암 연구를 연결시킨 연구자는 소광섭 교수 밑에서 2010년 박사학위를 받은 유정선 박사였다. 암 조직에서 봉한관을 발견하고 이것이 유사 혈관과 관련이 있다면 암 전이 체계를 밝혀내는 학문적 성과를 가져올 뿐 아니라, 봉한 연구가 활성화될 것이라고 예상했다. 유정선 박사는 현재 주변 과학에 머물러 있는 봉한 연구가, 봉한관과 암 연구의 연결을 통해 주류 과학에 받아들여지고 과학자들의 관심을 끄는 계기가 될 것이라고 주장한다.

> 유정선 박사 처음에는 봉한학설 얘기하고 경락의 해부학적 실체가 있다, 이렇게 얘기하니까 퇴짜를 많이 받았어요, 저널에서. 여러 저널에서 많은 퇴짜를 받아봤기 때문에 그래서 생긴 약간의 노하우지요. 오히려 주류 과학인 것처럼 그 연장선인 것처럼 얘기해야지 쉽게 받아들여지는 경향이 있지, 뭐 마치 혁명인 것처럼 얘기를 하면은 처음부터 선을 그어버리는 경우가 많아요. (필자와의 인터뷰)

2009년 『Journal of Acupuncture and Meridian Studies』에 게

재된 봉한관과 암 조직에 대한 연구는 봉한 연구의 주요 이정표 중하나다(Yoo et al., 2009). 이는 남한 연구자들의 독창적인 기여이자 국제적 관심을 불러일으킨 연구였다. 그런데 암 조직에 새로운 순환조직이 있다는 것을 보여주기 위해서는 새로운 시각화 기술이 요구되었다. 기존의 봉한관 발견이 혈관, 림프관, 장기 표면 등에서 봉한관을 적출하여 보여주었다면, 암 조직에서의 봉한관 발견은 전체적으로 어떻게 새로운 조직이 퍼져 있는가를 보여주는 것이 관건이었다. 유정선 박사는 분사영상기법molecular imaging을 통해 암에서 봉한관의 존재를 보여주려 했다. 그녀는 2005년 미국 하버드 의대에서 3개월, 독일에서 2007년 4월부터 2008년 4월까지 머물면서 이 시각화 기술을 익혔다.

　봉한관의 시각화와 더불어 밝혀내야 할 것은 봉한관의 기능이다. 김봉한에 따르면 봉한관은 봉한액으로 채워져 있으며 봉한액의 가장 중요한 성분은 산알이다(경락연구원, 1965b). 산알은 일반세포보다 크기가 훨씬 작은 0.8~2.4마이크로미터 수준으로 DNA와 세포질로 이루어져 있고 봉한관을 순환하며 손상된 세포를 치료하고 조직을 재생시키는 기능을 한다(김훈기, 2008: 56). 소광섭 연구팀은 산알을 세포보다 작은 마이크로세포라고 명명하고 쥐의 장기 표면에 있는 봉한관에서 봉한액을 추출하여 그 속의 산알을 원자힘현미경으로 관찰했다(Baik et al., 2009). 원자힘현미경의 이용은 산알의 모양과 움직임을 뚜렷하게 관찰하는 것뿐 아니라, 높은 기술력으로 인식되어 연구의 신뢰성을 높이는 데 기여했다. 산알이 조직의 재생에 관계된다는 김봉한의 주장은 소광섭 교수팀에 의해 이것이 줄기세포일 것이라는 가설로 이어졌다. 쥐의 방광 표면에서 얻은 봉한관에서 봉한액을 추출하여 여러 가지 줄기세포 마커들이 나타나는 것을 보고했는데 이 실험을 통해 봉한관이 성체줄기세포의 공급원이라는 가설이 세워졌다(김민수 외, 2008).

산알의 기능 연구를 넘어 봉한관이 혈관, 림프관과 더불어 제3의 순환계라고 가정한다면 이것이 순환한다는 것(흐르는 것)을 보여주어야 한다. 이 흐름을 보여주기 위해 쥐의 장기 표면에서 봉한관을 찾아낸 다음 형광나노파티클을 주입하여 그 흐름을 형광이미지로 촬영했다. 2분 간격으로 사진을 찍어 확인한 결과 20분에 걸쳐 3.5~4센티미터 정도 형광나노파티클이 흘러간 것을 관찰할 수 있었다(이창훈 외, 2006). 이 실험 결과 예상했던 것보다 봉한액의 순환이 매우 느리다는 것이 발견되었다. 이 경우 수술로 인한 연동운동이 약해졌거나 형광현미경의 민감도에 문제가 있어 나노의 빠른 움직임을 잡아내지 못했을 가능성이 제기되었다. 봉한관의 흐름에 대한 연구는 아직 가설에 머무를 수밖에 없는 상태에 있다.

봉한 연구에서 시각화 기술 세트들의 발전	
시각화 부위의 확장	혈관, 장기 표면, 림프관, 신경, 암 조직
시각화 물질의 다양화	아크리딘-오렌지, 아누스그린 B, 형광나노파티클, 알시안블루, 트리판블루
시각화 기술의 첨단화*	광학현미경, 전자현미경, 원자힘현미경, 분자영상기법 등

---

* 소광섭 교수의 나노프리모연구센터는 2013년에 산알 연구를 위해 최첨단 시각화 장비인 이온 전도 주사 현미경ion conductance scanning microscope을 구입했으며 이를 활용하여 산알과 관련된 실험을 진행하고 있다.

요약하자면 2002년부터 시작된 남한에서의 봉한 연구는 끊임없는 시각화 기술 세트들을 동원한 역사라고 할 수 있다. 시각화의 방향은 시각화 부위의 확장, 시각화 물질의 다양화, 시각화 기술의 첨단화, 이 세 가지로 요약될 수 있다. 첫째, 혈관 내의 봉한관 찾기부터 시작하여 장기 표면, 림프관, 신경, 암 조직으로 시각화 부위가 확장되었다. 둘째, 아크리딘-오렌지, 야누스그린 B, 형광나노파티클, 알시안블루, 트리판블루 등의 시각화 물질이 다양하게 동원되고 적용되었다. 셋째, 광학현미경, 전자현미경, 원자힘현미경, 분자영상기법 등 시각화 기술이 점차 첨단화되고 다양해졌다. 이러한 시각화는 봉한관의 존재를 밝히기 위해 끊임없이 동원되었으며, 여러 가지 악조건 속에서 봉한관 연구의 명맥을 유지할 수 있었던 힘이었다. 그러나 봉한 연구가 주변 과학으로 머물러 있기 때문에 과학계 내외부에서 끊임없이 인정과 지원을 받아야 연구가 지속될 수 있었다. 연구 네트워크의 형성은 봉한 연구의 진화에 무엇보다 중요했다.

연구 네트워크와 지원 집단의 형성

연구 네트워크의 형성은 봉한 연구의 진전에 굉장히 중요하다. 소광섭 교수는 입자물리학을 전공해서 생물학과 관련된 실험 경험이 적은 데다 실험실의 하부구조가 충분하지 않아 실험 장비와 실험 테크닉을 가진 다른 연구팀과 같이 연구할 수밖에 없는 상황이었다. 봉한 연구는 동물 실험에 의존하는 경우가 많기 때문에 초기부터 수의학 연구자들과 공동연구가 활발하게 진행되었다. 전북대학교 수의

대의 김민수 교수, 건국대학교 수의대에서 박사학위를 받은 한현정 박사, 서울대학교 수의대 류판동 교수 등은 동물 실험, 현미경 기술 등에 탁월하여 소광섭 교수와 많은 공동 작업을 수행했다. 수의학에서는 예전부터 동물에 침을 놓아 고친 전통이 있었고 한방 수의학에 관한 여러 프로그램이 잘 알려져 있어, 한의학에 특별히 거부감이 없다. 2008년부터 연구 집단에 참가하게 된 류판동 교수는 매스컴에 소개된 봉한 연구를 접하고 궁금증을 가지고 있던 차에 논문을 읽고 나서 소광섭 교수에게 연락하여 연구에 참여하게 된 경우다. 류 교수는 봉한 연구의 매력을 독창성에서 찾는다. "이건 정말 새로운 거예요. 정말 상상도 못해봤던 새로운 뉴스예요. 연구에서는 독창성이 중요한데, 그걸 찾아서 연구자들이 온 거예요."(필자와의 인터뷰)

수의학 쪽이 동물 실험에 특화된 지원을 했다면, 이공계 연구자들과의 협력은 시각화 기술 발전에 큰 기여를 했다. 서울대 농대 나이셈NICEM에 근무하는 김기우 박사는 전자현미경을 세팅해주었고, 국내 기업인 삼원광학은 형광현미경을 제작하는 데 도움을 주었다. 논문에 봉한관 사진을 실으려면 해부학 사진, 면역학 사진, 조직학 사진 등 다양한 사진 기법을 동원해야 한다. 해부학 사진밖에 찍지 못하던 초기 연구의 한계는 공동연구를 통해 극복되었고, 수준 높은 봉한관 사진으로 봉한 연구의 설득력을 높일 수 있었다. 현미경 기술뿐만 아니라 고도의 기술력이 요구되는 형광나노파티클의 주입과 시각화 기술은 서울대 화학과의 이진규 교수와 서울대 공대의 박영준 교수와의 공동 협력을 통해서 이루어졌다. 봉한 연구가 암 연구 및 줄기세포 연구와 연결되면서 이 분야 연구진과의 협력도 이루어졌다. 암 연구에서는 삼성서울병원의 박정의 교수, 성균관대 자연대의 서민아 교수, 한의사 한태영 원장 등과 공동 협력이 이루어졌다. 줄기세포와 산알 연구에서는 서울대 자연대의 권희민 교수, 서울대 수의대의 강경선 교수, 국립암센터의 권병세 교수와 공동 협력을 했다.

또 다른 중요한 연구 네트워크는 한의계다. 소광섭 교수와 한의계의 관계는 복잡하다. 봉한학 논쟁에서 다시 다루겠지만 경락의 해부학적 실체보다는 기능적인 면을 믿는 한의계의 주류 경혈학회는 소광섭 교수의 연구에 대해 비판적이다. 한의계와의 협력은 한국한의학연구원과 대한약침학회와 관계된다. 한국한의학연구원은 정부출연 기관으로 2010년부터 봉한 연구에 참여하게 된다.

봉한 연구에 대한 한의계의 가장 중요한 지원 세력은 대한약침학회다. 대한약침학회는 1990년에 설립된 단체로 약침의 표준화와 산업화를 위해 노력했으며 침 연구의 세계화에 힘썼다. 약침의학기업부설연구소를 통해서 약침을 제조하는 기술을 공유하고 판매함으로써 수익을 창출해내고 있으며 연간 예산은 40억 원 정도다. 봉한 연구의 초기 단계인 2004년부터 대한약침학회는 소광섭 교수팀의 연구를 꾸준히 지원했다. 대한약침학회 내에서도 비판적인 시각이 있었지만 경락을 시각화할 수 있다는 가능성 때문에 지원을 결정했다고 강대인 회장은 말한다.

강대인 대한약침학회 회장 우리가 침을 놓았을 때 그런 작용이 밝혀진다면 당연히 우리 거 아니냐, 하지만 그게 비주얼하게 보여주는 게 아무것도 없었다는 거죠. 실제로 공기도 안 보이는 거죠. 마찬가지로 사람에서 나오는 기도 눈으론 안 보인다는 겁니다. 그러면서도 막연하게 경락이라는 것을 설정해놓았는데, 이론적으로 충분히 가치가 있지만 요즘 사람들은 보여주는 것을 원해요. MRI나 엑스레이나 눈으로 확인시켜주고 그 환자들에게 동의를 얻는 과정이 필요한데 우리는 눈으로 보여준다고 하는 것이 기껏해야 그래프 정도. 실질적으로 보여줄 수 있는 게 아무것도 없다는 거죠. 그래서 봉한 연구가 지원이 돼야 하는 거죠. 경락을 비주얼화시키는 것은 한의학이 안고 가야 할 부분이라고 보는 거죠. (필자와의 인터뷰)

대한약침학회는 봉한 연구에 연구비 지원뿐만 아니라 소광섭 교수를 편집인으로 삼아 영어 국제학술지를 만드는 데 주도적인 역할을 하게 된다. 이 국제학술지의 발행을 위해 대한약침학회 관계자들은 미국, 영국, 독일, 러시아, 호주 등을 돌아다니며 세계적인 연구진들을 편집위원으로 위촉했다. 수년간의 노력 끝에 2008년 『Journal of Acupuncture and Meridian Studies』(『JAMS』: 봉한 연구자들과 대한약침학회 관계자들은 잼스라고 부른다)가 마침내 발행되었다. 신생 저널인 데다 침 연구라는 주변 연구인지라 좋은 논문을 투고받기 쉽지 않기 때문에 매해 우수한 논문을 선정해 상금을 주는 AMS 어워즈도 만들었다. 대한약침학회가 이 저널을 만드는 데 들어가는 돈은 연 3억 원(어워즈 상금 포함)이 넘는다. 2008년 이후 『JAMS』의 매호에 봉한 연구가 한 편 이상 실리고 있다. 『JAMS』의 창간은 봉한 연구 출판에 안정적인 채널을 제공했을 뿐 아니라 저널과 학술대회를 통해서 봉한학설을 세계에 알리는 계기가 되었다. 특히 2012년에는 봉한 연구 탄생 50주년과 남한의 봉한 연구 10주년을 기념하는 특별호를 발간함으로써 봉한 연구의 역사적 의미와 현재적 의미를 심도 있게 다루었다.*

봉한 연구는 국내뿐만 아니라 국제 연구 네트워크도 갖추고 있다. 2010년 9월 17일 충청북도 제천 청풍 리조트호텔에서 열린 봉한학 국제 심포지엄은 봉한 연구 국제 네트워크를 과시하여 많은 사람들을 놀라게 했다.** 이틀 동안 열린 심포지엄에서 봉한학 관련 발표는 무려 43개에 달했고, 발표자도 서울대학교, 포스텍, 국립 암센터, 충북대학교 등의 국내 연구진뿐 아니라 미국 위싱턴대학교, 텍사스대학교, 루이빌대학교, 네덜란드 레이던대학교, 중국 중의과학원, 타이완의과대학 등의 연구진들이 포함되었다(Soh, Kang, and Harrison, 2012).

연구의 글로벌 네트워크를 형성하기 위해서 소광섭 교수팀은 여러 경로를 통해 노력했다. 우선 관심이 있는 연구팀을 직접 방문해서 봉한관을 찾는 방법을 시연해 보이는 것은 중요한 전략 중 하나였다. 소 교수는 이병천 박사를 2008년 중국 중의과학원의 장웨이보 교수 실험실에 파견하여 토끼의 장기 표면과 림프관 안에서 봉한관을 적출하는 것을 보여주었다. 침 실험 분야의 세계적 권위자인 장웨이보 교수는 놀라움과 기대를 나타냈는데, 장 교수는 뒤이어 돼

---

* 세계적으로 저명한 대체의학계의 저널인 『Evidence-Based Complementary and Alternative Medicine』(흔히 eCAM이라고 함)도 2012년에 봉한 연구 특집호를 발간했다. 이는 봉한 연구가 세계 대체의학계에 점점 더 확고한 자리를 잡아가고 있음을 의미한다.

** 총 9개 섹션으로 45개의 발표가 이루어졌다. 섹션은 봉한관 체계, 암, 의료 이미징 medical imaging, 침, 재생regeneration 등으로 구성되었다. 이 학회는 봉한 연구의 해부학적 연구 틀을 넘어 봉한학이 암과 재생 등에 이용될 수 있는 가능성을 보여주었다.

지의 장기에서 봉한관을 발견하고 이를 학회에 보고했다(Zhang, 2010). 이어서 이병천 박사와 김민수 박사는 2009년에 미국의 앨라배마주 오번대학의 보디아노이 V. Vodyanoy 교수 실험실을 방문하여 봉한관을 성공적으로 시연해 보였다.

이후 미국에서 봉한학의 확산에 적극 기여한 사람은 루이빌대학 화공과 강경애 교수였다. 아래에 언급할 아칠레프 교수, 밀러 교수 등에게 봉한 이론과 소광섭 교수를 소개했고, 2010년 국제학회에서 해외 참석자를 초청하는 등 해외 협력팀을 조직했다. 또한 루이빌대학에 여러 동료 교수들과 연구팀을 구성하고, 2011년 스프링어 Springer 출판사에서 책을 출간하는 데 핵심적인 역할을 했다. 2010년에는 이병천 박사와 유정선 박사가 미국 세인트루이스 소재의 워싱턴대학 방사선학과의 아칠레프 Samuel Achilefu 교수 실험실을 방문하여 봉한관 시술을 선보이도록 주선했다. 워싱턴대학 방사선학과는 세계적으로 명성이 높은 곳으로 우수한 연구 시설을 갖추고 있다.

봉한관 적출도 능숙한 실험자만이 가능한 것이었다. 이병천 박사는 워싱턴대학 의대에서의 재현 실험이 무척 긴장되었다며 이렇게 말했다. "재현하기 전날 잠 한숨도 못 잤어요. 재현 안 되면 완전 국가 망신이고 사기꾼이 되는 거지. 근데 나오더라구요. 다행히 그때 명확하게 나왔거든요."(필자와의 인터뷰) 봉한관 연구를 시작하게 된 계기를 묻자 아칠레프 교수는 이병천, 유정선 박사가 재현하기 전에는 혈관과 림프관 이외의 순환계가 존재한다는 것을 전혀 믿을 수 없었다고 말했다. 그들의 재현이 있은 후 아칠레프 교수팀도 실험을 통해 봉한관을 적출하는 데 성공했다. 그는 봉한 연구가 많은 잠재성을 가지고 있지만 봉한관의 기능 문제 등 앞으로 풀어야 할 숙제가 많다고 말했다. 장웨이보, 아칠레프 교수와 같이 직접 봉한 연구를 하는 연구자들이 있는가 하면 암 조직 연구와 결부되어 봉한 연구에 관심을 가지는 연구자들도 나타났다. 도널드 밀러Donald Miller 루이빌대학 교수, 추메이유Hsu Mei-Yu 하버드대학 의대 교수, 영국의 데이비드 해리슨David Harrison 등은 암 조직의 유사 혈관과 봉한관의 관계에 관심을 가지고 있다. 이들은 모두 봉한 국제 심포지엄에 참석하여 봉한 연구의 현황을 파악하고 앞으로의 가능성에 대해 깊은 관심을 나타냈다.

연구 네트워크뿐 아니라 여러 그룹의 재정적·정책적 지원도 봉한 연구에서 중요하다. 남한에서의 봉한학설은 과학자 커뮤니티의 편견으로 인해 연구 진행에 상당한 어려움을 겪었다. 사기 또는 사이비 과학으로 비판받는 현실에서 연구비를 비롯한 연구 지원을 받는다는 것은 다른 주류 과학 분과보다 훨씬 힘든 일이었다. 이러한 상황을 한 봉한 연구자는 이렇게 표현한다. "그것 갖고 먹고살 수 없잖아요. 나가서 봉한관 연구한다 하면 누가 돈 주겠어요, 당장. 소광섭 교수님이니까 봉한관으로 연구비 따오실 수 있었던 것 같아요. 서울대 교수의 이름으로……."(필자와의 인터뷰) 지위가 불안정한 과학자이고 명성 없는 대학의 연구자는 이런 모험적인 실험을 감당하기 어려울 것이다. 소광섭 교수 연구팀이 생체광자연구로 국가지정 연구실이 되어 2003년부터 2008년까지 매해 2억 5000만 원의 지원을 받았지만 봉한학 자체로 연구비를 받은 경우는 단 세 건에 불과했고 모두 소형 과제였다.[*] 봉한학이 여러 연구 지원 기관으로부터 외면당할 때 정부기관과 기업의 지원은 연구를 진전시키는 데 도움이 되었다. 보건복지부 내 한방정책관실의 박상표 과장은 한의학의 과학화를 위해 봉한 연구를 위한 연구비를 신설하고 국제학술대회를 조직하는 데 도움을 주는 등 강력한 후원자 역할을 했다. 2010년 제천 한방 엑스포에서는 소광섭 교수의 봉한 연구를 전시했는데 대중적으로 다가가기 위해 소 교수의 캐릭터도 만들고 봉한 연구를 만화로 만들어 상영하기도 했다.

정부기관으로부터 받는 연구비가 적기 때문에 연구비를 끌어올 수 있는 다른 방법이 필요했는데 그중 하나가 기업의 후원을 받는 일이었다. 휴대전화 기기를 만드는 모베이스 손병준 회장의 지원이 기업 후원으로는 유일하며 액수도 상당하다고 볼 수 있다. 모베이스는 소광섭 교수의 봉한 연구에 5억 원 정도를 지원했다. 손병준 회장을 찾아 후원을 하게 된 이유를 묻자, 그는 한의학에 특별히 관심이 있다기보다는 우연한 기회에 소광섭 교수를 알게 되었으며 기업인으로서 기초 연구가 중요하다는 인식을 평소에 가지고 있었다고 말했다. 손병준 회장은 자신이 민족주의적 성향이 있는 편이며 한국의 기술, 특히 한의학이 봉한 연구를 통해 실체가 밝혀져 세계화되었으면 좋겠다는 의견을 피력했다.

요약하자면 봉한 연구는 다양한 연구 집단과 지원 집단의 뒷받침이 없었다면 불가능했을 것이다. 우선 실험 경험과 실험 인프라가 부족한 상황을 다양한 분야의 우수한 인력을 끌어들이면서 해결할 수 있었다. 과학자들은 봉한 연구의 독창성과 중요성이 연구 협력에 참여한 가장 중요한 이유라고 말한다. 소광섭 교수팀이 국제 저널에

- 김훈기는 과학 공동체와 한의계의 봉한 연구에 대한 무관심과 차별이 연구비 수주의 어려움으로 연결된다고 밝히고 있다(Kim, 2013b).

국내 연구 네트워크	소광섭 연구팀: 소광섭, 이병천, 유정선, 임재관, 배경희, 김정대, 박상현 등
	수의학 집단: 류판동, 한현정, 김민수, 강경선 등
	과학자 집단: 박정의, 박영준, 이진규, 서민아, 권희민, 이상석 등
	의학 집단: 권병세, 윤승주 등
	한의사 집단: 류연희, 최승훈, 한태영 등
해외 연구 네트워크	미국: 강경애, 도널드 밀러, 새뮤얼 아칠레프, 비탈리 보디아노이
	중국: 장웨이보
	카자흐스탄: 바케슬라프 오가이
지원 집단	대한약침학회: 『Journal of Acupuncture and Meridian Studies』(『JAMS』) 발행 지원, 연구비 지원
	기업인: 모베이스 손병준 회장 연구비 지원
	대한한의사협회: 연구비 지원
	정부기관: 한국연구재단, 한의학 정책 관련 담당자, 일부 호의적인 연구개발 담당자
	언론: 봉한 연구에 호의적인 언론인

발표한 연구 결과물은 봉한 연구에 대한 권위와 신뢰를 주었으며 공동 협력을 하려는 과학자들에게 긍정적인 영향을 미쳤다. 이처럼 봉한 연구는 과학 공동체의 구조적인 편견을 극복하기 위해 다양한 채널과 방식으로 연구 협력과 지원을 전략적으로 모색했다.

봉한학 논쟁

봉한학 논쟁은 경락이 실재하느냐의 여부와 관련되어 있다. 여기서는 세 가지 쟁점을 다룬다. 첫째, 경락 이론에 관한 세 가지 입장(기능설, 신경설, 해부학적 실체설) 사이의 갈등이다. 둘째, 봉한관에 대한 부정은 봉한 연구 자체의 한계를 둘러싼 문제와 연결된다. 셋째, 언론에서 봉한 연구를 보도하는 방식과 관련된 논쟁을 다룬다. 이 세 가지 방식은 서로 연결되어 있다. 첫째와 둘째가 연구자 커뮤니티 내에서 일어난 것이라면, 셋째는 이를 넘어 일반인들과 연구자 커뮤니티 사이를 매개하는 언론을 통해 촉발된다. 하나씩 살펴보도록 하자.

첫째, 봉한관을 둘러싼 논쟁은 경락을 어떻게 바라보는가와 연관된다. 경락에 대한 이론은 크게 세 가지로 나누어진다. 하나, 경락이 어떤 해부학적 실체가 있는 것이 아니라 기능들 간의 네트워크라는 입장으로 주류 한의계에서 통용되는 시각이다. 둘, 신경설로서 경락의 자극은 실제로 신경의 자극이며 이를 통해 자극이 전달되고 치료 효과가 발생한다는 입장이다. 이는 과학계에서 가장 널리 받아들여지고 있다. 셋, 경락의 해부학적 실체가 존재하며 이를 통해 침의 효과가 전달된다고 보는 입장이다. 대표적으로 봉한학설과 파시아설 등이 있다.

한의계의 봉한학 연구에 대한 입장은 양가적이다. 침 연구자들은 봉한 연구에 대부분 비판적인 반면, 대한한의사협회 차원에서는 지원하는 입장이다. 국내의 침 연구자들은 대부분 한의대 소속의 기초 연구자들인데 이들은 소광섭 교수의 봉한 연구에 강한 불만을 가지고 있다. 이들의 비판은 첫째, 봉한관이 기존 한의계에서 말하는 경락의 기능에 대해 아무런 설명을 하지 못한다는 것이다. 둘째, 제3의 순환계라는 것이 경락과 일치한다는 근거가 없다는 것이다. 셋째, 봉한관을 찾는 실험의 재현성이 낮다는 것이다. 하지만 대한한의사협회는 2009년 3월 전국이사회를 열어 소광섭 교수의 봉한 연구의 잠재성을 인정하면서 연구비를 지원하겠다고 발표했다.

경락의 신경학설은 과학계에서 가장 널리 받아들여지고 있다. 침 연구의 대표적인 교과서 중의 하나인 『침의 서양 의학적 접근과 임상』에서 저자들은 침의 다섯 가지 작용 중 네 가지 효과(국소적 효과, 분절 진통, 분절외적 진통, 중추 조절 효과)는 침이 신경을 자극하여 전달되는 것으로 해석했다(화이트·커밍스·피쉬, 2010). 침이 신경전달물질을 방출하고 전기적 활성을 보이며 뇌의 특정한 부위를 자극한다는 등의 연구 결과는 수십 년 동안 침 실험에 의해 밝혀졌다(화이트·커밍스·피쉬, 2010: 17). 1997년 fMRI(기능자기공명영상)를 이용하여 침의 기전을 밝히려 했던 조장희 박사도 최근 침의 신경 자극설을 지지했다(Kim, 2006). 조 박사는 경혈점과 비경혈점 뇌의 특정 부위에 자극이 거의 동일하게 일어난다고 보고, 이것은 말초신경의 자극과 관계된다고 결론지었다. 이처럼 여러 과학적 증거와 실험으로 지금까지 경락의 자극이 신경과 관련되어 있을 것이라는 주장이 가장 광범위하게 받아들여지고 있으며, 이는 결과적으로 봉한관의 존재를 부정하는 시각과 연결되었다.

둘째, 봉한학 논쟁은 소광섭 교수의 봉한 연구의 한계와 관련되어 있다. 봉한 연구의 가장 큰 문제는 혈관, 림프관, 장기 표면, 표층 봉한관, 암 조직 등에서 봉한 체계의 일부분을 시각화하는 데는 성공했으나, 제3의 순환관으로서 전체 봉한 체계를 시각화하지 못한다는 것이다. 그 일부분을 염색하는 방법도 각기 달랐으며 봉한관 채취 샘플도 너무 작아 분자생물학적 분석genomics/proteomics을 수행하기가 어렵다. 만약 봉한관이 특정 단백질로 이루어져 있다는 것이 밝혀지면 이것에 맞는 항체를 찾아내 인체에 분포된 모든 봉한관을 손쉽게 찾아낼 수 있다. 봉한관 실험은 논문만 읽고서는 실험을 수행하기 어렵고 재현이 힘들다는 단점이 있다. 실험을 직접 배우기 전에는 찾아내는 방법이 극히 힘들고, 봉한관 채취의 반복 가능성이 낮고, 채취한 샘플들이 봉한관인지 확인하는 절차가 복잡하다. 봉한 연구팀들은 미국, 중국 등을 직접 방문하여 봉한관 채취 실험을 보여준 후에야 연구자들을 설득할 수 있었다. 이러한 문제를 해결하기 위해서 소광섭 교수팀은 2011년 이후 영상화와 형태학적 연구 단계, 분자생물학 기법과 특이항체 개발 단계, 기능(생리적 기능, 질병 및 치료와의 관계) 연구 단계로 나아가야 한다는 연구 방향을 제시했다. 이 말은 곧 아직도 봉한관에 대한 전체적인 형태학적 연구가 최종적으로 결실을 맺지 못한 불완전한 단계임을 인정한 것이다.

셋째, 소광섭 교수팀의 연구 결과가 언론에 여러 형태로 보도된 것이 논쟁을 일으켰다. 경락의 실체에 대한 보도는 언론의 입장에서는 대단히 매력적이다. 언론은 분명 연구자 커뮤니티와 다른 관점을 가지고 봉한 연구를 바라본다. 언론의 관심이 지대한 이유는 봉한 연구가 과학적·대중적·상업적·정치적 요소들이 적절하게 결합된 사례라는 데 있다. 봉한 연구에 가장 적극적으로 관심을 가져왔던 『동아일보』의 김훈기 전 과학 전문기자는 "논문도 보고, 수익성도 보고, 흥미도 보고, 쉽게 풀어낼 수 있는가도 보고, 여러 중첩되는 것이 딱 맞으면 과학 기사로 선택해서 쓰는 거죠. 소광섭 교수의 봉한관 연구는 그런 게 다 들어맞았던 거죠"라고 말했다(필자와의 인터뷰). 봉한 연구는 남북한 관계와 시대를 뛰어넘는 드라마적 요소와 제3의 순환계를 찾는다는 독창성이 결합되어 있다. 이에 대해 봉한 연구를 취재하고 있던 MBC의 한 PD는 이렇게 말한다.

MBC PD　김봉한이라는 분이 북한에서 숙청을 당했기 때문에 연구 결과가 사장이 되어버려 북한에서는 흔적이 어디까지 남아 있는지 잘 모르는 형편이죠. 일본의 후지와라 교수 같은 분이 고난을 당하신 거라든지 참 흥미진진하잖아요. 일본 의학의 기득권이 결국 막아버려서 좌절이 된 케이스인데, 다시 소 교수가 작업에 착수하시면서 벽에 부딪혔을 때 후지와라 교수가 도움을 주기도 하고 그래서 돌파를 해나가기도 하구. 이런 게 참 드라마틱하죠. 근네 그런 것보다는 워낙 의미 있고 중요한 일이기 때문에 그게 더 큰 초점이라고 할 수 있죠. (필자와의 인터뷰)

언론인들은 누구도 찾지 못한 제3의 순환계를 찾아내는 것은 의학의 혁명이라고 말한다. 한 신문사의 기자는 "봉한관이 있다는 게 밝혀지면 전 세계적으로 어마어마한 임팩트가 될 수가 있죠. 아직도 사람 인체에 실존하는, 우리가 모르는 기관이 있다 뭐 이런 거가 될 테니까. 그런 점은 포텐셜로 봤을 때 입증된다면 진짜 제일 큰 매력이죠"라고 말했다.

이와 더불어 봉한 연구의 취재와 보도는 민족주의와 연구에 대한 신뢰 문제와 결부된다. 봉한 연구는 분명 한국 과학의 창조성과 우수함을 전 세계에 알릴 수 있는 소재다. 봉한학의 과학 보도가 이러한 민족주의 성향과 결부되어 있다는 점을 언론인들은 인정한다. 김훈기 기자는 "이왕이면 우리 나라 과학자가 한 것이 우리 나라 독자들에게 잘 와닿아요. 과학기술이 어려우니깐 내용만으로 승부하긴 한계가 있거든요. 우리 나라 과학자가 흥미로운 연구를 해서 유명한 저널에 실리면 제일 좋잖아요"라고 말한다. MBC PD는 봉한학의 민족주의적 경향과 식민화된 과학 또는 학문을 대비시키면서 봉한 연구의 중요성을 말한다. "우리에게 익숙한 문화, 역사, 생태는 우리가 제일 잘 알잖아요? 거기에 대해 천착을 하고 깊이 있게 탐구를 하는 것이 기본적으로 바람직한 자세 아니겠습니까? 지금 한국의 학문이라는 건 수입 식민 학문 아니에요?" 그는 이렇게 말하며 봉한학이 가지는 민족주의적 함의를 강조한다.

그러나 언론의 이러한 민족주의적 지향은 2005년 황우석 사태 이후 좀 더 조심스러운 접근 태도로 변화되었다(김종영, 2017: 320). 기자들은 여기에 대해 굉장히 예민해 있으며 민족주의적이라고 해서 무조건 보도하는 태도를 지양하게 되었다. 따라서 무엇보다 연구와 연구자에 대한 신뢰가 중요하다. 과학 기자들은 많은 과학자들을 접해보았기 때문에 직관적으로 신뢰할 수 있는 과학자가 누구인지를 알아차린다. 기자들은 소광섭 교수는 신중하며 꾸밈없고 솔직한 과학자로 인식되어 있어 신뢰할 수 있는 과학자라고 말한다. 무엇보다 봉한 연구는 세계 유수의 저널에 실렸다. 김훈기 기자는 연구의 신뢰를 보여줄 수 있는 것은 "역시 논문이에요"라고 말하면서, 소 교수팀이 지금까지 발표했던 해외의 우수한 논문들이 신뢰의 가장 중요한 원천이라고 강조했다.

하지만 언론의 과장 보도는 여전히 문제가 된다. 과학 언론인들은 과학 기사가 "오버over와 오보誤報 사이에 있다"라고 말한다. 그만큼 과학 보도라는 것이 대중의 흥미를 끌기 위해 과장하는 측면이 있으며 과장 보도가 더 나아가면 오보가 된다는 것을 그들은 잘 알고 있다. 봉한관 연구에 있어 센세이션한 언론 보도 제목의 예를 들면 다음과 같다.

- 서울대 소광섭 교수팀 "기 실체 주장한 '봉한학설' 입증"●
- 인체 속 '제3순환계' 존재 여부 밝힌다●●
- 래리 곽 박사 "프리모 시스템 규명된다면 암치료 혁신 일어날 것"●●●
- 암 전이의 중요 통로 경락, 실체 드러났다●●●●
- '침 놓는 경락 위치' 염색 실험으로 증명●●●●●

　봉한 연구에 비판적인 전문가들은 이러한 언론 보도가 과장이라고 말하며, 이것을 '언론 플레이'로 규정한다. 봉한 연구는 한편으로 일반인이 깊이 있게 이해하기 힘든 측면이 있으며, 다른 한편 독자들에게 흥미롭게 어필해야만 한다. 내가 언론인들을 인터뷰해본 결과, 이러한 보도 방식은 소광섭 교수의 언론 플레이라기보다는 과학기자들이 사실을 좀 더 흥미롭게 만들려는 시도에서 나온 듯하다. 언론 보도는 분명 여러 정책기관에 영향을 미친다. 보도가 나가고 많은 사람들이 관심을 갖기 시작하자 대한한의사협회, 한국한의학연구원, 보건복지부, 교육과학기술부 등도 봉한 연구 지원을 결정했다. 다른 한편으로 이러한 보도는 봉한 연구의 실체를 좀 더 확실하게 요구하는 연구자 커뮤니티가 봉한 연구를 압박하고 비판하는 계기가 된다. 봉한 연구의 현 상황은 언론이 말하듯이 확실하거나 단

●　　이승재·이용권,『문화일보』, 2007년 11월 9일.
●●　　김희원,『한국일보』, 2007년 11월 12일.
●●●　　김태호,『파이낸셜뉴스』, 2010년 9월 26일.
●●●●　　박방주,『중앙일보』, 2011년 10월 10일.
●●●●●　이근영,『한겨레』, 2010년 11월 24일.

	봉한 연구의 주요 이정표
연도	**연구의 주요 이정표**
2002	소광섭 교수 봉한 연구팀 구성(서울대학교 한의학물리연구실)
2003	『대한예방한의학회지』에 혈관 내 봉한관 관찰 보고
2004	소광섭 교수 일본에서 후지와라 교수와 만남(봉한 실험 녹화 테이프 건네받음) 아크리딘-오렌지 염료를 이용하여 혈관 내 봉한관 관찰을 국제학술지에 게재
2005	장기 표면과 림프관의 봉한관 관찰을 국제학술지에 게재. 야누스그린 B 염료 사용
2006	알시안블루 염료를 사용하여 봉한관 관찰 보고
2007	형광나노파티클을 사용하여 봉한관 관찰 보고
2008	입체현미경을 통한 림프관 내 봉한관 관찰을 세계적인 권위지 『Lymphology』에 게재 획기적인 염료 트리판블루 발견 및 활용 『Journal of Acupuncture and Meridian Studies』(『JAMS』) 창간(편집인 소광섭) 뇌와 신경에서 봉한관 관찰 보고
2009	봉한관과 암 경로 간의 관계 『JAMS』에 보고 대한한의사협회 봉한 연구 지원 시작
2010	봉한학 국제 심포지엄 개최(9월, 충북 제천) 한국한의학연구원 봉한 연구 지원 시작
2011	소광섭 교수 서울대 은퇴 후 나노프리모연구센터 개소(3월) 미국 스프링어 출판사에서 봉한 연구서 『The Primo Vascular System』 출간 과총 과학기술 10대 뉴스에 봉한 연구 8위로 선정
2012	『JAMS』 봉한학 50주년 기념 특집호 발간 『eCAM』 Primo Vascular System 특집호 발간
2013	세계 대체의학계 봉한학 50주년과 봉한 연구 10주년 주목 『Experimental and Molecular Pathology』에 봉한관과 암의 관계에 관한 논문 게재

정적인 상태가 아니라 앞으로 어떻게 전개될지 예측할 수 없는 불확
실성과 위험 요소가 더 많은 것이 현실이다.

과학의 구조화된 편견 속 봉한 연구의 진화와 확장

이 장은 2002년부터 지금까지 남한에서 수행된 봉한 연구의 재탄생과 역동적인 진화 과정을 살펴보았다. 남한의 봉한 연구는 1960년대 북한의 과학자 김봉한의 연구에서 영감을 받아 2000년대 서울대 소광섭 교수팀에 의해 재탄생되었다. 그러나 북한 김봉한의 연구는 시각화 물질에 대해 어떤 자세한 언급도 하지 않았기 때문에 남한의 봉한 연구는 여러 어려움에 직면했다. 봉한 연구는 역사적으로 형성되어온 과학 공동체의 구조적 편견에 맞서 끊임없이 싸우는 과정이었다. 북한에서 김봉한이 숙청된 사실과 사이비 과학이라는 봉한 연구의 역사적 멍에, 경락의 시각화에 대한 노골적인 폄하, 정부 연구비 선정과 평가 과정에서의 차별, 학술지 평가에 있어서 평가자들의 의심 등 남한의 봉한 연구는 실험 과정뿐 아니라 실험의 시작과 결과 발표까지 전 과정에서 구조화된 편견에 봉착해야 했다. 이를 극복하기 위해 다양한 실험 방법과 시각화 기술을 동원했을 뿐 아니라, 과학자 사회의 구조화된 편견을 넘어서려는 노력의 일환으로 우호적인 사회세력과 연대를 형성했다.

봉한 연구의 사회적-기술적 동원은 크게 세 방향으로 진전되었다. 시각화 부위의 확장, 시각화 물질의 다양화와 세련화, 시각기술의 첨단화다. 또한 봉한관의 진전된 시각화 연구 결과는 권위 있는 세계적 학술지의 게재를 통해 신뢰를 얻어나갔으며, 국내외 연구자들과 네트워크를 확장함으로써 다양하게 연구되었다. 봉한 연구는 암, 줄기세포 연구와 연계되면서 더 많은 연구자들에게 연구 기회를 제공했다. 이 동원의 과정에서 어필할 수 있었던 중요한 요소는 봉한 연구의 역사적 중요성과 독창성이었다. 한의학의 성배, 곧 경락의 실체를 찾아내는 것은 한의계의 오랜 역사적 숙원이자 해결해야 하는 과제였다. 연구자들은 남들이 하지 않는 독창적인 연구를 수행함으로써 과학의 새로운 영역을 개척하고 이를 통해 과학자 사회로부터 인정받고자 했다. 그런 점에서 제3의 순환계의 발견이라는 목표는 위험성이 크지만 상당히 매력적인 연구 주제다.

봉한관의 시각화는 남한에서 연구가 시작된 지 15여 년이 지났지만 여전히 불안정한 상황이다. 첫째, 봉한관의 실재와 경락의 기능 사이의 연관관계를 밝혀내지 못하고 있다. 인체의 새로운 관을 시각적으로 증명했다는 것은 인정하지만 그것이 한의학에서 말하는 경락의 기능과 어떤 관계가 있는지를 풀지 못했다. 둘째, 혈관, 림프, 신경계와 더불어 또 다른 순환계로서의 봉한관 전체에 대한 시각화가 미흡하다. 장기 내, 림프관 내, 혈관 내, 신경계 내, 뇌의 안팎 등 각각의 영역에서의 시각화는 보여주었지만 이들이 전체적으로 어떻게 연결되어 있는지는 보여주지 못했다. 셋째, 실험이 해부학적 측면에 치우침으로써 분자와 유전자 수준의 분석이 부족하다. 해부학적 실험은 상대적으로 낮은 수준의 기술로 여겨지고 있으며, 현대 분자생물학에서는 최신의 실험기법으로 실험할 것을 요구한다. 넷째, 봉한관에 대한 이론 틀이 정립되지 않아 봉한관에 대한 정교한 해석이 부족하다. 시각화의 증거와 인체의 생물학적 기능들 간의 긴밀한 관계에 대한 이론적 해석이 부족하기 때문에 봉한관이 왜 그리고 어떻게 존재하는가에 대한 답을 제공하지 못하고 있다.

결론적으로 남한의 봉한 연구는 시각화 기술의 안정화를 위해 지속적으로 실험기술과 연구자들을 동원하고 업그레이드하는 기술적인 과정임과 동시에, 과학자 공동체의 구조적인 편견에 맞서고 우호적인 사회세력과 연대하는 정치적인 과정이다. 봉한 연구는 과학적·문화적·역사적 요소들, 즉 시각화의 설득력, 연구의 신뢰와 권위 확보, 연구의 독창성과 중요성, 민족과학으로서의 어필, 다른 연구와의 끊임없는 연계를 통한 연구 기회와 주제의 확장, 글로벌 연구 네트워크를 창조해냄으로써 남한에서 재탄생할 수 있었다. 이러한 노력에도 불구하고 봉한관의 시각화는 여전히 불안정한 상황에 있으며 미래의 더 많은 연구를 기다리고 있다. 한의학의 성배, 곧 경락의 발견은 영원히 반복할 수밖에 없는 숙제일지도 모른다. 이 연구가 지금 당장은 인정받지 못하고 실패했다고 평가받을지라도 경락의 발견이라는 역사적·문화적 중요성은 연구자들을 계속해서 끌어들이는 원동력이 될 것이다. 1960년대 중반 북한에서 사라졌던 봉한 연구가 36년 후 남한에서 다시 살아났듯이, 미래에 봉한 연구는 재에서 다시 탄생하는 불사조와 같이 전혀 새롭게 되살아날지 모른다.

6장

퓨전 진료의 창조:
한의학과
양의학의 만남

한의사와 양의사의 동시 진료

50대 중반의 박광호 씨[*]는 대학병원의 동서협진센터 진료실에 들어섰을 때 흰 가운을 입은 의사가 두 명 있는 것을 보고 순간 당황한다. 일반적으로 의사와 환자의 1:1 관계에 익숙한 사람들에게는 이것은 일종의 일부다처제 또는 일처다부제다. 한 사람은 양의사인 임 교수이고 다른 한 사람은 한의사인 문 교수다. 양의사가 우선 문진을 시작한다. "어디가 아파서 오셨습니까?" 이에 박 씨는 "3~4일 전부터 팔, 다리, 얼굴이 찌릿찌릿거렸습니다. 한 달 전에도 비슷한 증상이 있어서 약국에 갔었어요"라고 대답하며 자신의 증상을 이야기한다. 임 교수가 팔 운동을 지시하자 박 씨가 팔을 움직인다. 임 교수는 중풍 기를 느끼느냐고 다시 묻는다. 박 씨는 잘 모르겠다고 하

---

[*] 이 장에서 언급되는 환자들의 이름은 모두 가명이다.

면서 작년 가슴에 압박감을 느껴 서울의 한 대형병원에서 MRI를 찍었다고 말한다. 임 교수는 왜 그 MRI를 가지고 오지 않았냐고 타박했고, 박 씨는 별다른 이상이 없었기 때문에 필요하다는 생각을 하지 못했다고 답한다. 임 교수는 박 씨에게 혈류장애가 있는데 원인은 콜레스테롤, 흡연, 동맥경화라고 말하고 가벼운 뇌졸중 현상이라고 진단한다. 임 교수는 진료 차트의 'Chief Complaint'(환자의 주요 불만)란에 'LT Semiparalysis'(왼쪽 반마비)라고 적고 심초음파, 일반 생화학 검사, 혈액 검사, MRI 검사를 지시한다. 그런 다음 검사 결과가 나오기 전에 혈전용해제, 말초동맥 순환장애 개선제, 혈압강하제 등의 양약을 처방한다.

이윽고 한의사인 문 교수가 박 씨에게 문진을 시작한다. 박 씨는 왼쪽 얼굴이 찌릿찌릿했고 왼쪽 가슴에 압박감을 느꼈다고 말한다. 자신의 아버지도 중풍으로 쓰러졌다며 가족사를 이야기한다. 문 교수가 직업이 뭐냐고 묻자 그는 이발사라고 답한다. 문 교수는 박 씨의 몇 가지 생활습관을 물었는데 그는 밤늦게 술을 마시고 바둑을 밤늦게까지 둔다고 대답한다. 박 씨가 혈압이 높다고 말하자 문 교수는 언제부터 혈압이 높았냐고 묻는다. 박 씨는 20여 년 전부터라고 대답했는데, 문 교수는 임 교수의 처방대로 MRI를 찍어보는 것이 좋겠다고 조언한다. 문 교수는 박 씨의 체질을 판독하기 위해 변비, 몸의 열, 땀 상태 등을 물어보고 태음인이라고 판별한다. 문 교수는 진료 차트에 한자, 영어, 한글 등으로 박 씨의 주요 증상을 적고 '태음인 열다한소탕'을 처방한다. 문 교수는 박 씨에게 침대에 누우라고 말하고 팔과 다리에 침을 놓는다.

한의사와 양의사는 어떻게 동시에 같은 환자를 치료하는가? 우리가 자주 듣던 대로 양의학과 한의학은 접근 방법에서 충돌하지 않는가? 환자는 양쪽 의사가 진료를 보는 것에 만족하는가? 병원이라는 세팅은 한의학의 진료에 어떤 영향을 미치는가? 한의학과 양의학의 결합을 도대체 어떻게 이해해야 하는가?

한의학과 양의학은 만날 수 있을까

이 책의 개념적 세 기둥은 창조적 유물론, 권력지형, 그리고 행위체다. 우리는 아래로부터 끌어올린 이 세 가지 개념을 통해 양한방병원이라는 새로운 의료 집합체를 어떻게 이해해야 할까? 이 책의 1장에서 설명했듯이, 한의학과 양의학의 결합은 '한의학 전체'와 '양의학 전체'가 결합하는 것이 아니다. 들뢰즈와 가타리를 다시 한 번 인용하면 양한방의 결합은 "부분들을 전체화하지 않는 특수한 부분들의 전체"이며 "통합되지 않는 특수한 부분들의 통합"으로서, "이것은 분리되어 새롭게 만들어지는 부분들이 덧붙여지는"것이다 (Deleuze and Guattari, 1977: 42). 즉 한의학의 특수한 부분들과 양의학의 특수한 부분들이 사회물질적으로 새롭게 만나고 덧붙여지고 배치되는 것이다. 의사 한 명, 환자 한 명이라는 기존의 세팅에 의사 한 명이 덧붙여지고, 양약에 한약이 덧붙여지며, MRI에 침이 덧붙여지며 새롭게 구성된다. 양의학의 부분들과 한의학의 부분들이 새로운 집합체를 형성하는데 이는 기존에 존재하지 않았던 새로운 의료 집합체로서 어떤 다른 전체에 종속되지 않는다. 따라서 양한방병원에 대한 부정적인 반응, 곧 양의학의 주도권 위에서 한의학이 종속적으로 적응한다는 것은 사태의 일면만 본 것이다. 이런 현상은 분명 '권력 지형'의 한 측면에서 일어나는 것이지만 사태의 전체는 아니다. 가령 이 장에서 다루고 있는 경희의료원의 양한방협진은 새로운 치료 효과뿐만 아니라 병원의 이익과 이미지의 향상이라는 새로운 사회경제적 효과를 창조한다는 측면에서 긍정적인 점이 많다.

하지만 양한방협진이라는 진료 형태가 매끄럽게 만들어지는 것은 아니다. 두 의학이 만날 때 상당한 물질적·사회적·법적 '저항들'이 존재하는데, 이는 두 의학의 결합을 방해한다. 여기서 나는 이 저항을 설명하기 위해 피커링의 (그의 책 제목이기도 한) '실행의 맹글'Mangle of Practice(Pickering, 1995)을 끌어들이려 한다. 피커링은 과학적 실행에 있어 물질적 실험 기구, 개념, 현상 등이 서로 일치하지 않는 상태 또는 과학에서 소음이라고 부르는 현상을 과학자들이 어떻게 해결하는지를 설명한다. 가령 뉴턴 역학으로 설명할 수 없는 천체 현상을 설명하기 위해 과학자들은 상대성 이론과 같은 새로운 이론뿐만 아니라 더 강력한 망원경을 새롭게 고안한다. 풀리지 않는 과학적 문제는 이론적 혁신으로만 되는 것이 아니라 물질적 혁신을 통해 이루어지는 경우가 많다. 따라서 과학적 난제는 과학자라는 인간 행위자human agency뿐만 아니라 과학적 도구라는 비인간 행위자non-human agency의 상호작용과 안정화에 의해 해결된다. 이 성취는 기존의 문화나 설명 방식에서 벗어나 새롭게 출현한다는 점에서 누구도 예측할 수 없는 창조적 과정이다.

맹글은 원래 영국에서 전기다리미가 나오기 전 두 개의 롤러를 이용해서 옷을 펴는 기계였다(피커링은 원래 영국인이다). 여기서 '맹글'이라는 단어가 가진 함의는 두 가지다. 이 단어는 과학적 행위의 물질성 또는 기계성을 잘 포착하는 한편, 맹글을 통해서 나오는 옷의 형태처럼 새로운 과학 실행과 결과물이 예측할 수 없는 변형이라는 점을 잘 포착한다. 여기서 피커링은 과학자가 난제를 풀려고 할 때 다양한 형태의 '저항'이 발생한다고 말한다. 다시 말해 과학자 뜻대로 문제가 풀리는 게 아니라는 뜻이다. 이 상황을 극복하기 위해 과학자는 개념을 만들기도 하고 도구를 만들기도 한다. 이 문제의 해결을 안정화stabilization라고 하는데 이는 집합체로서의 개념들, 기구들, 현상들이 서로 모순 없이 잘 맞아떨어짐을 의미한다. 곧 다양한 저항들이 '행위의 세트들의 세트들', 곧 행위체의 성취를 통해서 해소된 것이다.

중의학의 다양성을 연구하여 의료인류학 분야에 크게 기여한 볼커 샤이드Volker Scheid는 피커링의 '실행의 맹글'을 중심 개념으로 삼아 중의학의 다양한 생성과 창조를 설명한다(Scheid, 2002). 중국에서 중의학과 양의학의 결합은 중의학의 다양성plurality과 종합synthesis을 낳았는데, 여기서 중요한 것은 병원이나 진료실 같은 의료현장에서 적극적으로 두 의학이 결합되도록 법적·제도적 지원이 지속적으로 이루어졌다는 점이다. 샤이드는 다양한 종류의 저항을 중의사들이 극복하고 양의학과 중의학을 다양한 방식으로 결합시키고 창조함으로써 새로운 의학이 탄생했다고 설명한다. 한국과 비교해볼 때 중국에서 중의학과 양의학의 결합이 더욱 용이했던 것은 국가의 법적·제도적 지원 때문이었다.

샤이드는 중의학과 양의학의 결합을 '인프라의 종합'infra-structural synthesis(Scheid, 2002: 53)으로 이해하는데, 이는 이질적이고 다양한 전문 의료 인력들, 조직들, 의료 물질들의 종합이라는 의미다. 곧 새로운 세트들의 세트들 혹은 집합체가 형성되는 것을 샤이드는 '인프라의 종합'이라고 명명한다. 여기서 샤이드는 모든 중의학적 요소들이 모든 양의학적 요소들과 연결되어 있지 않고 이 과정에서 '동시적 창발과 사라짐'simultaneous emerging and disappearing이 일어난다고 설명한다(Scheid, 2002: 54). 이 말은 한국의 경우에도 적용할 수 있다. 양의학적 요소들과 한의학적 요소들은 부분적으로 연결되고, 어떤 요소들은 양한방협진 과정에서 사라지거나 배제된다. 가령 양한방협진 과정에서 한의학적 개념들이 누락되는 경우가 많은데, 이는 양한방협진이 매끄럽게 진행되기 위해서 떨어져나갈 수밖에 없기 때문이다. 다른 한편으로 이 과정에서 발생하는 다양한 저항들을 어떤 방식으로든 극복하거나 최소화해야 한다.

한국의 의료현장에서는 법적 저항, 조직의 저항, 양의사와 한의사 간의 권력관계 때문에 발생하는 저항, 다양한 종류의 물질적 도구들에서 발생하는 저항 등을 겪게 된다. 박인효(2018)는 양한방협진을 실시하고 있는 부산의 병원들을 참여관찰했는데, 이러한 저항들을 성공적으로 극복하지 못하고 한의사가 양의사의 권력과 의료조직에 종속되는 것을 보았다. 그는 이러한 현상을 한의학의 '생의학적 세계에 적응하기'로 이해했다. 이것은 한의학과 양의학의 결합과정에서 다양한 저항들을 극복하지 못한 사례라고 볼 수 있다. 이장에서 기술하는 경희의료원은 박인효의 사례보다 훨씬 더 적극적이고 성공적인 경우라고 할 수 있다. 내가 강조하고 싶은 것은 피커링과 샤이드의 설명처럼, 한의학과 양의학의 결합이 이미 주어진 것이 아니라 행위체가 여러 저항들을 극복하고 성취해낸 결과라는 점이다.

한의학과 양의학의 결합 과정에 있어 저항들은 여러 측면에서 발생한다. 우선 법적 저항이 가장 두드러진다. 이는 의료기사 지휘권, 곧 엑스레이, MRI, 혈액 검사 등 다양한 진단기기에 대한 지휘권이 양의사에게 있고 한의사에겐 없다는 점에서 기인한다. 즉 한의사는 다양한 검사에 대한 '오더'를 내릴 수 없다. 한의학과 양의학의 결합에 있어 다양한 세팅의 문제, 가령 양한방협진을 하는 의사가 다른 건물에 있다거나 양쪽의 진료 방식이 잘 조정되지 않는 등의 문제가 발생한다. 또한 행위자의 교육적 측면에서의 저항이 발생하는 측면이 강하다. 예를 들어 한의사는 양의학을 상대적으로 잘 아는 반면, 양의사는 한의학을 잘 모르는 현상을 들 수 있다. 그리고 물질적 저항은 한의사와 양의사가 동원하는 기구들과 처방들이 잘 통하지 않는 것이라고 볼 수 있다. 양한방협진이 성공하기 위해서는 다양한 종류의 저항, 곧 '양한방협진의 성취를 방해하는 힘들'을 극복하고 새로운 집합체로서의 의료행위를 구성해야만 한다.

한의학 진료의 다양성

양의학과 한의학의 다양한 결합 방식을 이해하기 위해서는 비교적 관점이 유용하다. 의료는 몸을 바라보는 관점, 의료 전통과 자원, 병원 세팅, 국가의 역할, 의료법과 규제 등에 의해 다양하게 구성된다. 한국, 중국, 일본 세 나라에서도 전통의학이 다양한 방식으로 행해지고 있는데, 이는 각국에서 어떻게 다양한 의료 집합체가 형성되는지를 이해하는 데 도움이 된다.

한의학을 대상으로 심도 있게 의료인류학을 연구해온 김태우의 연구들은 한의학의 다양한 진료 형태를 이해하는 데 중요한 주춧돌이 된다. 김태우는 한국, 중국, 일본의 현지조사를 통해 이 세 나라의 의료의 특징들을 심층적으로 분석했다. 그는 "동아시아 의학은 그 역사 속에서 수많은 의가들과 의론들이 존재하는 비균질적인 의료 체계"(김태우, 2017: 49)라고 말하며 동아시아 의학의 다양성을 강조한다. 중국 광저우중의약대학을 방문한 그는 대학병원의 거대한 빌딩과 그 규모에 입도딩한다. 중의학은 '국가 주도 의료 체계'로서 사회주의 이념에 봉사하는 동시에 자본주의적 교환 거래를 금지하면서 발전했다. 중국 공산당과 사회주의 국가는 중의학의 근대화를 추진하면서 중의사를 양성하기 위해 5년제 대학을 전국에 설립해 표준화를 시도했으며 병원에 중의사와 양의사가 같이 근무하도록 만들었다. 국가는 '전체주의적 개입'을 통해 중의학을 대형화, 표준화, 근대화했다. 이는 역설적으로 중의학의 다원성을 억제하는 방향으로 나아갔다.

중의약 병원은 법적 저항과 제도적 저항이 한국의 한의학 병원보다 현저히 적다. 한국에서 한의사는 진단기계의 사용과 검사를 진행하려면 양의사의 협조를 얻어야 한다. 의료법에 의해 한의사는 양의학에 접근하는 것이 제한된다. 최근에는 양한방협진이 가능하도록 법이 바뀌었지만 다른 의료법들은 여전히 한의사와 양의사 간의 전문적 교류를 방해한다. 국가적인 지원에 힘입어 중의학은 의료 체계 내에서 중심적인 역할을 하고 있으며, 양의학과 중의학의 협력은 제도적 틀 안에서 활발하게 진행되고 있다. 반면 중의학은 국가의 전체주의적 개입으로 지나치게 속박되어 있고 시장의 역할도 축소되어 있기 때문에 다양성 면에서는 한국에 미치지 못한다. 중의학의 경우 국가 주도의 인프라의 종합이 나타나지만, 국가의 전체주의적 개입이 로컬에서 이루어지는 중의학의 다양한 형성을 방해한다. 이와 달리 한국은 시장의 힘이 훨씬 강하고 한의사 집단의 자발적인 개발 능력이 축적되어 있어 한의원 수준에서 창의적이고 다양한 한의학이 꽃을 피우게 되었다.

중국과 달리 일본의 캄포漢方의학은 메이지 유신 이후 급격하게 쇠퇴했으며 국가에 의해 그 존재가 무력화되었다. 일본은 17세기부터 서양 의학을 받아들였으며 19세기에는 양의학 진료가 이미 광범위하게 실시되었다. 한국이나 중국과 달리 일본은 전통의학을 폐지하였을 때도 국민건강을 책임질 수 있는 인프라를 이미 구축하고 있었다. 일본은 근대화를 향한 강력한 드라이브 속에서 침사, 구사, 안마사 등을 따로 두는 제한적인 입법을 통해 캄포의학의 명맥을 유지했다. 현재 일본에서는 한약을 처방할 권리는 양의사가 가지고 있으며 이들은 주로 표준화된 매뉴얼에 따라 한약을 처방한다. 김태우는 일본의 대표적인 한방 제약회사인 쓰무라제약을 방문하고 캄포의학의 특징을 "산업화에 의한 의학 지식의 표준화"로 설명한다(김태우, 2017: 63).

산업화에 의한 매뉴얼화, 양의사에 의한 처방, 캄포의학의 역사적 거세 등이 일본에서 동아시아 의학의 다양성을 줄이는 원인을 제공했다. 일본에는 한의사와 한의대가 없고 양의사들이 캄포의학을 보조적으로 사용하고 있다. 하지만 캄포의학의 산업화와 표준화에 성공하면서 전통의학의 산업화에서는 가장 앞서 있다. 캄포의학은 전통의학과 산업의 결합을 통해서 새로운 집합체 또는 어셈블리지를 형성했지만, 다른 한편으론 국가의 억압이 전통의학의 다양성을 말살하는 강력한 힘으로 작용했다.

반면 한국은 중국, 일본과 비교해서 지난 100년 이상 한의학의 다양성이 증가하는 쪽으로 발전했다. 일본 제국주의에 의한 한의학 탄압과 서양 의학에 대한 국가의 지원은 다양한 한의학 유파가 '생존을 위해' 한의학을 더 심도 있게 연구하는 방향으로 이어졌다(김남일, 2006). 한의사들은 기존의 한의학에 만족하지 않고 산업과 시장 상황에서 기회를 포착하고 연구를 통해 다양한 치료법들을 개발했다. 이러한 한의학의 다양성은 환자 진료 차트에서도 드러나는데, 각 한의원은 자신만의 진단 방법과 처방으로 이를 독특하게 구성한다. 어떤 차트는 땀, 소변, 대변, 수면 등의 문진 주제로 나뉘어 있고, 어떤 차트는 형-색-맥-증의 진단 단계로 나뉘어 있기도 하다. 이를 김태우(2017: 57)는 다음과 같이 설명한다.

> 한의학에는 동아시아 의학의 대표적 고전을 따르는 학파들(동의보감학파, 사상의학학파, 황제내경학파, 의학입문학파, 상한론학파)과 다양한 침법학파(사암침학파, 체질침학파, 내경침학파)가 존재하며, 하나의 학파(예를 들면 사상의학학파)에도 복수의 학파(체형사상학회, 성정사상학회, 동무학회)가 존재한다. 이러한 다양성이 진료 차트에 체화되어 있다.

의료인류학자 김태우의 연구는 주로 개인 한의원을 대상으로 이루어졌다. 곧 개인 한의원은 개개 한의사의 자율성과 그 한의사가 속한 학파의 독립성이 유지될 수 있는 공간이다. 이는 지금 이 장에서 다루는 병원이라는 의료 세팅과 양한방협진이라는 특이한 혼종적 의료 공간에서 이루어지는 진료행위와 차이를 보인다. 김태우의 연구는 한의학 내에서도 다양한 진료 방식이 있음을 보여주고 한의사 집단의 성취 여하에 따라 다양한 방식의 '인프라의 종합'이 이루어질 수 있음을 잘 보여준다. 한의학 진료의 다양성을 숙지하면서 병원에서 양한방협진의 실천적 행위가 어떻게 이루어지는지를 구체적으로 살펴보자.

현지조사 병원의 세팅

내가 참여관찰을 한 병원은 서울시 동대문구 회기동에 위치한 경희대학교 부속병원인 경희의료원이다. 서울 동북 지역에 위치해 있고 지하철 1호선 회기역에서 내려 마을버스를 타고 5분 정도 가면 병원에 도착한다. 좁고 복잡한 거리를 따라서 가면 경희대 정문 왼쪽 편에 거대한 의료 복합공간이 나타난다. 다음 그림은 경희의료원 전경과 단면도다. 17층 건물인 본관을 중심으로 왼편으로 행정동과 서관이 위치하고 뒤쪽으로 소화기센터와 10층 높이의 동관이 두 개 있는 거대한 병원이다. 경희의료원을 처음 방문하는 환자들은 수십 개의 진료실과 복잡하게 얽힌 병원 구조 때문에 목적지를 찾는 데 애를 먹는다.

경희의료원은 경희대학교 병원(양방), 경희대학교 한방병원(한방), 경희대학교 치과병원(정문을 두고 맞은편에 위치)으로 구성되어 있으며 양방 치료는 본관에서, 한방 치료는 두 개의 동관에서 행해진

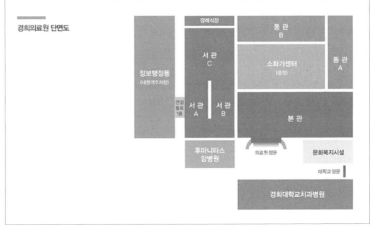

경희의료원의 구조와 배치[•]

다. 경희의료원 정문 오른쪽의 문화복지시설은 다양한 식당과 편의
시설을 제공한다. 병원의 세팅은 김태우가 묘사하는 한의원과는 여
러모로 다르다. 한방병원은 한의사, 레지던트, 인턴, 간호사들이 팀

• 이 그림은 경희의료원 웹사이트(www.khmc.or.kr)에서 가져왔다.

을 이루어 각자의 역할을 수행하는 거대한 관료조직이다. 내원한 환자는 번호를 부여받는다. 양방병원의 환자는 1번으로 시작하는 번호를, 한방병원의 환자는 3번으로 시작하는 번호를 받는다. 또한 병원은 전문화가 이루어지는 곳이기도 하다. 경희의료원은 암센터, 로봇수술센터, 감마나이프센터, 심장혈관센터, 한방척추관절센터, 한방안면마비센터 등 특화된 치료를 제공한다.

이 장의 초점이 되는 양한방협진은 한방병원이 위치한 동관에서 주로 행해진다. 양방병원이 바로 옆에 있고 경희대학교의 리더들이 양한방협진을 적극적으로 추진하고 있기 때문에 두 의학의 만남이 용이했다. 경희대학교를 설립한 고故 조영식 학원장은 한의학과 양의학의 융합을 적극적으로 지원했고, 그 자신이 '제3의학'이란 개념으로 이를 진두지휘했다. 고 조영식 학원장이 경희의료원에서 차지하는 위치는 지대했기에 동서협진에 대한 그의 비전과 리더십은 아주 중요했다. 양한방협진은 양의사와 한의사 간의 여러 차이와 권력관계에도 불구하고 학교의 리더가 표방하는 '제3의학'의 이상을 실천하고 이것을 구체적으로 구현하고자 한 노력의 결과이다.

경희의료원의 양한방협진은 한의사와 양의사가 한 명의 환자를 본다. 의사 두 명이 각자의 책상 앞에 앉고 그 중간에 환자가 위치한다. 의사의 책상에는 각자의 컴퓨터가 놓여 있고 이것을 통해 MRI, 엑스레이 등의 사진이 전송된다. 겉으로 보기에 대등한 관계처럼 보이지만 한의사와 양의사의 권력관계는 중요하다. 이는 무엇보다 법적으로 규정된 한의사와 양의사의 진료 범위와 관계가 있다. 의료법 제2조 2항에 따르면 '의사는 의료와 보건지도,' '한의사는 한방 의료와 한방 보건지도'를 담당하는데 여기서 '(양방) 의료와 한방 의료'의 구분이 불명확하다는 게 문제다. 지금까지 이를 둘러싸고 한방과 양방 사이의 법률적 다툼이 있었고 이 둘의 경계는 유권해석과 판례에 의존하는 실정이다.

양한방협진은 "의사는 침술, 한약 등의 한방 의료행위를 할 수 없고 한의사는 양의학적 진단, 약 처방, 치료 등을 할 수 없게 되어 있는 국내 의료법적 환경에서 자신의 환자가 기대하거나 의사, 한의사 본인이 환자 진료를 위해 필요하다고 판단되는 상대 측의 의료행위를 의뢰하는 과정"이다(박인효, 2018: 183). 이처럼 의료법상의 양방과 한방의 이원적 체계는 양한방협진의 과정 속에 깊숙이 자리 잡고 있다. 여기서 양의사가 한의사보다 우위를 점하는 결정적인 부분은 '의료기사 지휘권'이 양의사에게만 있다는 사실이다. 병원에서 의사는 혈액 검사, 엑스레이 검사, MRI 검사, 초음파 검사 등 각종 검사를 해서 환자의 상태를 파악하게 된다. 병원은 이들 검사기구들의 공간이며 기구들을 통한 검사는 신체를 다각도로 볼 수 있게 해준다. 검사기구를 통한 양의학(생의학, biomedicine)의 시선을 의료인류학자 김태우(2012: 199-200)는 이렇게 표현한다.

근대라는 시대의 도래는 어떤 시선의 도래로 읽힐 수 있다. 근대는 특정한 바라보기를 훈육한다. 그 바라봄의 방식을 체화함으로써 우리는 근대적 존재로 주체화된다. 18·19세기 유럽에서 '탄생'한 생의학의 시선은 강력한 영향력을 행사하는 대표적인 근대적 시선이다. 생의학이 근대적 시선의 영향력 있는 유포자인 것은, 그것이 몸이라는 인간 존재의 기본 전제를 장악하고 있기 때문이다. 몸 담론의 헤게모니를 바탕으로 생의학은 거침없이 근대적 시선을 보급한다.

양한방협진 체제에서 양의사가 주도권을 쥘 수 있는 것은 의료기사 지휘권을 양의사가 독점하고 있기 때문이다. 한의사들은 끊임없이 의료기사 지휘권의 독점을 깨뜨리기 위해 투쟁해왔지만 실패했다. 박인효가 양한방협진에서 '양의학의 우위'를 말하는 것은 상당 부분 이 검사 지휘권이 양의사에게 있다는 사실에서 기인한다. 하지만 양한방협진에서 양의사가 주도권을 쥔다는 것은 근대적 시선을 양의사가 독점했다는 것을 뜻하지 않는다. 양한방협진 체제와 한의대의 교육 과정에서 한의사는 근대적 시선을 기꺼이 체득하고 또한 환자의 몸의 신호들에서 포착할 수 있는 '현상학적 시선'을 동시에 사용할 수 있다. 이 점들을 유념하면서 한의학 진료에서 현상학적 지식이 어떻게 이루어지는지를 살펴보자.

변증론치와 몸을 통한 대화적 진료

양한방협진을 이해하기 위해서는 한방 진료 과정의 핵심이라고 할 수 있는 '변증론치'辨證論治를 이해할 필요가 있다. 시카고대학의 인류학과 교수인 주디스 파쿼Judith Farquhar는 광저우중의약대학 부속병원에서 현지조사를 한 다음 『실행 알기: 중의학의 진료』Knowing Practice: The Clinical Encounter of Chinese Medicine(1994)라는 명저를 출간했다. 이 책에서 파쿼는 중의학 진료의 핵심을 변증론치辨證論治(syndrome differentiation and therapy determination)라고 말한다.●

변증론치는 종종 병의 원인을 밝혀내는 양의학 진료와 대비되어 설명된다. 이는 이론, 방법, 처방의 역동적인 과정으로서 질병의 패턴을 발견하고 한약을 처방하는 방법이다. 한의사는 통상 사진四診(망문문절)에 의해 몸의 신호와 징후를 포착한다. 망望은 보기로서의 진단, 문聞은 듣기로서의 진단, 문問은 묻기로서의 진단, 절切은 감각함으로서의 진단을 말한다. 사진四診은 한의사가 질병의 패턴을 식별하는 체화된 기술이다. 망진望診은 환자의 생김새, 얼굴색, 혀, 몸의 분비물 등을 관찰한다. 문진聞診은 환자의 목소리, 숨소리, 기침, 냄새를 듣고 맡는 것이다. 문진問診은 주요 증상과 통증, 가족력, 생활습관, 생리적 현상 등을 환자와의 인터뷰를 통해 수집한다. 절진切診은 주로 환자의 스물여덟 가지 형태의 맥을 통해 질병의 상태를 파악한다.** 맥은 깊이, 넓이, 세기, 형태, 빠르기로 분류되어 이해된다.

이러한 생리적 현상은 음양오행, 사상, 팔강, 상한, 온병 등의 이론들로 통합되어 해석된다. 이 병인론etiological theory들은 병변의 부위, 특징, 원인, 양상을 이해한다. 팔강은 병을 네 가지의 대립적인 쌍으로 이해하는데, 음양, 표리, 허실, 한열이다.*** 팔강 중 가장 중요한 것은 총강으로서의 음양이며 이는 나머지 6강을 통령한다. 음

- 샤이드는 변증론치라는 개념이 1950년대 이전 중국의 중의학에서는 존재하지 않았다고 말한다. 그는 마오쩌둥의 중국에서 중의학이 양의학에 대별되는 특징을 찾으려는 정체성 정치의 일부로서 변증론치가 중의학의 핵심으로 구성되었다고 말한다. 이에 대해서는 샤이드(Scheid, 2002)의 책 7장을 볼 것.
- ** 28맥 대신 24맥이나 27맥을 제시하고 사용하는 의서와 학파도 있다.
- *** 팔강변증은 중의학적 느낌이 강한 용어다. 한국의 한의학에서는 팔강이라는 말을 자주 쓰지 않는다. 중의학을 대상으로 의료인류학을 수행해온 서양 학자들은 주로 중국에서 현장조사를 했기 때문에 이 용어에 좀 더 친숙하다. 변증은 지역과 학과에 따라 다양하다는 점을 염두에 둘 필요가 있다.

은 리, 허, 한을 포괄하고 양은 표, 실, 열을 포괄한다. 예를 들어 맥을 짚어보고 맥이 뜨고 빠르고 굵으면 양실로 분류되고, 맥이 가라앉고 느리고 약하면 음허로 분류된다.

한의학에서 또 다른 중요한 병인론은 정기와 사기의 싸움으로 병을 이해하는 것이다. 사기는 일종의 병을 유발하는 인자들이고, 정기는 사기로부터 저항하고 몸을 보호하는 방어적인 힘이다 (Farquhar, 1994: 87). 사기가 존재한다고 해서 반드시 병에 걸리는 것은 아닌데, 이는 몸이 강하고 충분히 건강하다면 정기가 막아주기 때문이다. 한의학에서는 여섯 가지 해로운 외부적 힘(外因)을 분류하는데, 풍風, 습濕, 서暑, 화火, 조燥, 한寒이다. 이를 육음이라고 한다. 외부적 힘인 육음과 대비된 내부적 원인들(內因)은 인체의 칠정으로 희喜, 노怒, 우憂, 사思, 비悲, 경驚, 공恐이며, 이것들이 지나치면 장부와 기혈에 나쁜 영향을 준다. 질병의 내외인론 이외에 불내외인不內外因이 있으며 이는 음식, 음주, 성행위 등을 포함한다.

한의학의 장부 이론은 질병이 장부에 미치는 영향을 중심으로 병을 파악한다. 장부는 해부학적 단위라기보다 기능적 단위이며 정기혈신의 발생, 분배, 저장, 전환을 담당한다. 예를 들어 심장은 역동적인 기를 관장하고, 간장은 혈을 자정하며 기의 유연한 전환을 책임진다. 장부 이론은 음양으로 다시 장부를 나누고 이들 각각의 기능과 활동을 연결짓는다. 가령 신장과 위장은 음양을 형성하는데 전자가 기를 높여준다면, 후자는 기를 가라앉힌다. 장부는 음양오행의 상생과 상극에 따라 연결되고 장기들의 불균형이 병의 징후와 연관된다. 따라서 병의 치료는 이 장부들의 균형 회복을 목표로 한다.

한의사들은 몸에 나타난 다양한 현상들을 여러 이론과 개념을 종합해서 질병의 패턴을 찾는다. 가령 팔강은 병의 속성을 특징짓고, 병인론은 병의 원인을 찾는 데 집중하며, 장부론은 병의 속성을 기능적인 장부와 연관시킨다. 질병의 패턴을 발견하고 나서 한의사는 한약 처방에 근거하여 약을 짓는다. 한약은 기, 미, 승강부침, 장기와의 연관성 등에 의해 질적인 속성을 갖는다. 기본적으로 한약은 질병의 증과 반대 방향으로 처방한다. 가령 음한의 질병을 치료하기 위해서는 양열의 한약을 처방한다. 한의학에서는 단일 약재를 사용하는 경우는 거의 없고 여러 약재들을 동시에 사용한다. 이 약재들은 하나의 역동적인 네트워크를 이루며 그 안에서 위계와 구조를 가진다. 이것이 흔히 '군신좌사'君臣佐使라고 하는 지배관계 속에서 한약들의 역할을 분류하는 방식이다. 변증론치의 이 복잡한 과정을 파쿼(Farquhar, 1994: 56)와 지아(Jia, 1997: 191)는 243쪽의 표와 같은 도식으로 설명한다.

하지만 주의할 점이 있다. 이 과정이 도식적이거나 기계적인 과정이 아니라는 것이다. 변증론치의 과정은 양의학과 대비되는 인간 중심적 또는 신체 중심적 접근방식이다. 이러한 의미에서 한의학은 종종 주관적이고 다양하며 질적이라고 평가되지만 한의사가 오감을 동원하여 환자의 질병 상태를 파악하는 일종의 현상학적 과정이다. 김태우는 이 과정을 다음과 같이 설명한다(2012: 221-222. 일부 내용 편집).

> 한의학에서는 환자의 몸이 드러내는 맥·색·성정 등의 '현상'을 한의사의 단련된 지향성으로 식별함으로써 진단하고, 다시 그 현상을 음양, 오행, 사상의 틀을 사용하여 의학 이론과 연결시키면

(a) 변증(Syndrome Differentiation)과 논치(Therapy Determination)

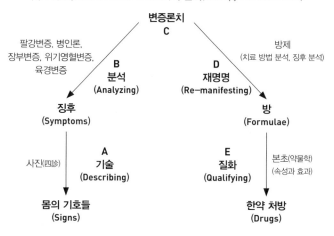

(b) 변증론치의 과정

순서	1단계	2단계	3단계
이름	사진	변증	논치
방법	망진望診, 문진聞診, 문진問診, 절진切診	팔강변증, 병인론, 장부변증, 위기영혈변증, 육경변증	치료 원칙, 치료 방법, 처방 공식
결과	기호와 징후(증)	변증 이름	처방

서 치료법을 찾아나간다. 한의학의 진단에서는 진단하는 주체와 한의학적 대상 사이에서 드러나는 현상이 중요하다. 한의학이 양 의학과 차별되는 것은 기의 양태를 알아차리는 것이 한의사의 몸 이라는 사실이다. 한의사의 몸은 기의 양태를 드러내는 수많은

'현상'들을 접하고 기의 경험을 체계화하면서 기의 의미를 체득한다. 그러므로 한의학의 주요 개념을 임상에 적용하기 위해서는 한의사의 몸과 기를 가진 환자의 몸 사이에 일어나는 '대화'가 중요하다.

김태우의 한의학에 대한 현상학적 접근은 한의사의 변증론치가 단순히 제도적인 과정에서만 체득할 수 없는, 몸으로 배우는 과정임을 의미한다. 따라서 고래로 지금까지 한의학에서는 사제관계가 중요하며 한의학을 배우는 사람은 자신의 몸을 꾸준한 배움의 과정에서 변화시켜야 한다. 이런 '체득'은 몸의 성취이며, 이는 환자의 병을 고치는 과정을 통해 이루어진다(Kim, 2011). 그렇다면 이런 현상학적 체득으로서의 한의학과 의학적 대상을 개별화하고 특정화하는 양의학의 만남은 과연 어떻게 이루어질까?

양한방협진은 어떻게 이루어지는가

"국내는 물론 세계에서 처음으로 시도하는 제3의학, 양한방협진"이라는 선전 문구가 경희의료원 브로슈어에 크게 적혀 있다. 이 브로슈어에서 가장 눈에 띄는 단어는 아무래도 '동서'East-West라는 말이다. '동서종합건강진단센터', '동서의학연구소', '동서협진센터', 이 세 기관은 브로슈어에서 의과대학 부속병원, 치과대학 부속병원, 한의과대학 부속한방병원만큼의 자리를 차지하고 경희의료원이 추구하는 방향을 제시한다.

동서협진센터를 소개하는 글에 "동양의 신비로운 정신세계와 서양의 해부학적인 이론을 접목한 가장 합리적인 치료 방법"을 제공하는 곳이라고 적혀 있다. 또한 양의사와 한의사가 환자 한 명을 동시에 진료하는 시스템으로 "첨단설비와 최고 의술로 부작용을 줄이고 재발을 억제하는 최선의 진료 체계"라고 선전하고 있다.

여기서 주목할 점은 두 명의 의사가 한 명의 환자를 보는 공동 진료다. 박인효는 부산 지역 네 곳의 병원에서 양한방협진 진료를 참여관찰했는데 그 어떤 곳에서도 공동 진료는 이루어지지 않았다. 그는 이 상황을 다음과 같이 기술한다(박인효, 2018: 193).

> 양한방 "협진"을 표방하는 네 병원 모두 특정 환자에 대한 실제 임상 진료 과정에서 의사와 한의사가 직접 만나 의견을 교환하며 진료 방향을 설정하는 형태의 협력은 사실상 없었고, 대부분 자신의 환자에 대한 추가적 진단이나 치료를 위해 상대 측에 협진 의뢰 후 결과서를 받아보거나 환자의 상태를 직접 확인하는 형태로 양한방협진이 이루어지고 있었다. 이러한 의미에서 실제 임상 과정에서의 양한방협진은 의료 전문가들이 함께 의견을 교환하며 진료 방향을 설정하고 함께 진료하는 '공동 진료'가 아닌, 자신의 환자에 대한 '자문'이나 추가적 진료를 위한 '의뢰'의 과정으로 볼 수 있다.

한의사와 양의사가 한 명의 환자를 보는 공동 진료는 이례적인 경우이며, 동서신의학에 대한 경희의료원의 강력한 리더십과 의지의 반영이라고 볼 수 있다(경희의료원, 2011). 또한 병원 체계와 동선은 대단히 중요한데, 가령 박인효가 연구한 부산의 한 국립대학병원의 경우 한방병원과 양방병원이 별개의 건물에 떨어져 있어 물리적 거리상 협진이 쉽지 않은 구조였다.

동서협진센터는 동서비염클리닉, 동서비만클리닉, 동서척추관절센터, 동서통증클리닉, 동서중풍센터 등 10여 개의 전문화된 진료 프로그램으로 구성되어 있다. 2000년 5월에 문을 열었고 각 프로그램별 성숙도와 협력도가 다르다. 이 중 동서중풍센터를 참여관찰 장소로 고른 것은 이 질환으로 가장 많은 환자들이 경희의료원을 내방하기도 하고 MRI 등 최첨단 의료기기가 사용되기 때문이다.

이 협진센터들은 여전히 진화 중이다. 우선 가장 큰 문제는 양의사와 한의사 모두 양방병원과 한방병원에서 진료를 보면서 일주일에 한두 번 이곳을 방문하여 공동 진료를 보고 있다는 점이다. 예를 들어 저자가 참여관찰한 공동 진료는 두 교수가 화요일 오전에만 진료를 했다. 따라서 동서협진이 주가 아니라 종이 되는 경우가 대부분이며 이는 의사소통의 기회를 제한하고 협진의 발전을 제약한다.

동서중풍센터의 경우 양의사는 신경외과나 신경과에서 오고, 한의사는 심장순환내과에서 온다. 한의원과 달리 한방병원의 진료과목은 전문화되어 있으며 한의사들은 비슷한 증상의 환자들을 본다. 심장순환내과의 환자들은 중풍으로 내방하는 경우가 많으며 한의사들은 이들을 치료하는 데 특화된 의료지식과 기술을 가지고 있다. 한의사와 양의사가 법적으로 대등한 관계에 있기 때문에 서로의 권력관계가 진료 과정에서 명백히 드러나는 것은 아니다. 동서중풍센터에서 환자는 두 의사 사이에 앉고 양의사와 한의사가 번갈아가며 환자를 본다. 경희의료원에서는 각종 검사, 사진, 처방이 컴퓨터 시

경희의료원 동서협진센터의 진료 세팅

스템으로 이루어진다. 양의사는 진단 과정에서 각종 검사를 지시할 수 있고 양약을 처방하는 반면, 한의사는 변증론치를 통해 침과 한약을 처방한다. 양한방협진이 실제 어떤 과정으로 진행되는지 두 가지 사례를 들어 설명해보자.

첫 번째 사례는 이 장 처음에 소개한 박광호 씨다. 그는 50대의 남성 이발사로 1여 년 전 마비 증상이 있어 서울의 한 양방병원에서 MRI를 찍고 약을 처방받아 상태가 호전되었다. 경희의료원에 오기 2주 전 오른쪽 팔과 다리에 마비 증상이 있어 팔을 여러 번 돌려보아도 이 증상이 가시지 않았다. 이와 동반하여 그는 심장에 압박감을 느껴서 고혈압약을 처방받았고 한의원에 가서 침을 맞았다. 증세가 좀처럼 나아지지 않자 박 씨는 자신의 몸 상태를 출가한 딸에게 말했고 딸은 수소문 끝에 중풍 치료로 유명한 경희의료원으로 아버지를 모시고 왔다.

임 교수는 먼저 몸의 주요 증상을 듣고 박 씨에게 오른쪽 팔을 돌려보라고 시키고 자신의 왼손으로 박 씨의 오른손을 꽉 잡더니 힘을 줘보라고 말했다. 임 교수는 "아직은 힘이 있군요"라고 하면서 경미한 뇌경색일 가능성이 있다고 말했다. 임 교수는 MRI, ECG(심전도 검사), 혈액 검사를 의뢰하고 양약을 처방하면서 검사 결과가 나오는 일주일 후에 다시 오라고 말했다. 임 교수는 진료 차트에 그의 병력을 영어로 적었다.

> I 10 Essential Hypertension
>
> I 630 Cerebral Infarction due to Thrombosis of precerebral artery

I 10과 I 630은 표준질병분류를 의미하고, Essential Hypertension은 고혈압을, Cerebral Infarction은 뇌경색을 의미한다. 임 교수는 이 증상과 관련하여 다음과 같이 처방했다.

> Plavix 75mg(플라빅스: 혈전용해제)
>
> Aspirin Protect 100mg(아스피린: 항혈소판응고제)
>
> Nicetile 500mg(니세틸: 뇌대사개선제)
>
> Ginexin F 400mg(기넥신: 혈액순환개선제)
>
> Adalat Oros 30mg(아달랏 오로스: 칼슘 방어제로서의 고혈압 억제)

이 처방은 고혈압과 뇌경색을 표적으로 한다. 뇌경색은 뇌의 혈관이 막혀서 생기는 것이기 때문에 혈전용해제와 항혈소판응고제가 처방된다. 더 나아가 기녝신은 뇌의 혈류를 증가시키는 데 도움을 주고 니세틸은 자율신경계의 기능을 향상시키는 데 도움을 준다. 그리고 뇌경색은 혈압을 높이는데, 과학자들은 칼슘이 특히 뇌의 생리적인 작용에 악영향을 준다고 밝혔기 때문에 칼슘 방어제인 아달랏 오로스를 처방했다.

한의사인 문 교수는 임 교수가 진찰을 하는 동안 환자 상태를 자신의 진료 차트에 기록했다. 동서협진센터에서 진료 차트는 두 개이며 양방 차트는 한글과 영어로 되어 있고 한방 차트는 한글과 한자로 되어 있다. 문 교수의 변증론치에서 그는 장부론을 쓰지 않는데 그 이유는 중풍이 뇌의 영역이기 때문이다. 한의학에서 뇌 이론은 발달되어 있지 않고, 중풍에 대한 그의 양의학적 지식 때문에 문 교수는 애초에 장부론을 변증론치에 사용하지 않는 것이다. 대신 그는 팔강론과 사상체질론에 의해 환자를 변증한다. 박 씨의 맥을 짚어보니 그의 맥은 뜨고 빠르며 억세다. 이어 문 교수는 환자에게 혀를 내밀어보라고 하고 설진을 하는데, 그의 혀는 마르고 노란 설태가 끼어 있다. 박 씨는 왼쪽 머리가 아프고 변비가 있다고 문 교수에게 말했다. 박 씨의 몸은 일반적으로 뜨겁고 땀을 자주 흘린다. 그는 종종 찬물을 마시고 싶어 한다고 말했다. 박 씨의 피부는 거칠고 땀구멍은 크다. 그의 복부는 잘 발달되어 있지만 가슴이 작고 목소리가 느리고 굵다. 문 교수는 박 씨 몸의 증상, 외모, 체질을 보고 그를 전형적인 태음인으로 분류했다. 이에 따라 다음과 같은 '태음인 열다한 소탕'이 처방되었다.

갈근 16g   황금 8g   고본 8g   나복자 4g

길경 4g   천마 4g   백지 4g

이 한약 처방에 쓰인 갈근은 태음인의 주요 기능을 관장하는 '군'君의 약재다. 이제마에 따르면 태음인은 폐가 약하고 이 때문에 다양한 신체적 문제가 생긴다. 갈근, 황금, 고본은 폐의 기능을 향상시키기 위한 것으로 환자가 쉽게 땀을 흘리게 도와준다. 박 씨의 증상은 '열'을 수반하고 기가 정체되어 있기 때문에 이를 제거해주는 나복자, 길경, 천마, 백지를 처방한 것이다. 특이한 점은 이제마는 이 약이 중풍에 효과가 있다고 언급하지 않았다는 것이다. 그는 태음인은 열이 많기 때문에 기와 혈이 정체된다고 말했지만 근대의 한의사들은 경험적으로 이 약이 중풍에 도움이 된다는 점을 알았고 전형적인 태음인 중풍 치료제로 사용하고 있다. 현대의 한의사들이 이제마의 처방을 '확장'했다고 문 교수는 말한다.

박광호 씨는 양약과 한약을 처방받고 문을 나섰다. 다른 검사는 당일에 이루어지지만 MRI 검사는 예약이 밀려 있어 3일 후에 다시 와서 받아야 했다. MRI를 찍고 며칠 후 다시 동서중풍센터를 찾았다. 임 교수는 박 씨에게 일주일 동안의 상태를 묻고 컴퓨터 화면에 MRI 사진을 띄워서 박 씨의 뇌 상태를 설명한다. 오른쪽 뇌의 시상부분에 뇌경색이 보인다고 설명하고 "Rt Thalamus Infarction"이라고 적는다. MRI 사진은 경미한 마비와 가슴의 답답함을 시각적으로 설명하는 중요한 기제다. 혈액 검사에서도 콜레스테롤 수치가 274로(정상 범위 130~250), 지질은 1000(정상 범위 400~700)으로 나와 고지혈증으로 진단받았고 간 수치도 좋지 않다. 임 교수는 약을 꾸준히 복용하고 담배와 술을 끊고 운동을 하라고 말한다. 양약 처방으로는 기존의 다섯 가지 약에 Lipidil 200mg(리피딜, 항고지혈증제)을 추가하여 총 여섯 가지 약을 처방했다. 문 교수도 진료 차트에 한글로 "지방간"이라고 적고 뇌혈류 초음파 검사(TCD 검사)를 보고 오른쪽 뇌와 왼쪽 뇌의 혈관이 협착되어 있음을 영어로 적는다. 문 교수는 박 씨에게 침을 놓고 지난번과 똑같이 '태음인 열다한소탕'을 처방한다.

두 번째 사례는 59세의 여성인 송해라 씨다. 그녀는 남편, 사위와 함께 동서중풍센터를 방문했다. 그만큼 상태가 심각하다고 가족들이 걱정해서다. 임 교수는 그녀의 병력을 묻기 시작한다. 한 달 반전 송 씨는 오른쪽 팔과 다리에 힘이 빠지는 것을 느꼈고 동시에 발음이 어눌해지는 언어장애가 나타났다. 한의원에 가서 한 달 정도 침을 맞았으나 증상은 호전되지 않았다. 병원에 오기 이틀 전부터는 심한 두통을 앓았다. 임 교수는 송 씨에게 이름을 써보게 하고 걸어보게 하고 그녀의 손을 잡고는 힘을 줘보라고 했다. 이는 중풍환자의 상태를 체크하기 위한 운동 테스트다. 임 교수는 또한 언어 테스트로 몇 마디 말을 시키면서 정확하게 발음해보라고 지시한다. 송 씨는 현기증이 나서 차를 탈 수 없다고 보고한다. 또 어깨와 목이 아파서 도저히 잠을 잘 수 없다고 호소한다. 임 교수는 진료 차트의 'Chief Complaint'(주요 불만)라고 적힌 곳에 'headache'(두통)라고 적고 그 아래 'Present Illness'(현재 질병)란에는 'dizz'(dizziness의 줄임말, 현기증), mild dyslogia(약간의 언어장애), semiparalysis(반쯤 마비됨)라고 적는다. 임 교수는 송 씨에게 혈액 검사, ECG, MRI, 엑스레이 검사 오더를 내린다. 그런 다음 컴퓨터로 다음과 같은 양약을 처방한다.

Plavix 75mg(플라빅스: 혈전용해제)

Aspirin Protect 100mg(아스피린: 항혈소판응고제)

Nicetile 500mg(니세틸: 뇌대사개선제)

Pontal 250mg(폰탈: NSAID, 항염증제)

Valium 2mg(밸륨: 신경안정제)

Combizym 220mg(콤비짐: 소화제)

송 씨의 양약 처방은 뇌경색을 치료하기 위힌 것으로 앞의 박 씨와 비슷하지만 폰탈과 밸륨을 처방한 것이 다르다. 폰탈은 뇌경색이 유발하는 염증을 막는 것으로 송 씨의 두통을 완화시켜주기 위한 것이다. 밸륨은 근육의 뻣뻣함을 풀어주고 발작을 막아주는 약이다. 뇌경색과 혈류장애로 인한 두통과 근육통을 풀어주기 위한 처방이다.

임 교수가 송 씨를 진단하고 나자 바로 문 교수의 사진四診이 이어진다. 문 교수는 송 씨에게 "찬물을 좋아하세요? 따뜻한 물을 좋아하세요?"라고 묻는다. 송 씨는 따뜻한 물을 좋아한다고 답한다. 문 교수가 변비, 땀, 화에 대해서 묻자 송 씨는 변비는 없지만 화를 잘 내고 인내심이 없다고 대답한다. 문 교수는 송 씨에게 혀를 내밀게 하더니 설진을 본다. 송 씨의 혀는 축축하고 흰 설태가 두껍게 끼어 있다. 문 교수는 송 씨의 체질을 판단하기 어렵다고 생각해서 이번에는 사상체질을 사용하지 않는다. 송 씨에게 한습coldness and dampness의 증상들이 뚜렷하기 때문에 이것이 혈을 막고 어깨, 목, 머리에 통증을 유발한다고 문 교수는 결론 내린다. 어깨와 팔의 통증을 가라앉히고 냉을 치료하기 위해 문 교수는 다음과 같은 가미서

경탕을 처방했다.

강황 10g	당귀 4g	해동피 4g	백출 4g
적작약 4g	계피 4g	의이인 4g	반하 4g
오약 4g	강활 2g	감초 2g	생강 3편

이 약들은 여러 가지 효과가 있기 때문에 처방되었다. 우선 강황과 계피는 경락에 정체된 기를 뚫어주고 어깨 통증을 치료하는 데 도움을 준다. 해동피, 의이인, 백출, 반하는 습dampness과 풍wind으로부터 유발되는 기의 정체를 해소한다. 당귀, 생강, 감초는 따뜻한 성질을 가지고 있어 한증을 치료한다.

일주일 후 송 씨의 MRI, ECG, 혈액 검사 등의 결과가 나왔는데 왼쪽 뇌의 기저핵 부분이 막혀 뇌경색을 유발한 것으로 나타났다. ECG에서는 심장이 두꺼운 것으로 나타났고, 콜레스테롤 수치가 266(정상 범위 130~250)으로 높게 나타났다. 임 교수는 이전과 같은 양약들을 처방하고 비교적 가벼운 증상이라며 환자를 안심시킨다.

문 교수도 송 씨에게 3주 동안 같은 처방을 내렸다. 3주 후에 송 씨는 다른 증상을 호소했다. 어깨와 목의 통증은 없어졌는데 맥박이 빠르고 강하며 가슴이 심하게 막힌다고 보고했다. 문 교수는 다시 변증을 행했는데, 송 씨는 입맛이 없고 잠을 잘 못 자며 여전히 두통과 구토로 고생하고 있다고 말한다. 송 씨는 깜짝깜짝 잘 놀라고 신경이 곤두서 있다고 덧붙인다. 문 교수는 설진을 실시했는데 혀에 기름기가 많고 축축하며 백태가 끼어 있었다. 맥은 미끄럽고 빨랐다. 문 교수는 변증을 통해 송 씨에게 습담이 있는데 이것이 기를 막고 다양한 통증과 신경증을 유발한다고 결론 내린다. 습담을 없애고 위의 기능을 보강하기 위해서 그는 다음과 같이 보심건비탕을 처방했다.

향부자 9g	산조인 8g	당산사 6g	맥아 6g	진피 5g
반하 3g	죽여 3g	천궁 3g	창출 3g	백출 3g
백복령 3g	후박 3g	곽향 3g	사인 3g	신곡 3g
감초 3g	청목향 2g	생강 3편		

보심건비탕은 불안, 초조, 불면 등 신경증을 치료하고 소화를 촉진하는 처방으로 알려져 있다. 약재는 효능에 따라 세 종류로 나눌 수 있는데 향부자, 반하, 진피, 죽여는 담을 제거하고 창출, 백출, 백복령은 습을 제거하고 이뇨 작용을 도우며 곽향, 사인, 신곡은 소화를 돕는다.

2주 뒤에 송 씨가 다시 방문했을 때 임 교수는 같은 양약 처방을 했지만 문 교수는 다른 한약 처방을 했다. 송 씨는 문 교수에게 두통과 현기증이 없어졌고 불면증과 신경증도 나아졌다고 말한다. 그러나 추위를 타고 식욕이 없다고 불평한다. 송 씨의 얼굴은 건조하고 푸석푸석한 황색이며 맥은 가라앉고 약했다. 혀는 침이 많고 백태가 끼어 있었다. 문 교수는 찬 기운을 가시게 하는 따뜻한 약으로 구성된 향사양위탕을 처방했다. 이 처방전은 차가운 위를 따뜻하게 하고 막힌 곳을 뚫어주어 식욕부진을 해소해준다. 인삼, 백출 등 따뜻한 약재들은 기를 고양시키고 감초로써 균형을 이루게 하여 차가운 기운을 없앤다.

병원에서의 세팅과 구체적인 진료 사례로 양한방협진에 대해서 이제 분석해보자. 동서협진의 경우 양의사와 한의사가 동시에 환자를 보는 것은 병원의 입장에서는 혁신적이지만 환자의 입장에서는 낯설다. 이것은 일생생활방법론ethnomethodology에서 말하는 일종의 '위반 실험'breach experiment과 비슷한데, 환자는 통상 의사와 1:1관계를 상정한다. 환자들은 간호사의 조언과 안내로 한방과 양방을 동시에 사용할 수 있다는 장점을 알고 동서협진을 신청하지만 막상 환자는 의사와 환자의 2:1관계를 어색해한다. 곧 의사와 환자의 만남은 1:1이어야 한다는 문화적 가정이 진료실에 들어오면서 깨진다(breach). 환자는 자신의 증상을 거리낌 없이 의사에게 말하는데, 이는 의사가 자신의 비밀을 다른 사람과 공유하지 않는다는 믿음에서 비롯된다. 곧 환자와 의사의 내밀한 관계는 협진의 과정에서 깨어진다. 박광호 씨는 자신이 경험한 협진을 이렇게 말한다.

> 그게 이상하더라구. (협진을) 가보면은 한 분씩 앉아서 이렇게 환자를 보지 않습니까. 둥근 테이블에 같이 앉아 가지고 얘기를 하면서 환자를 보는데 내 생각에는 믿음이 별로 안 가는 것 같아요. 기분상. (……) 왜냐하면 한 의사가 말하는 것을 다른 의사가 못 듣게 해야 정확한 진단이 나올 것 같은데……. 환자가 뭘 압니까? 아까 같은 경우 (양의사가) 뇌경색이라고 말씀을 했어요. 그런데 이 양반(한의사)도 똑같은 말씀을 하셔. 색다른 것이 없고.• (필자

• 일상생활방법론의 위반 실험은 사회적 상호작용에서 우리가 공유하는 문화적 규칙과 가정이 존재하며 실재적인 힘으로 작용한다는 것을 보여준다. 이 문화적 가정을 어겼을 경우 박광호 씨처럼 화를 내는 것이 일반적인 반응이다.

박 씨의 진술은 양한방협진 과정에서 환자-의사, 양의사-한의사 간의 권력, 지식, 제도 사이의 복잡한 관계를 드러낸다. 환자는 자신의 질병을 치료하기 위해 의사에게 의존할 수밖에 없기 때문에 의사의 권력에 자발적으로 복종하지만 이는 전적인 신뢰를 바탕으로 한다. 양한방협진 과정에서 '질병의 이해'에 대한 의사소통은 주로 양방에 의존한다. 뇌경색, 콜레스테롤, MRI, 혈압, 심장, 뇌 같은 질병 및 해부학적 지식은 양의학이며 환자도 공통적으로 이해하는 영역이다. 하지만 태음인, 정기신혈, 습, 한 같은 한의학 지식은 양의학에 비하면 의사소통이나 이해 정도가 부족하다. 문 교수의 경우 박 씨를 '태음인 열다한소탕'의 증상으로 분류했지만 양의사인 임 교수와 의사소통을 할 때는 양의학 병명인 '뇌경색'이라고 말한다. 두 의사 간 실제 차이가 있음에도 불구하고, 박 씨에게는 차이가 없는 것처럼 보인다.

양의사-한의사의 권력관계는 겉으로 보이지 않지만 진료 과정에서 드러난다. 한의사인 문 교수는 "협진에서 양의사와 한의사의 역할이 동등하지 않습니다. 오더를 내리고 싶은데 그럴 수가 없어요. 동등하게 되려면 법을 바꾸어야 합니다"라고 단호하게 말한다. 문 교수가 말하는 '오더'는 의료기사에게 MRI, 엑스레이, 혈액 검사 등을 지시할 권리다. 곧 양의사는 한의사가 동원할 수 없는 '물질적 행위자'material agent들을 동원함으로써 진료에서 우위를 점한다. 또한 양의사는 한의학 지식이 없는 반면 한의사는 양의학 지식이 전문가 수준이다. 이런 지식의 불균형은 양의사는 한의학을 알 필요가 없는 의학으로 취급하는 반면, 한의사는 양의학을 알아야만 하는 영역으로 간주하는 것으로 이어진다. 이런 법, 제도, 의료지식의 복잡한 관계들이 협진 과정에 배태되어 있고 한의학에 대한 양의학의 우위로 드러난다.

동서협진에서 양방과 한방은 평등하게 만나는 것이 아니라 '권력지형' 속에서 만난다. 동서협진의 목적은 두 가지 치료법을 동원함으로써 치료의 효과를 극대화하는 것이지만 양한방협진 과정에서 실제로 우위를 점하는 것은 양의사다. 양의사와 한의사의 질병에 대한 접근에는 분명 차이가 있다. 양의학(근대 의학)과 한의학의 진료를 김태우(2012: 223-224)는 대상화와 물질화 대 현상학적 몸의 체득으로 비교하면서 생의학(양의학)의 우위가 시선/지식/권력의 융합에 있다고 말한다.

근대 의학은 공간화·언어화를 통해 환원될 수 있는 의학적 대상만이 시선의 목적지가 될 수 있다고 규정한다. 그래서 생의학의 근대적 시선은 현상에 눈감게 할 뿐만 아니라 시선의 특정 종착지 또한 배타적으로 규정한다. 과학적 지식의 근간인 시선의 목적지를 규정함으로써 근대적 시선은 권력화된다. 여기서 근대적 시선/지식/권력의 융합이 완성된다. 지금 생의학에서 진행되고 있는 진단이 시선/지식/권력 융합을 예시한다. 당대 생의학의 주된 대상들(콜레스테롤, 혈당, DNA 등)은 우리의 존재가 감지할 수 있는 오감의 영역을 벗어나 있다. 생의학의 대상이 미세화될수록 우리는 우리의 몸에 대한 권위를 내세울 수 없다. 권위는 그 의학적 대상을 첨단 의료지식으로 정의하고 신기술로 진단하는 생의학의 시선/지식/권력에 있다. 즉 권위는 미시의 대상을 의학적 지식으로 구성하는 생의학의 시선에 있으며, 그것은 우리의 존재를 떠나 있다.[•]

동서협진에서 양의사만이 '오더'를 내릴 수 있는 MRI, ECG, 혈액 검사 등은 환자의 몸을 시각적이고 수학적으로 보여주는 중요한 도구들이며 이를 통해 의학적 권력이 구현된다. 뇌경색, 뇌출혈, 혈관의 막힘은 컴퓨터 화면에 전달되고 환자는 의사의 도움을 통해 자기 질병의 위치를 확인한다. 환자의 피는 콜레스테롤 수치 같은 생화학적 수치로 환원되고 양약 처방은 직접적이고 인과적으로 이를 공격하는 것을 목표로 한다. 이는 임 교수가 박 씨와 송 씨 모두에게 일관된 양약 처방을 내리는 이유다.

반면 문 교수의 변증론치는 좀 더 심도 있는 분석을 요한다. 가령 그는 임 교수가 가지고 있는 양의학적 전문지식을 가지고 있으면서도 한의학적 진료를 수행한다. 그는 중풍을 이해하는 환원론적이고 물질적인 양의학적 접근법과 변증론치에 의한 한의학적 접근법을 동시에 보유하고 진료를 행한다. '비통일적 동시적 전문성'은 양의사에게 드러나지 않는 한의사의 자질이자 능력이며, 이는 그를 좀 더 유연한 치료 주체로 이끈다. 그는 변증론치를 문화적인 규칙에

[•] 김태우의 '생의학(양의학)의 시선'은 푸코(Foucault, 1994, 1995)에게 영향을 받은 것이다. 푸코는 근대적 시선과 근대 과학의 생성 사이의 관계를 파헤친다. 생의학이라는 단어는 학술적인 용어로서 의료현장에서 자주 사용되는 단어는 아니다. 한의사들은 한의학에 대비되는 서양 의학으로서 생의학이라는 말보다는 양의학이라는 말을 더 자주 사용한다. 따라서 이 책에서는 생의학이라는 말보다는 양의학이라는 말을 더 선호한다. 생의학과 양의학은 동일한 의미를 지닌 말이라는 점을 밝혀둔다.

따라 기계적으로 적용하는 것이 아니라, 사람에 따라 그리고 증상의 시간적 추이에 따라 능동적으로 응용한다. 가령 문 교수는 박 씨에게는 사상체질변증을 주로 사용하고 송 씨에게는 팔강변증을 사용함으로써 변증을 기계적이고 일관되게 적용하는 것이 아니라 유연하고 창조적으로 지휘한다. 박 씨의 경우 변증론치를 증상의 시간적 추이에 따라 처방하지 않고 체질에 근거하여 일관되게 사용하는 반면, 송 씨의 경우 증상이 시간 경과에 따라 달라지기 때문에 이에 맞추어 다양한 처방을 내렸다. '비통일적 동시적 전문성'에 대해 문 교수는 어떤 모순도 느끼지 않으며, 동서협진보다는 오히려 자신이 하는 한방내과의 진료가 더 자율적이라고 말한다. 그는 나에게 동서협진뿐만 아니라 한의사가 주도적으로 하는 진료에서도 한의학과 양의학이 공존한다며 나에게 자신의 한방내과를 참여관찰하도록 조언해주었고 나는 그의 친절한 조언을 따랐다.

한방내과의 혼종적 진료

문 교수는 동서협진센터에서 일주일에 한 번 근무하지만 한방 2내과에서는 사흘을 일한다. 한방 2내과가 그의 홈그라운드다. 한방 2내과 진료실은 동관의 한방부속병원 1층에 위치한다. 이 진료실은 한의원과 달리 간호사, 레지던트, 한의사의 관료적 팀워크로 이루어진다. 진료실 바깥에는 대략 10여 명의 환자들이 기다리고 있다. 경희의료원의 간판 치료 프로그램은 중풍이기 때문에 전국에서 중풍 환자들이 찾아온다. 진료실에는 세 개의 책상과 네 개의 의자가 있는데 중앙에 위치한 두 개의 책상은 한의사(전문의)와 레지던트*를 위한 것으로 물론 한의사의 책상이 레지던트의 책상보다 훨씬 더 크다. 문 교수의 책상 위에 있는 컴퓨터로 MRI, 엑스레이 등의 영상자료를 볼 수 있다. 진료실에 들어오기 전에 간호사가 입구에 마련된 작은 책상에서 환자의 혈압을 잰다. 진료실 바로 옆문으로 들어가면 침을 놓는 방에 세 개의 침대가 배치되어 있다.

동서협진센터와 마찬가지로 중풍은 심각한 질병으로 여겨지기 때문에 환자는 가족과 동반하는 경우가 많다. 한방 2내과의 환자들은 주로 중풍, 만성 두통, 심장 관련 질환, 또는 신경심리학적 문제를 가지고 방문한다. 간호사는 진료 차트를 준비하고 혈압을 재며 병원 등록을 돕고 약 복용에 관한 사항을 안내한다. 즉 진료와 관련된 주변적인 일들을 처리한다.

동서협진센터와 달리 한방 레지던트는 환자가 한의사를 보기 전 예비 진료를 실시한다. 이때 혈압, 고지혈증, 당뇨 등 양의학적 용어를 사용한다. 레지던트의 일에서 가장 중요한 파트는 팔강을 이용하여 표준적인 변증을 실시하는 것이다. 이 표준변증표에는 11개의 양 증상과 12개의 음 증상이 있다. 환자들에게 이에 대해 일일이 묻고 그 증상이 있으면 표준화된 점수를 매긴다. 예를 들어 환자가 찬물을 좋아하면 몸이 뜨겁다고 해석되어 +10점이 부여되고 맥이 얕다면 음 증상으로 해석되어 −5점이 부여된다. 이 표준화에 의거하여 점수를 모두 더한 다음, 레지던트는 환자가 음 또는 양의 경향이 있는지를 판별한다. 레지던트는 또한 소변과 대변, 몸무게, 키, 월경(여

---

* 레지던트도 한의사 자격증이 있으며, 한의사는 인턴, 레지던트를 거쳐 '전문의'가 된다.

성의 경우), 다이어트 등에 관해 물어본다.

문 교수는 레지던트가 만든 진료 차트를 보고 환자의 상태를 빨리 파악할 수 있다. 그리고 변증을 실시하는데 이때 환자의 질병 타입과 체질에 중점을 둔다. 만약 환자가 심각한 운동장애나 언어장애가 있다면 양방병원의 A교수와 협진하며 MRI, ECG, 혈액 검사 등을 요청한다. A교수는 한의사와 양의사 자격증을 모두 가진 사람으로 한방병원 내에서 협진을 가장 많이 하는 의사 중 한 명이다. 문 교수는 교육 과정과 수련 과정에서 양의사 못지않은 양의학 지식을 가지고 있기 때문에 MRI 판독 등을 수월하게 할 수 있다. 만약 환자의 증상이 심각하지 않다면 MRI 검사를 의뢰하지 않는다. 환자가 심한 두통을 앓고 있다면 뇌의 혈류를 알 수 있는 TCD(뇌혈류초음파검사)를 의뢰하는데, 이는 중대뇌동맥(MCA)의 상태를 보기 위한 것이다.

문 교수는 환자들에게 병을 설명할 때 대부분 양의학적·해부학적 지식과 개념을 사용한다. 내가 참여관찰하는 동안 그가 팔강이나 변증에 의해 질병을 설명하는 경우를 단 한 번도 본 적이 없다. 그에게 왜 한의학적 개념으로 설명하지 않느냐고 묻자, 그는 환자들이 한의학에 생소하고 오히려 양의학 지식에 밝기 때문이라고 대답했다. 환자와 원활하게 의사소통을 하기 위해서 양의학적으로 질병을 설명한다는 것이다. 흥미로운 점은 그의 진료실에 큰 '샘플 뇌'가 비치되어 있는 것이다. 뇌혈관 질환을 앓고 있는 환자에게 뇌의 해부학적 구조와 그 안에서 일어난 문제를 설명하기 위해서다. 즉 문 교수와 환자의 커뮤니케이션 과정을 지배하는 것은 양의학적 지식인데, 이는 양의학 중심의 한국 의료 시스템과 의료지식 체계 내 '권력

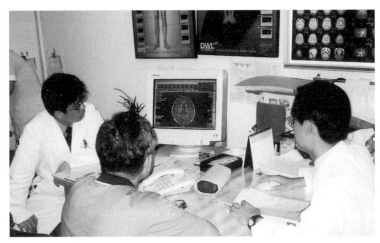

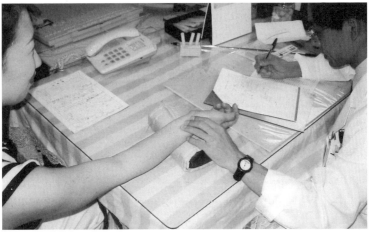

한방내과에서 중풍 진료를 하고 있다. MRI 사진을 설명하는 모습과 맥을 짚는 모습

지형'으로 인한 것이다. 비록 이름은 한방내과지만 문 교수의 진료 공간은 한방과 양방이 혼종적으로 섞여 있는 곳이다. 하지만 동서중 풍센터에서와 마찬가지로 의료법 때문에 문 교수는 한약만을 처방 하고 있다. 한방내과에서 이루어지는 혼종적 진료를 더 자세히 알기 위해 두 가지 사례를 소개하고 분석하고자 한다.

67세의 여성인 이성희 씨의 사례다. 첫 번째 방문에서 이 씨의 혈압은 140/80mmHg였다. 레지던트는 예비 진료를 시작했다. 이 씨는 5일 전부터 발음이 어눌해지고 머리가 무겁다고 느꼈다. 가끔 현기증을 느꼈고 하품도 평소보다 자주 했다. 동네 한의원에서 치료 를 받았으나 호전되지 않았고 두통이 심해 경희의료원을 방문했다. 레지던트가 고혈압, 당뇨, 고지혈증이 있냐고 물었고 그녀는 모두 없다고 답했다. 과거의 병력을 묻자 얼마 전 눈수술을 한 것이 전부 라고 했다. 레지던트는 표준팔강변증을 실시했는데 이 씨는 찬물을 좋아하고(+10), 땀을 자주 흘리며(+20), 팔과 다리가 차다(-5)라고 보 고했다. 표준팔강진단서에 레지던트는 +25이라고 적었다. 이는 과 도한 양과 열을 나타낸다.

레지던트의 예비 진료가 끝나고 곧바로 문 교수의 사진四診이 시 작되었다. 이 씨의 혀는 마르고 설태가 없었다. 맥은 뜨고 빠르고 억 세었다. 문 교수는 환자의 맥을 보고 중풍 때문에 온몸에 긴장을 유 발한다고 해석했다. 문 교수가 주요 증상을 묻자 환자는 현기증, 두 통, 언어장애를 보고했다. 이에 정확한 질병의 원인과 위치를 알기 위해 협진을 통해 MRI, ECG, 혈액 검사를 의뢰했다. 문 교수는 변 증으로 그녀의 기의 흐름이 역행하고 있다고 보았으며, 그래서 습을 제거하고 기를 보강하여 기의 순환을 원활하게 해주는 목향정기산을 처방했다. 이 씨는 소양 체질이지만 문 교수는 현재 상황에서는 체질보다는 기를 잘 순환시켜주는 것이 우선이라고 판단했다. 목향정기산의 처방 구성은 다음과 같다.

곽향 5.625g 소엽 3.75g 백복령 3.75g 후박 3.75g 진피 3.75g
반하 3.75g 백지 3g   대복피 3g   백출 3g   목향 3g
길경 3g   생강 3g   대조 3g   감초 3g

이 처방은 습을 제거하고 이뇨작용을 돕고 기를 향상시키며 소화를 돕는 효능이 있다. 곽향이 '군'君의 역할을 하는데 이는 습을 제거하고 기의 순환을 도와준다. 목향은 곽향을 돕는 역할을 하여 기의 순환을 증진시킨다. 반하와 진피는 습을 제거하는 것을 돕는다. 후박, 감초, 백출은 소화 기능을 도와주고, 대복피와 백복령은 이뇨작용을 돕는다. 전체적으로 이 처방은 기의 정체를 해소해줌으로써 중풍을 치료하는 대표적인 처방 중의 하나다.

이 씨는 일주일 후 다시 한방 2내과를 방문해 문 교수에게 사진四診을 받았다. 이때 레지던트는 표준화된 팔강변증을 실시하지 않았다. 문 교수는 컴퓨터에서 이 씨의 MRI 사진을 열고 어떤 문제가 있는지를 설명했다. MRI 사진은 오른쪽 대뇌핵 부분에 여러 개의 작은 경색infarction(혈액이 공급되지 못해 혈관 주위가 괴사한 상태)이 나타난 것을 보여주었다. 문 교수는 뇌 혈관조영술에서는 중뇌동맥의 양쪽에 협착이 발견되었다고 하면서 중풍은 혈관이 협착하여 뇌에 손상을 일으키는 병이라고 설명했다.

문 교수는 해부학적 설명 이후에 바로 사상체질변증을 실시했

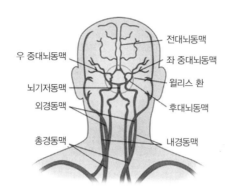

전대뇌동맥
우 중대뇌동맥
좌 중대뇌동맥
뇌기저동맥
윌리스 환
외경동맥
후대뇌동맥
총경동맥
내경동맥

다. 이 씨는 체구가 호리호리하고 눈이 날카롭다. 가슴이 발달한 반면 복부와 엉덩이는 상대적으로 작다. 말이 많고 어떤 이슈에 대한 의견이 강하고 공격적이며 인내심이 적다. 이는 전형적인 소양인 체질의 특징이다. 문 교수는 설진을 통해 그녀의 혀가 말랐고 맥진을 통해 맥이 빠르고 강하다고 진단했다. 이 증상들은 허열Deficiency/Heat을 나타내는데 음이 부족해서 나타나는 현상이므로 이를 보강할 필요가 있다. 이런 변증에 의거하여 문 교수는 '소양인 형방지황탕'을 처방했다. 음을 보강하는 중풍 처방이다.

숙지황 8g	산수유 8g	백복령 8g	택사 8g	차전자 4g
강활 4g	독활 4g	형개 4g	방풍 4g	목단피 4g

● 서울아산병원의 웹사이트(www.amc.seoul.kr)에서 가져온 그림이다.

이 처방에서 숙지황이 '군'의 역할을 하는데, 이는 소양인의 장부에서 가장 약한 '신'腎의 기능을 향상시킨다. 산수유, 백복령, 택사 또한 '신'腎의 기능을 향상시키고 음을 보한다. 강활, 독활, 형개, 방풍 또한 음을 보강한다. 문 교수는 이와 별도로 천마라는 단일약재로 구성된 '고풍산'도 처방했는데 이는 '습'과 '풍'을 제거하는 데 효과가 있다.

일주일 후에 이 씨는 다시 한방 2내과를 방문했다. 문 교수는 이번에도 변증을 실시했다. 환자는 머리가 아프고 가슴이 답답하다고 호소했다. 환자의 맥은 강하고 빠르며, 혀에는 황태가 끼어 있고 건조했다. 얼굴은 붉고 자주 갈증을 느끼고 대변은 딱딱하고 건조하다. 이는 열증의 주요 증상이다. 이를 치료하기 위해 문 교수는 '소양인 양격산화탕'을 처방했다.

| 생지황 8g | 인동 8g | 연교 8g | 치자 4g | 박하薄荷 4g |
| 지모 4g | 석고 4g | 방풍 4g | 형개 4g | |

이 처방은 '열,' '화,' '풍'을 제거하는 데 쓰인다. 생지황, 인동, 연교, 치자, 지모, 석고는 열을 내리는 작용을 한다. 이 중에서 생지황은 음과 혈을 보하고 지모, 치자, 석고는 내열을 줄이는 데 효과적이다. 연교와 인동은 해독 기능이 있는 약들로서 열독을 제거한다. 박하, 방풍, 형개는 모두 '풍'을 치료하는 데 효과적이다. 전체적으로 이 처방은 두통과 열을 치료하는 데 인기가 있다. 이 처방 이후에 이 씨는 상태가 호전되었다.

다음 사례의 주인공은 67세 여성 김현미 씨다. 김 씨는 두 달 전에 심한 현기증을 느껴 거의 쓰러질 뻔했다. 즉시 유명한 양방병원의 응급실로 갔는데 당시 혈압은 230/110mmHg였다. 의사는 고혈압이라고 진단했고 그 외 다른 문제는 없었다. 그때부터 환자는 고혈압약을 복용하고 있다. 두 달 후 김 씨는 아침에 일어났을 때 왼쪽 팔과 다리에 힘이 없는 것을 느꼈고 발음이 어눌해졌다. 환자와 가족은 중풍이 온 경우 한의사를 만나야 한다는 말을 주위에서 듣고 경희의료원을 찾아왔다.

김 씨가 한방 2내과에 처음 왔을 때 간호사가 잰 혈압은 140/80mmHg이었다. 레지던트의 예비 진료에서 김 씨는 아버지가 중풍으로 돌아가셨다고 보고했다. 그 후 문 교수가 변증을 실시했는데 이때 사상체질변증을 무시하고 팔강변증을 실시했다. 환자는 심한 두통과 현기증이 있으며, 왼쪽 팔과 다리에 힘이 없다고 호소했다. 맥은 거칠고 불규칙하며 혀는 자주색 설태가 끼고 건조했다. 문 교수는 뇌 부분의 '어혈'Blood Stasis이라고 진단하고 MRI와 TCD(뇌혈류초음파 검사)를 협진을 통해 의뢰했다. MRI에서 오른쪽 중대뇌동맥의 협착이 보였고, TCD에서 뇌혈류 속도가 131/179cm/초로 나왔는데 이 역시 이 부분에서의 협착을 의미한다. 중대뇌동맥 협착은 동맥경화 때문에 생기는데 문 교수는 이를 어혈로 해석한 것이다. 문 교수는 어혈을 치료하는 대표적인 치료제인 '혈부축어탕'을 처방했다.

도인 16g	당귀 12g	생지황 12g	홍화 12g	우슬 12g
지각 8g	적작약 8g	길경 8g	천궁 6g	시호 4g
감초 4g				

도인과 홍화는 어혈을 제거하고 혈의 순환을 돕는 대표적인 약으로 이 처방에서 주요 역할을 수행한다. 우슬과 천궁은 이 두 약재를 돕는 기능을 하고, 생지황과 당귀는 '혈'을 보하는 약들이다. 어혈은 대개 기가 막혀서 생기는 것이므로 지각, 시호, 길경을 사용하여 기의 순환을 원활하게 해준다.

김 씨의 경우 흥미로운 점은 변증에 상관없이 치료를 하는 6개월 동안 혈부축어탕을 꾸준히 처방했다는 것이다. 문 교수는 TCD와 MRI를 통해 환자의 중대뇌동맥 협착증을 확인하고 기계적으로 '혈부축어탕'을 처방했다. 특히 TCD는 뇌혈관의 혈류 속도를 통해 증상이 얼마나 호전되었는지를 보여준다. 중대뇌동맥 협착증의 심각도를 차례로 설명하면 140/190cm/초가 1단계, 210/280cm/초가 2단계, 280cm/초 이상은 3단계로 분류될 수 있다. 뇌혈관이 좁아지면 그만큼 피가 흐르는 속도가 빨라지는데, 이는 상태가 심각하다는 뜻이다. 김 씨의 경우 1단계로 증상이 심각한 것은 아니었다. 김 씨는 6개월 동안 혈부축어탕을 복용했고, 세 번의 TCD(뇌혈류초음파 검사)에서 혈류 속도가 131/179cm/초, 117/169cm/초, 100/139cm/초로 점차 증상이 호전되어 성공적으로 치료를 마쳤다.

비통일적-창발적 의료 집합체의 생산

한의학과 양의학의 결합에 의한 퓨전 진료는 의료 권력, 실천, 창조에 관한 기존의 관점에 심대한 도전장을 던진다. 의료법에 의해 양의사가 의료기사 지휘권을 가지고 급성 치료에 필요한 양약과 의료기술을 독점하고 있는 상황에서 양한방협진은 의료 다원주의 내에서 양의학의 한의학에 대한 우위로 일면 이해될 수 있다. 하지만 의료 실천 행위에 대한 세밀한 관찰은 이 문제를 단지 이분법적 권력의 문제로 환원할 수 없음을 보여준다. 가령 한방내과 진료에서 문 교수는 의료기기에 대한 접근을 협진을 통해 간접적으로 확보한다. 즉 '간접 오더'를 내리는 방식으로 의료기기에 충분히 접근 가능하다. 이런 식으로 법적인 문제 또는 법적인 저항을 피해갈 수 있고 의료기기와 검사를 동원할 수 있다. 따라서 우리는 권력이라는 관점으로 미리 실천을 재단하지 않고 실제적 실천으로부터 좀 더 세련된 이해를 할 필요가 있다.

실천practice에 대한 이해는 행위체에 대한 이해와 연관된다. 실천할 수 있는 능력이 곧 행위자다. 실천에 대한 많은 담론이 있었는데 과학기술학에서 행위자의 실천은 사회적·문화적·물질적 행위들을 포함한다. 문 교수의 행위성이 보여주듯이 그의 의료 실천은 한의학과 양의학을 모두 포괄하지만 이를 통일적으로 수행하지 않는다. 곧 그의 의료 실천은 비통일적이고 창발적인데, 이는 '실행의 세트들의 세트들', 즉 행위체를 통해서 이루어진다. 의료 실천은 병원의 물질적·조직적 세팅과 연관되며 사회적 관계 속에서 일어난다. 가령 동서중풍센터에서 양의사인 임 교수는 한의사인 문 교수보다 법적 권한 덕분에 우위를 가지고 의료기기와 검사를 지휘한다. 의료 검사에 있어서 임 교수의 의견을 전적으로 따를 수밖에 없는 것이다. 여기서 문 교수는 변증론치라는 한의학적 접근으로 환자를 진료한다.

동서중풍센터와 한방내과의 환자들은 대개 비슷하다. 이 장에서 소개된 네 가지 사례는 양한방협진의 비통일적이고 창발적인 특성을 잘 보여준다. 동서협진센터에서 이루어지는 동시 진료도 다양성을 지닌다. 우선 양의사의 중풍에 대한 접근은 근대적 시선과 권력에 의해 환자의 증상을 파악하고 인과관계에 의해 진단한다는 점에서 기계적이라고 볼 수 있다. 반면 한의사의 진단은 변증에 의해 혹은 현상학적 지식에 의해 다양한 방식으로 응용되고 처방으로 이어진다. 하지만 여기서 주의할 점은 양의사는 환원론적이고 기계론적 처방을 하고, 한의사는 현상학적 진단을 하는 것이 아니라는 점이다. 양의사는 양의학이라는 '단일한 의료지식의 세트들'로, 한의사는 '다양한 의료지식과 실천의 세트들'로 진단을 한다. 즉 이 둘의 대립은 관점의 차이가 아니라 양의사는 한쪽 의학만을 이해하고 한의사는 양쪽 의학 모두를 이해하는 정보의 불균형 때문에 일어난다. 양의사는 환원론적, 기계론적으로 의료를 실행하지만, 한의사는 어떤 때는 기계론적으로 치료하고 다른 때는 현상학적으로 치료를 변경하는 유연성을 가진다. 가령 첫 번째 사례인 박광호 씨의 경우 문 교수는 '태음인 열다한소탕'을 수개월 동안 기계적으로 처방하지만 두 번째 사례인 송해라 씨에게는 경과에 따라 변증론치를 달리한다. 곧 문 교수의 행위체는 분절적이고 다양한 방식의 행위들을 지휘하는 비통일적인 능력의 집합체로서 기능한다.

한방내과에서 의료 실천은 더 다양하고 창의적이다. 다양한 의료지식을 가지고 있는 문 교수는 자기주도적으로 진료를 해나가고 협진이라는 형태를 통해 의료기기와 검사를 동원할 수 있다는 점에서 더 자율적이다. 문 교수 자신이 양의사에 버금가는 양의학적 지식을 가지고 있기 때문에 병의 원인을 알 수 있고 협진을 통해 검사를 '간접 오더' 내릴 수 있다. 한의사인 문 교수에게 MRI, TCD 등의 검사는 큰 도움을 주는데 이것을 보고 환자의 질병에 대한 정확한 위치와 심각성을 알 수 있기 때문이다. 이는 두 가지 이점을 준다. 우선 검사 결과 급성이라면 한약으로 처방하기에 무리한 경우가 있어 응급실이나 양방병원으로 이송하면 된다. 즉 안전장치가 존재한다. 이는 경희의료원이라는 대형병원이 제공할 수 있는 이점이기도 하다. 둘째, 이 검사는 자신이 처방한 한약의 효과를 알아볼 수 있게 해주는 역할을 한다. TCD에서 뇌혈류 속도가 정상으로 나타났다면 한약 처방이 효과를 보았다는 뜻이다. 네 번째 사례인 김현미 씨의 경우 6개월 동안 똑같은 처방을 해주고 TCD 검사에서 양호함을 체크한 경우 또한 상당히 기계적이다. 따라서 우리는 한의학이 현상학적 측면이 있는 반면 상당히 기계적이고 환원적인 측면도 있다는 점을 간과해서는 안 된다. 사상체질론에서 사람의 체질을 네 가지로 나누는 것부터가 환원적이지 않은가. 물론 이것을 더욱 발전시켜 8체질, 16체질, 32체질로 나누는 한의사들의 창의성은 놀라울 따름이지만 말이다.

이 장에서 보았듯이, 양한방협진이 양의학과 한의학의 권력관계에 영향을 받지만 그렇다고 둘 사이의 창발적 결합이 불가능하지는 않았다. 양한방협진은 병원의 세팅, 동원되는 의료 기구과 지식의 종류, 양의사와 한의사의 협력 정도, 양한방 치료의 진화 등 다양한 요소들에 의해 다르게 실시될 수 있다. 곧 양한방협진이 무수히 다른 방식으로 새로운 집합체를 형성할 수 있음을 의미한다. 이 과정에서 양의학과 한의학이 어떤 방식으로 결합되는지는 행위체의 창조적 능력에 따라 달라진다. 즉 한의학과 양의학의 결합은 비통일적이고 창발적인 행위체에 의해 생산되며, 동서협진이라는 의료 집합체도 단일 의학이나 진료로 환원될 수 없는 '세트들의 세트들'임을 뜻한다.

7장

한의학과
바이오경제

바이오경제와 한의학의 새로운 가능성

"이건 운이 좋아서 홀인원 하는 격이지 뭐." 천연물 신약 개발의 선구자인 이은방 교수는 '스티렌' 개발이 순전히 천운이었다며 웃는다. 대학에서 은퇴하여 한가로이 시간을 보내고 있는 이 교수를 여의도의 인적이 드문 다방에서 만났다. 그는 홍차를 마시며 스티렌 개발의 막전막후를 설명해주었다. 천연물 신약의 대표주자인 위장약 스티렌은 박카스와 함께 동아제약의 대표 상품으로 자리 잡았고 1년 매출액이 수백억 원에 달한다. 스티렌은 『동의보감』의 쑥 처방에 기원을 두고 있다. 쑥은 종류가 아주 많아서 과학적으로 제대로 된 학명조차 없는 종이 허다하다. 스티렌 개발에 쓰인 강화도에서 나오는 '강화쑥'도 학명이 없어서 논문도 발표하지 못하고 개발했다. 국제학술대회에서 강화쑥의 위장 보호 효과를 발표한 이은방 교수는 영국의 어느 제약회사로부터 신약 개발에 대한 제안을 받았다.

그런데 이 '첩보'를 입수한 동아제약이 이 교수를 설득하는 데 성공했다. 당시 동아제약 부사장이던 김원배 박사는 이은방 교수의 제자였고 김 부사장은 자신의 직을 걸고 '스티렌' 개발에 총력을 기울였다. 결국 이 약이 '대박'을 치면서 이 교수는 엄청난 로열티를 받았고 김원배 박사는 동아제약의 사장에 오른다. 스티렌 스토리는 한국 제약업계의 신화가 되었고 한약의 산업화에 일대 전기를 마련했지만, 특허와 이권을 둘러싼 천연물 신약 분쟁의 시발점이 되기도 했다.

이 장에서는 2000년대 이후 한의학 바이오경제의 형성과 이 과정에서 촉발된 천연물 신약 분쟁을 분석한다. 천연물 신약으로 대변되는 새로운 의료산업 집합체가 한의계, 양의계, 국가, 의료산업계와의 권력지형 속에서 어떻게 만들어지는지를 보여줄 것이다. 한의학은 건강기능식품, 화장품, 천연물 신약 등 다양한 산업 분야에서 활용되고 있으며 시장도 점점 커지고 있다. 웰빙 시대와 고령화 사회 담론이 정부, 기업, 사회에서 적극적으로 받아들여지고 있고, 암, 당뇨, 비만 같은 만성질환에 대한 의료비 지출이 증가하고 있어 예방의학의 중요성이 부각되었다. 정부는 한의학의 치료 효과뿐만 아니라 경제적 가능성을 인정하여 2003년에는 한의약육성법을 제정했고, 이제까지 한의약 연구개발에 8187억 8000만 원을 투자했다(한국한의약연감 발간위원회, 2018: 118). 스티렌(동아제약)과 조인스정(SK케미칼) 같은 천연물 신약이 대성공을 거두면서 천연물 개발에 대한 인식 변화가 제약업계에서 일어났다. 선진국의 거대 제약회사들에 비교가 되지 않을 정도로 영세한 한국의 제약업계는 상대적으로 비용이 적게 들고 위험성도 낮은 천연물 신약 개발이 유망하다고 판단했다.

소비자들 역시 자신의 몸을 새로운 방식으로 관리하는 움직임에 동참하기 시작했다. 한의학을 원천으로 개발된 제품들은 친환경적이고 반화학적이라는 긍정적인 이미지를 갖고 있다. 따라서 소비자들은 몸을 '보'하면서 동시에 아름답게 꾸미기 위해 홍삼제품과 한방화장품 제품에 열광했다. 천연물 신약 산업의 확대는 2012년부터 현재까지 한약 처방 또는 천연물에 대한 독점권을 둘러싼 한의계, 제약회사, 정부 사이의 천연물 신약 분쟁으로 이어졌다. 천연물 신약 분쟁은 1990년대 있었던 한약 분쟁 이후 한의계가 다른 집단과 겪은 가장 주요한 갈등 중 하나이면서 한의학 바이오경제화의 핵심 사건이다.[*] 이 장은 한의학의 바이오경제화, 곧 생명공학과 한의학이 결합된 새로운 의료산업 집합체가 어떻게 한의계, 양의계, 정부, 기업 등과의 복잡한 이해관계와 권력지형 속에서 형성되는지를 분석한다.

최근 과학기술사회학(또는 과학기술학)에서는 지식경제에 대한 논의가 뜨겁다. 지식경제knowledge economy의 출현과 함께 최근 지식의 생산, 유통, 소비가 어떻게 정치, 경제, 법과 연관되어 있는지에 대한 분석이 연구의 관심사로 주목받고 있다(Powell and Snellman, 2004). 지식경제는 일반적으로 '고도로 발달된 기술에 기반한 경제'로 정의될 수 있다(Sismondo, 2010: 189). 지식은 가치를 창출하는 원천일 뿐만 아니라 교환 가능한 상품으로 여겨진다. 지식경제의 주요 원천으

---

[*] 생명공학Biotechnology은 '특정 목적을 위한 생산품이나 과정을 만들기 위해 생물 시스템, 생물체, 또는 파생물을 이용하는 모든 기술'을 뜻한다(United Nations, 1992: 3). 바이오경제는 "인류와 국가들의 새로운 성장과 번영을 위해 생물학적 제제들과 과정들의 잠재적 가치를 사용하는 모든 경제활동"을 뜻한다(OECD, 2006: 3).

로 정보기술IT(Information Technology), 생명공학BT(Biotechnology), 나노공학NT(Nanotechnology)이 세계적으로 각광을 받았으며, 최근에는 문화기술CT(Culture Technology), 환경기술ET(Environment Technology), 우주기술ST(Space Technology)이 지식경제의 새로운 원천으로 인식되고 있다(이를 흔히 6T라고 한다). 과학기술사회학은 지식경제의 출현을 당연하게 여기지 않고, 새로운 사회기술 체제가 어떻게 지식경제와 연관되어 창발하는지 그 과정에 관심을 가진다.

천연물 신약 사례는 지식경제 중에서도 득히 바이오경제와 관련된 일련의 논의들과 관계가 있다. 생명공학은 정치적·경제적·법적·사회문화적 영역과 활발하게 교류하면서 새로운 논의를 끊임없이 생산하는 분야다(Birch, 2017). 그중 가장 중요한 논의들은 바이오가치biovalue, 바이오경제bioeconomy, 바이오자본biocapital 등이다. 생명공학은 "몸, 신체의 일부분, 정체성, 사회 시스템을 불안정하게 만들고 재구성"하면서 새로운 가치를 창출한다(Waldby, 2002: 308). 세포(예를 들어 줄기세포), 분자, 단백질, 마이크로RNA, 박테리아 등은 다양한 의료 세팅에서 치료와 건강 증진의 목적으로 이용된다. 이 과정에서 새로운 '바이오가치'가 창조되는데, 이는 "생물체에 대한 생명공학의 새로운 구성에서 생산되는 활력의 획득yield of vitality"으로 정의된다(Waldby, 2002: 310). 생물체의 일부분이 생명공학을 통해 교환가치exchange value를 획득하여 시장에서 상품화된다.

바이오가치에 기반한 바이오경제는 생명 자체의 정치politics of life itself(또는 molecular biopolitics, 분자생명정치)와 연관된다(Rose, 2007: 7, 11). 이 새로운 생명정치는 분자화molecularization, 최적화optimization, 주체화subjectification, 육체적 전문성somatic expertise,

바이오경제학bioeconomics의 다섯 가지 특징을 가진다. 이 과정에서 "생명 자체의 정치는 바이오경제가 되는데 생명 자체에서 잉여의 생산"이 일어나기 때문이다(Rose, 2001: 15). 한의학의 바이오경제화는 생명정치와 생명경제가 형성되는 방식이 단일하지 않고 다양하며, 현대 사회에서 증가하고 있는 '자연주의'라는 문화적 가치가 한의학의 바이오경제와 밀접하게 연관된다. 즉 자신의 몸을 분자화 같은 인위적 변형을 통해 관리하는 방식 이외에 자연주의를 채택하고 전통적 지식을 적극적으로 포용하는 흐름이 형성된다.

바이오자본은 비전, 과장, 기대 같은 투기적 요소와 결합하여 가치를 창출하는 데 지대한 역할을 한다. 생명공학의 '미래'가 갖는 가치가 현재를 작동하게 하는 힘이며, 투기와 혁신은 맞물려 있다. 분명 생명공학은 투기적 요소가 있지만, 현실적인 시장의 작동 속에서는 다양한 요소들을 고려할 필요가 있다. 한의학의 바이오경제화는 글로벌 제약산업의 구조와 분업, 한방과 양방의 관계, 국가와 한의학의 관계 등 다양한 권력지형 속에서 창조된다. 곧 한의학의 바이오경제화는 개발의 전반부upstream(벤처회사)와 후반부(큰 제약회사)의 지형, 투자자와 벤처회사의 지형, 혁신과 자본의 흐름에서의 글로벌 지형 등을 고려해야 한다(Rajan, 2006: 33).

바이오경제와 바이오자본이라는 기대와 희망과는 달리 실례로 2006년 기준 지난 30년 동안 생명공학에 약 300조의 돈이 투자되었음에도 극소수의 회사만이 이익을 창출했을 뿐 대부분의 회사는 거의 수익을 거두지 못했다(Pisano, 2006: 114). 생명공학에 의해 최종적으로 상품화된 물질들은 극소수에 불과하다(Birch and Tyfield, 2012: 318).

그렇다면 한의학의 바이오경제화를 어떻게 이해할 수 있을까?

한방 바이오경제의 형성을 이해하기 위해서는 시장의 특정한 지리적 조건과 구체적인 맥락을 고려해야 한다(Birch, 2017). 한의학의 바이오경제화는 생명공학을 통한 새로운 바이오가치의 창출과 관련되어 있으면서 동시에 한의학과 한국 제약산업의 경제적·정치적·문화적·법적 맥락과도 얽혀 있다. 따라서 보편적이고 사변적인 해석보다는 맥락에 기반한 구체적인 이해가 요구된다. 가령 한국에서는 바이오경제의 분자화와 더불어 바이오경제에서 '문화화' 또는 '전통화'가 일어나고 있다. 바이오경제의 특성은 미리 주어진 것이 아니라 열려 있고 지역 문화와 전통에 따라 다양한 방식으로 구현될 수 있다. 나는 이를 '바이오경제의 문화화'라고 지칭한다. 한방의 바이오경제화에 대한 이해는 양방의 질병에 대한 환원주의적 접근에 반발하는 흐름 속에서 파악되어야 한다. 고령화 사회의 도래와 함께 만성질환에 대한 의료비가 급증하는 현실에서 정부도 한의학의 가능성을 인정하고 있다. 문화적으로 '웰빙'은 한의학의 산업화를 위한 주요 동력으로 작용했다. 웰빙 문화와 한의학의 바이오경제화는 선택적 친화력을 가지는데, 기업에서는 한약을 이용한 제품의 개발이 전도유망한 사업임을 인지하기 시작했다. 특히 '천연물 신약'은 한국적인 맥락에서 탄생한 개념인데, 이는 한국 제약산업의 영세성을 극복하기 위해 정부와 제약산업이 한의학의 전통을 제도적으로 인정한 문화적·전략적 산물이다.

한방 바이오경제 전문가 집단

이 장은 심층 인터뷰와 다양한 문헌 자료에 의존한다. 한방 바이오경제에 대한 구체적인 사례들을 풍부히 수집하고자 다양한 사람들을 인터뷰했다. 인터뷰 대상자는 총 20명으로 한방 바이오경제의 형성을 잘 알고 있는 전문가들로서 제약산업 종사자, 연구자, 한방 바이오벤처 대표이사, 한의학 연구개발 정책 담당자 등이다(282쪽 표는 인터뷰 대상자 명단이다). 무엇보다 이들은 제약업계와 한방 바이오벤처업계에서 한방 바이오경제의 형성을 주도한 인물들로 알려져 있다. 가령 이은방 교수는 강화쑥을 원료로 하는 한국의 대표적인 위장염 치료 천연물 신약 '스티렌' 처방의 개발자로서, 제약업계에서는 신화적인 인물이며 천연물 신약의 연구개발을 촉진한 전문가다.

신약 개발의 세세한 과정에 대한 보고가 국내에서는 드물기 때문에 인터뷰 자료는 중요했다. 제약산업의 비밀성과 폐쇄성 때문에 연구 대상에 접근하는 것은 쉽지 않다. 서구에서도 제약산업에 대한 과학기술학적 분석은 최근에야 이루어졌다(Petryna, Lakoff, and Kleinman, 2006). 또한 제약산업의 구조는 대단히 복잡한 데 반해 이에 대한 체계적인 분석과 사회과학적 논문들이 거의 없기에 한방 바이오경제와 신약 개발을 이해하는 데 상당한 어려움이 있었다. 그러나 거듭된 인터뷰를 통해 한방 바이오경제와 신약 개발에 대한 깊은 이해에 도달할 수 있었다.

질문은 인터뷰 대상자의 전문성에 따라서 달라졌지만 주요 질문은 제품개발 과정, 연구 과정, 마케팅 과정, 한의학 연구개발 정책의 수립과 결정 과정, 천연물 신약과 한약의 관계, 특허권 문제, 천연물

번호	이름	비고
1	김용호	보건복지부 한의약정책관, 한의학 정책 및 연구개발 담당
2	배현수	한방 벤처회사 퓨리메드 대표, 경희대 교수
3	박성규	경희대 교수, 한방화장품 연구 전문가
4	강학희	아모레퍼시픽 기술연구원 원장, '설화수' 개발 책임자
5	김연준	아모레퍼시픽 한방화장품 연구팀 팀장, '설화수' 개발 주도
6	김호철	한방 벤처회사 뉴메드 대표, 경희대 교수
7	백인호	한국인삼공사 인삼자원연구소 소장, '정관장' 개발 30년 경험
8	신현규	한국한의학연구원 근무, 한의학 연구개발 정책 전문가
9	이은방	전 서울대 약대 교수, '스티렌' 처방 개발자
10	조용백	한국인삼공사 천연물연구소 소장, '조인스정' 개발 책임자, (전)SK케미칼 근무
11	한경주	보건산업진흥원 한의학기술지원 팀장, 한의학 연구개발 담당
12	손미원	동아제약 제품개발연구소 소장, 천연물신약사업단 단장, '모티리톤' 개발 책임자
13	류근호	SK케미칼 생명과학연구소 천연물 신약 팀장
14	김성순	전 국회의원, 한의약육성법 제정 주도, 한의약 연구개발 이정표 확립
15	박용신	전 대한한의사협회 기획이사
16	이정민	경희대 교수, 건강기능식품 연구개발 전문가
17	최혁용	함소아제약 대표이사, 대한한의사협회 43대 회장
18	안재규	대한한의사협회 34대, 35대 회장, 의료기기와 한약 제제 및 천연물 신약에 대한 비상대책위원장
19	김점용	녹십자 HS 근무, '신바로' 개발 참여
20	여재천	신약개발연구조합 사무국장

신약 분쟁, 한국 신약 개발의 역사와 현황 등을 포함한다.

인터뷰 자료 외에 정부 보고서, 언론 자료, 학술 논문 등도 중요한 자료로 활용되었다. 정부 보고서는 한방 바이오경제에 대한 이해뿐 아니라 한국 바이오경제의 전체적인 방향을 이해하는 데 도움이 되었다. 언론 자료는 한방 바이오경제에 관한 담론 형성 과정과 천연물 신약 분쟁을 이해하는 데 참고했다. 학술 논문들은 제약산업의 구조를 이해하고 한국 제약산업의 특징을 파악하는 데 사용되었다.

의료 영역 갈등의 새로운 형태

한의학의 바이오경제화와 천연물 신약 분쟁을 이해하기 위해서는 다시 한 번 간단하게 의료 영역 갈등에 대한 역사적·사회적 설명이 필요하다. 한방은 일제강점기 양방의 보조적인 영역으로 식민화되었다가 해방 후 1951년에 개정된 국민의료법에 의해 법적 지위를 인정받았다. 이 법을 근간으로 의료이원화 제도가 탄생하게 되었지만, 이는 한방과 양방 간의 끊임없는 갈등의 원천이 되기도 했다. 의료 영역은 고도의 전문 영역이며, 의료 집단은 자신의 전문 영역에 대한 배타적 독점을 추구한다(Freidson, 1988). 양방 쪽에서는 한방이 양방의 영역으로 포함되어야 한다며 의료일원화를 끊임없이 주장했으며, 한방 쪽에서는 모든 제도적·비제도적 수단을 동원하여 이를 거부해왔다(대한한의사협회, 2012).

특정 의료행위가 양방 또는 한방에 속하는지를 다투는 의료 영역 분쟁은 의료이원화 체제가 만들어진 이후 끊임없이 제기되었고, 그 갈등의 영역은 광범위하다. 가령 한의사가 CT나 청진기를 사용한다든지 양의사가 침을 사용하는 행위는 양 의료 집단 간의 정치적·법적 분쟁을 촉발했다(박용신, 2008: 74-100). 양방 측에서는 의료현장에서 일어나는 한의사의 물리치료, 방사선 진단, 초음파 진단기 사용, 양약 처방, 혈액 채취, 현미경 사용 등을 문제 삼았다. 반면 한방 측에서는 양의사의 한약 제제 투여, 레이저침 사용, 부항 시술 등을 문제 삼았다.

한방과 양방의 영역 갈등의 가장 중요한 사례는 3장에서 자세히 소개한 1990년대의 한약 분쟁이다. 1993년 보건사회부의 약사법시행규칙 개정으로 촉발된 한약 분쟁에서 약사 집단은 한약을 처방할 수 있는 권리를 위해, 한의사 집단은 이를 방어하기 위해 집단적인 투쟁을 벌였다. 한약 분쟁은 1차와 2차에 걸쳐 일어났고 1996년 마침내 해결될 때까지 상당한 진통을 겪었다. 약사들은 한약조제시험을 통해 한약 처방권을 가지게 되었으며, 한의사는 한국한의학연구원 신설, 한의약정책관 신설, 한의약선도기술개발사업 신설 등 제도적인 진입을 성취했다(대한한의사협회, 2012).

정부는 의료 영역의 갈등을 해소하기 위해 크게 세 가지 활동을 했다. 법률과 규제를 통한 조정, 새로운 의료제도의 구축, 연구개발 지원이다. 하지만 정부의 중재와 지원 활동은 의료 영역 갈등을 조정하는 데 충분하지 않고 오히려 새로운 갈등을 낳기도 했다. 우선 의료 법률과 규제가 약 120여 가지에 이를 정도로 복잡하게 얽혀 있기 때문에 양방과 한방 사이의 영역을 조정하는 것이 쉽지 않다(박용신, 2008: 20). 예를 들어 천연물 신약은 전문의약품으로 분류되며, 약사법에 의해 양의사만이 처방권을 가진다. 반면 한의약육성법은 한약이 과학적으로 개발되었을 때 이를 한의학의 범위 안으로 포함하고 있다. 다양한 의료 관련 법규가 양방과 한방의 영역을 철저하게 구분하지 못했기 때문에 새로운 의료행위, 제도, 정책은 양 집단 간의 충돌을 일으키곤 한다. 둘째, 한방은 양방에 비해 열세한 위치에 처해 있고, 한의계는 정부가 한방을 오랫동안 배제했다고 지속적으로 비판했다. 한의계는 수십 년 동안 정부를 상대로 집단 투쟁을 벌였는데, 정부는 이를 조정하기 위해 점차적으로 한방을 정부 제도의 영역으로 포함시켰다. 예를 들어 한약 분쟁 해소를 위한 대책으로 정부는 한의약정책관, 한국한의학연구원 신설 등 새로운 의료제도를 구축했다. 이후 정부는 한의계의 불만을 해소하기 위해서 한방 전문의 제도 정착(2002), 한의약육성법 제정(2003), 국립대학교 한의학과 설치(2006), 한방협진의료 체계 법제화(2010) 등 새로운 제도를 만들었다(박주영·신현규, 2013: 65). 셋째, 정부는 다양한 방식으로 의료계의 연구개발을 지원하고 있으며 특히 양방 중심 체계의 의료에서 한방이 소외되지 않도록 한방을 위한 별도의 연구개발 지원을 하고 있다.

여기서 문제는 특정 의료행위, 법규, 지원 등의 활동이 한방과 양방의 경계에 걸쳐 있어 진영에 따라 다르게 해석될 소지가 다분하다는 것이다. 이 장에서 분석하고 있는 천연물 신약에 대해 한의계에서는 한방 처방에 근거했기 때문에 이를 '신한방 제제'로 규정하는 반면, 양방과 제약업계에서는 과학적, 산업적으로 광범위한 실험과 제조의 과정을 거쳤기 때문에 '신약'이라고 규정한다. 즉 천연물 신약은 일종의 '경계 사물'boundary object이다. 경계 사물은 다양하게 이해될 수 있는 해석적 유연성interpretive flexibility을 가지며, 이 때문에 집단들 사이의 갈등 요인이 될 수 있다.

천연물 신약 분쟁은 오랫동안 지속되어온 한방과 양방의 의료 영역 갈등의 새로운 형태다. '천연물 신약'이 한방과 양방의 경계를 넘는 새로운 형태의 바이오경제를 창출했지만 지적 재산권과 사용권을 둘러싸고 한의계, 정부, 제약업계 간의 갈등을 촉발했다. 정부는 외국 제약업계에 비해 상당히 열악한 위치에 있는 한국 제약업계의 발전을 위해 연구개발을 대대적으로 지원했지만 신약 개발이 난관에 봉착하자 '천연물 신약'을 통해 돌파구를 마련하려고 했다. 2000년대 이후 천연물 신약이 국내 시장에서 대대적인 성공을 거두자, 한의계에서는 이것이 한약 처방에 근거했기 때문에 한방의 영역이라고 주장했다. 한약 처방을 통해 생성된 막대한 이익이 제약업계와 양방 측에 돌아가자, 한의계는 지적 재산권을 빼앗겼다고 주장했다. 이처럼 한방의 바이오경제화와 천연물 신약 개발 과정은 복잡한 권력지형을 동반한다.

웰빙 문화, 건강 관리, 자연주의

웰빙 문화는 한의학의 바이오경제와 깊이 연관되어 있다. 웰빙well-being은 질병 중심에서 예방과 관리 중심으로, 병원 중심에서 일상생활 중심으로, 약에서 음식 중심으로 건강을 바라보는 관점을 시민들에게 전파했다. 이에 화학약품 대신 자연적이고 건강을 보하는 한방제품과 의약품을 찾는 소비자들이 늘고 있다. 이는 의료 패러다임의 전면적인 전환이라기보다는 양방의 건강에 대한 환원주의적 접근이나 질병 치료 중심과 대비되는 새로운 흐름의 등장으로 보아야 한다. 생명공학이 한의학이라는 문화적 전통을 활용하여 몸과 의료에 대한 이러한 흐름을 적극적으로 전유하면서 한방 바이오경제가 확장되고 있다.

웰빙은 몸과 의료에 대한 새로운 공간을 창출했다. 2003년부터 2017년까지 방영된 TV 프로그램 〈비타민〉에서 웰빙 문화의 단면을 확인할 수 있다. 각 방송사에서 건강, 의료 프로그램이 증가했으며 이와 동시에 웰빙 담론의 전파도 한층 가속화되었다. 여기서 전문가들의 역할이 중요한데 이들은 '과학적'으로 질병과 건강을 설명하여 시청자들을 설득한다. 전문가로는 의사, 자연과학자뿐만 아니라 한의사도 출연한다. 요즘 TV 프로그램에서 한의사가 나와 건강 상담을 해주는 것은 흔한 장면이다.

만성 질병의 치료에 있어 일회성이 아니라 지속적인 관리 위주의 처방을 해야 된다는 담론이 퍼져 있는데, 한의계는 이를 적극적으로 활용했다. 한의계에서 대표적인 병원 네트워크인 함소아의 설립자인 최혁용 사장(한의사, 함소아 대표 원장, 함소아제약 CEO)은 한의원을 찾는 알레르기 환자가 많다면서 이를 치료하기 위해서 관리 중심적 접근을 전면에 내세웠다고 말한다.

> 최혁용 함소아 대표 아토피, 피부염, 천식이 3대 알레르기 질환입니다. 일반적으로 일단 아토피 환자 오면 스테로이드를 줍니다. 연고 바르면 나아요. 그것이 반복될 뿐입니다. 길게 보면 피부 면역이 떨어지기 때문에 더 악화됩니다. 스테로이드 자체가 면역 억제제예요. 말하자면 알레르기 질환에 있어서 반드시 관리가 필요하거든요. 알레르기 질환은 만성적이란 말이에요. 그래서 지속적인 관리가 필요하고 팔로업이 필요한데 그런 게 안 되었단 말이에요. 그래서 저희가 어떻게 했냐면 "함께 키워요, 함소아"라고 했어요. 그게 뭐냐면 아이의 성장에 따라서 아이에게 필요한 것

을 지속적으로 관리를 하겠다, 즉 약 주고 사라지면 끝나는 것이 아니라 계속해서 같이 관리해나가겠다는 뜻으로 "함께 키워요, 함소아"라는 캐치프레이즈를 걸었어요.

자연주의와 연관된 웰빙 문화 속에서 분명 소비자들은 화학물질을 기반으로 하는 의료제품들보다 한방제품에 더 매력을 느낀다. 마케팅에서 제품 콘셉트product concept는 상품이 말하려는 것을 간단하게 전달하는 것인데, 한방제품들은 대부분 친환경적인 개념을 내세운다(Hwang, 2004: 29). 예를 들어 한방화장품은 자연주의를 표방하면서 1990년대 후반부터 폭발적인 성장세를 보였다. 설화수 연구개발에 참여했던 박성규 경희대 교수는 "그냥 화장품만 써도 피부에 좋았는데 거기다가 먹는 한약들을 좀 더 배합하게 되면 화장품이 더 좋을 것이라는 그런 콘셉트죠. 그게 한방화장품이 개발된 시작이에요"라고 말한다. 한방 기반의 천연물 신약도 '자연주의 치료'에 근거한다. 스스로를 치료하는 자연의 능력을 인간이 빌려다 쓴다는 것이다. 강화쑥에서 스티렌을 개발한 이은방 교수는 다음과 같이 말한다.

이은방 교수　천연물 성분의 신약 개발은 자연의 이치를 이용한 거야. 생물은 자기보호를 다 하게 되어 있어. 왜 식물들이 그런 물질을 만드느냐? 자기보호를 위해서 하는 거거든. 생물의 자기보호야. 생물의 자기보호라는 것은 동물이나 식물이나 같아. 그래서 보호 물질이 있는 거야. 예를 들어 등산 가서 상처 나면 산에서 깨끗한 물로 닦고 아무 풀이나 즙을 내서 바르고 와봐요. 다음 날이면 다 나아. 왜냐면 거기 효소도 있고 항균 작용도 있고 다 있는 거지. 자기보호를 위해서. 그러니까 사람들이 식물들의 그 능력을 이용하는 거라고. 의학보다 더 앞선 것이 약이야. 그렇잖아? 그러니까 약의 시초는 자연에서 시작되었기 때문에 자연에 의해서 개발해야 해.

자연주의는 제품뿐만 아니라 기업이 내세우는 콘셉트에서도 분명하게 드러난다. 대표적인 한방 바이오벤처회사 중 하나인 퓨리메드는 웹사이트(www.purimed.com, 2019년 10월 현재 폐쇄)를 통해 "인간과 자연의 친화를 생각하는 생명공학기업"으로 스스로를 소개하고 있다. 또 다른 한방 벤처회사인 뉴메드(www.neumed.co.kr)는 녹색의 로고를 사용하고 있는데 이는 "녹색과 초록색은 생명의 느낌을 주는 자연을 의미하며 전통 한의학을 기반으로 서양의 과학적인 연구를 함으로써 동서의학의 퓨전을 통한 신의학을 창조한다는 의미"라고 자신을 소개하고 있다.

웰빙 문화와 한의학이 건강을 바라보는 방식은 친화성이 있으며 한의계는 이를 적극적으로 전유했다. 이를 통해 한방제품들은 고급스럽고 코즈모폴리턴적인 이미지를 획득하게 되었고 가격도 비싼 편이다. 설화수를 구입하거나 아이를 함소아에 데리고 가본 적이 있는 사람은 이를 금방 파악할 수 있다. 값싸고 표준화되고 간단한 처방을 할 수 있는 합성 의약품과 구별되는 자연친화적이고 코즈모폴리턴적인 한약 처방과 제품의 생산은 웰빙 문화의 고급화와 자본화로 이어진다.

한방 바이오경제의 급속한 성장

한방 바이오경제화에서 가장 대표적인 영역은 건강기능식품, 한방 화장품, 천연물 신약이다. 우선 건강기능식품* 산업계는 2000년대에 급속하게 성장했다. 2004년 국내 건강기능식품의 매출액은 2506억 원에서 2012년 1조 4091억 원, 2016년에 2조 507억 원으로 급속한 성장을 이루었다(식품의약품안전처, 2017: 105). 이 중 홍삼제품이 2016년을 기준으로 9899억 원을 점유하면서 독보적인 1위로 전체 건강기능식품 시장의 48.3퍼센트를 차지했다. 홍삼제품 중 현재까지 부동의 1위를 지키고 있는 한국인삼공사의 정관장**에 대해 설명할 필요가 있다. 2016년 한국인삼공사의 매출액은 7597억 5000만 원으로 건강기능식품 시장의 37퍼센트를 차지하고 있는데, 2위인 한국야쿠르트(997억 9000만 원)와 상당한 격차를 보인다. 1996년 7월 1일 홍삼에 대한 전매제도가 폐지되었음에도 여전히 한국인삼공사의 시장점유율이 높은 이유는 오랜 독점을 통한 누적적 이점, 정관장에 대한 소비자들의 신뢰, 인삼 재배에 대한 체계적인 관리, 전국적인 유통망, 막대한 연구개발 비용을 들 수 있다.

---

* 건강기능식품은 바이오식품(또는 바이오푸드)이라고도 하는데 바이오라는 기술을 통해서 식품을 만드는 것을 의미하며, 이 기술은 발효 등을 포함하는 광범위한 것이다. 가령 축산에서 소에게 특정 사료를 먹여서 좋은 우유를 짜내는 것도 바이오식품으로 볼 수 있다. 생명공학을 담당하는 전문가들은 바이오기술이 고래로 내려오는 기술이라는 역사적 논변을 펼치기도 한다.

** 조선총독부는 1920년에 홍삼 전매령을 공포한다. 홍삼 전매제도는 1996년 7월 1일에 폐지되어 민간 기업도 제품을 만들어 판매할 수 있게 되었다. 정관장 브랜드는 1940년대에 만들어졌다. 홍삼이 값비싸고 가치 있는 제품으로 팔리면서 위조 제품들이 생겨나자 '정부가 보증한 제품'이란 뜻으로 정관장 브랜드를 만들었다.

백인호 인삼자원연구소 소장은 홍삼제품의 개발을 '종합과학'이라고 표현했다. 한국인삼공사가 인삼 재배의 지형,[•••] 토양 검사, 성분 검사, 효능 검사 등을 체계적으로 하고 있다는 점에서다. 토양 검사와 품질 검사를 위해서 60여 명의 사람들이 전국의 2300여 농가를 직접 방문하여 토양과 인삼을 채취한다. 이 방대한 작업은 중소기업에서는 도저히 수행할 수 없는 것이다. 정관장의 대성공은 여러 기업들이 홍삼을 비롯한 건강기능식품 시장에 뛰어드는 계기가 되었다. 건강기능식품의 성장과 난립은 정부의 규제로 이어졌지만, 이는 건강기능식품에 대한 연구개발을 더욱 촉진하는 계기가 된다.

건강기능식품에 대한 법률적 규제는 2004년부터 시작되었다. 2000년대 초부터 웰빙 열풍에 힘입어 건강기능식품은 다양한 방식으로 제조되고 판매되었다. 당시만 해도 건강기능식품에 대한 개념이 확립되지 않았고 규제가 없었기 때문에 시장을 교란시키는 사기 사건도 많이 발생했다. 이에 정부는 규제를 통해 시장 질서를 확립하려고 했는데 그것이 2004년에 제정된 '건강기능식품에 관한 법률'이다.[••••] 건강기능식품은 크게 고시형과 개별인정형으로 나뉜다. 홍삼이나 비타민 C와 같이 기존에 많은 연구가 진행되어 있고 역사적으로 많이 이용된 것은 연구개발이 따로 필요하지 않은데, 이것이 고시형에 속한다. 개별인정형은 새로운 소재를 발견하여 실험

••• 인삼이 잘 자라는 땅은 아침 7시에서 9시 사이에 햇빛이 들어야 한다. 이런 조건을 충족하는 곳이 보통 산의 북동쪽에 해당하는 지역이다. 낮의 강한 햇빛은 인삼 성장에 좋지 않다.

•••• 이 법률은 당시 약사법을 참고로 만들어졌는데 약보다는 느슨한 규제가 적용되었다. 이후 식품과 약은 다르다는 이유로 여러 차례 개정되었다. 건강기능식품은 식품의약품안전처가 허가를 내주고 전적으로 관장하고 있다.

을 거쳐 승인을 받고 제품으로 만드는 경우를 말한다. 한국의 건강기능식품법의 가장 큰 특징은 제품에 대한 허가가 아니라 소재에 대한 허가라는 점이다. 예를 들어 홍삼이라는 소재를 가지고 A, B, C라는 제품을 만들었다면 외국에서는 제품 A, B, C에 대해 허가를 내주지만 한국에서는 홍삼을 기준으로 허가를 내준다. 따라서 이 건강기능식품 중 개별인정형을 만든다면 반드시 안전성 실험과 효능성 실험을 거쳐야 한다. 이는 건강기능식품에 대해 기업들이 더 많이 연구개발을 하게 만든 결정적인 계기가 되었다.

2008년 10월 나고야 의정서가 체결되는데 이 협정의 골자는 다른 나라의 천연물을 이용하여 제품을 만들 때 그 나라에 로열티를 지불하라는 것이었다. 따라서 외국에서 수입하는 대신 한국에서 생산되는 소재를 새로 개발할 필요성이 높아졌다. 건강기능식품 분야에서 최고의 권위자 중 한 명인 이정민 교수는 하나의 소재를 개발하는 데 들어가는 연구비가 7억~9억 원 정도라고 말하면서 2004년 이후 기업들이 개별인정형 건강기능식품을 개발하기 위해 건강기능식품에 대한 연구가 크게 활성화되었다고 말했다. 2012년 통계에 따르면 개별인정형 건강기능식품은 생산액이 1807억 원으로 비타민, 무기질(1646억 원)을 제치고 홍삼에 이어 2위에 오르게 된다(식품의약품안전처, 2013: 189).[*] 개별인정형 제품의 개발에서도 한약이 적극적으로 활용되고 있다. 대표적으로 헛개나무, 당귀, 복분자, 백수오 등이 있다.

아모레퍼시픽의 '설화수'는 한방화장품계의 정관장이다. 국내 화

---

[*] 최근 개별인정형 건강기능식품 시장도 급격하게 성장하고 있다. 2008년 416억 원이던 생산액이 2012년에는 1807억 원으로 증가했다.

장품 업체의 생산 실적은 2014년 기준 8조 9704억 원이며, 이 중 한 방화장품의 비중은 2조 1808억 원으로 화장품 시장의 23.4퍼센트를 점유하고 있다(이경구, 2015: 105). 한방화장품은 2002년 시장 규모가 3800억 원 수준이었는데 12여 년 사이 5.7배 이상 성장했다. 설화수는 1997년에 처음 출시되어 2002년에 매출액 2000억 원을 돌파하면서 샤넬, 랑콤, 에스티로더 같은 해외 유명 브랜드를 제쳤다. 2004년에는 매출액이 4500억 원을 넘었고 2010년에는 7000억 원을 넘어섰으며 2015년에는 1조 원을 돌파했다(김민석, 2017). 설화수는 김호철 경희대 교수가 자음단滋陰丹을 창방(새로 만든 처방)하여 만든 한방화장품이다. 35세 이상 여자들의 '음'을 보한다는 개념으로 중년 여성들을 겨냥하여 만든 고급 화장품이다. 설화수는 한국 화장품업계에 한방화장품 브랜드화의 문을 연 기념비적 사건이자, 다른 화장품 회사가 따라야 할 '모델'이 되었다. 이후 설화수를 필두로 '더히스토리오브후'(LG생활건강), '한율'(아모레퍼시픽), '수려한'(LG생활건강), '자인'(코리아나), '비취가인'(코리아나), '다나한'(소망화장품), '청아한'(생그린) 등의 한방화장품 브랜드가 생산되었다.

천연물 신약의 탄생과 급부상

2000년대 이후 천연물 신약 개발이 부상하게 된 연유를 알려면 한국의 신약 개발 상황을 이해할 필요가 있다. 정부는 1995년부터 천연물 신약 개발을 지원하기 시작했는데 1995년부터 2000년까지 투자된 연구비는 약 109억 원이다(한국보건산업진흥원, 2006: 44). 2000년 이후 과학계와 산업계의 요구와 천연물 신약 시장이 비전이 있다는 판단 아래 2000년 1월과 8월에 각각 천연물 신약연구개발촉진법과 천연물 신약연구개발촉진법 시행령이 제정되었다. 이어 2001년 보건복지부, 교육인적자원부, 과학기술부를 중심으로 제1차 천연물 신약연구개발촉진계획을 수립했다(보건복지부. 2001). 정부의 적극적인 정책에 힘입어 천연물 신약 연구개발에 2001년부터 2005년까지 총 1390억 원이 투자되었다(한국보건산업진흥원. 2006: 134). 직전 5년간 정부에서 투자한 금액의 열 배가 넘는다. 정부의 천연물 신약 개발 촉진 정책은 기본적으로 산학연 협동을 전제로 하고 있으며, 2000년대 초중반의 천연물 신약의 출시는 이 지원에 힘입은 바가 크다. 정부의 2차(2007~2016) 생명공학 육성정책이 집약되어 있는 『Bio-Vision 2016』은 1차 육성정책(1994~2006)을 종합적으로 평가하면서 신약개발에 대해 다음과 같이 평가한다(교육인적자원부 외. 2006: 21).

> ○ 아직까지 국내 신약은 화합물 신약 비중이 높고(58퍼센트), 대부분 연간 20억 원 이하의 저조한 매출 실적이라는 한계점 존재
> ※ 다만, 조인스정은 110억 원, 스티렌캡셀은 350억 원의 매출 실적 보유[2006년 기준 매출액: 필자 보충]

1차 계획(1994~2006) 기간 국내에서 개발된 신약은 총 열두 가지였다. 첫 번째 신약 '선플라주'는 SK케미칼에서 1998년에 개발한 화합물 신약 1호로 위암 치료제다. 1998년에야 첫 번째 신약을 개발했다는 것은 한국 제약산업의 기술력이 다른 나라들과 비교할 때 큰 격차가 있다는 것을 뜻한다. 국내 제약회사들이 대부분 복제약(일반

적으로 제네릭이라고 부른다)을 판매하여 수익을 창출해왔던 것을 생각하면 선플라주의 개발은 신약 개발에 한 획을 그은 사건이었다. 통상 신약 개발에 드는 비용은 8억 달러(약 8000억 원)에서 10억 달러(약 1조 원) 사이이고 개발 기간은 10~12년으로 알려져 있다.[*] 더군다나 6000개의 화합물질 중 하나꼴로 성공하고 임상실험에 들어간 약 중에서 단지 10~20퍼센트만 최종적으로 신약으로 출시된다(Pisano, 2006: 117, 119). 신약 개발은 대단히 위험도가 높고 성공하기도 힘들기 때문에 자본력이 막강한 대기업이 아니면 뛰어들기 어렵다. 선플라주를 개발하는 데 81억 원이 투입되었지만 판매 실적은 2005년 2억 1000만 원, 2006년 1억 1000만 원, 2008년 1000만 원으로 시장의 호응을 이끌어내지 못하면서 2010년 생산이 중단되었다(김석관, 2010: 138). 선플라주 개발에 참여했던 조용백 박사는 선플라주가 시장에서 실패한 이유는 다국적 제약회사가 만든 제품과의 경쟁에서 밀렸고 가격 경쟁력도 좋지 않았으며 처방권을 가진 의사들의 신뢰를 얻지 못했다는 데 있다고 말한다.

> 조용백 박사 약 개발을 처음 하다 보니까 가장 기본적이고 필수적인 연구들만 우선 해나가면서 가장 최소한의, 가장 빠른 연구들을 했었죠. 다국적 기업에서 시장에 내놓은 신약들은 더 많은 종

---

[*] 신약 개발에 드는 비용이 과연 1조 원 가까이 드는지에 대해서는 논쟁이 있다. 마르시아 안젤(Angell, 2005)은 실제 연구개발비가 1억 2000만~1억 7000만 달러(1200억~1700억 원) 정도 든다고 말하며 제약회사가 주장하는 액수의 5분의 1에서 7분의 1 수준이라고 주장한다. 동아사이언스와 생명공학정책연구센터는 2009년 BT전문가들을 모아 신약 개발 비용에 대한 토론을 주최했다. 이 토론의 목적은 신약 개발 비용이 너무 높다는 편견을 극복하여 신약 개발 투자를 촉진하기 위한 것이었다(박태진, 2009).

류의 연구와 실험과 더 많은 종류의 데이터들이 축적이 되어 나오기 때문에 한국 의사들이 볼 때에는 우리 나라에서 나온 제품에 대한 신뢰도가 많이 떨어졌었죠.

1998년부터 현재까지 국내에서 개발된 신약은 30여 개인데, 이 중 화합물 신약이 큰 성공을 거둔 경우는 드물다. 한국에서 개발된 화합물 신약의 2006년 매출을 보면 대웅제약의 EFG외용액이 6억 8000만 원, 중외제약의 큐록신정이 19억 2000만 원, 종근당 캄토벨주가 22억 7000만 원이었다. 반면 당시 출시된 천연물 신약은 관절염 치료제인 조인스정과 위염 치료제인 스티렌이었고 2006년 매출액은 각각 103억 7000만 원과 372억 5000만 원이었다(김석관, 2010: 138).● 『Bio-Vision 2016』(교육인적자원부 외, 2006)이 평가하듯이 정책담당자들과 제약업계 전문가들도 화합물 신약보다는 천연물 신약의 가능성을 높게 평가했다. 특히 스티렌정과 조인스정의 대성공은 한국 제약산업에서 신화가 되었고 많은 제약회사들이 그것을 모델로 삼아 천연물 신약 개발에 뛰어들었다(식품의약품안전처, 2013: 272).

한국 제약업계에는 천연물 신약에 대한 오랜 편견이 있었다. 전문가들은 암과 같이 어려운 타깃을 목표로 하거나 만들기가 힘든 화합물을 더 크게 인정해주었다. 위염이나 관절염과 같은 치료는 암과 같이 심각한 질병이 아닌 생활상 겪는 병이고 이 천연물 신약이 한의학에 기반하고 있기 때문에 '낮은 기술'에 의해 만들어졌다는 편견이 퍼져 있었다. 그러나 천연물 신약의 대성공과 화합물 신약의

● 『Bio-Vision 2016』에 인용된 금액과 차이가 난다. 각 자료가 어떤 통계자료를 참고했는지, 그리고 어떤 방식으로 산출했는지에 따라 약간씩 다르다.

기대에 미치지 못하는 성과는 업계의 판도를 바꾸어놓았다. 천연물 신약 개발의 후발주자인 녹십자 HS의 김점용 박사는 이렇게 설명한다.

> 김점용 박사 스티렌의 성공 이후에 왜 성공을 했는지 제약회사들이 분석을 많이 했어요. 그런데 가만히 들여다보면 그게 그냥 획기적인 약이냐, 지금까지 없는 새로운 개념의 약이냐, 아니라는 거예요. (……) 우리가 신약 개발을 한다고 하면 지금까지 없는 아주 새로운 것, 노블noble한 타깃(예를 들어 암: 인용자의 보충)에 노블한 케미컬 구조(새롭고 획기적인 화합물: 인용자의 보충)에 지금까지 누구도 얘기하지 않은 그런 약을 개발하리라 생각하죠. 정말 어려운 얘기죠. 근데 스티렌은 뭔가 다른 생각을 만들어주게 했다는 거죠. 그 병을 치료하지 않으면 죽는다는 얘기가 아니라 내가 살아가는 데 불편한데 그걸 조금만 개선해줄 수 있는 약이면 충분히 환자들한테 파고들 수 있다는 것을 보여줬던 것 같아요. 두 번째는, 의사가 처방하잖아요. 의사가 처방할 때 효과는 좋지만 이 약을 써도 부작용이 많다 그러면 의사는 항상 그 부작용 때문에 신경을 쓰거든요. 결국은 천연물이 가야 할 방향은, 삶과 죽음에 관련된 획기적인 질병 치료가 아니라, 삶의 질과 관련되어 있다……. 삶의 질을 개선해주되 부작용 문제는 없어야 된다……. 그게 시사하는 바가 크죠. 그래서 제약회사 사람들이 생각을 하기 시작한 거죠.

김점용 박사가 설명하듯 제약업계의 전략과 삶의 질을 추구하는

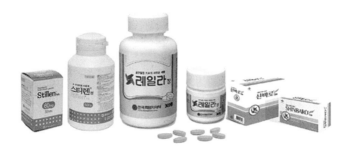

한국 제약회사들이 개발한 천연물 신약들(김현주, 2014)

웰빙 문화가 잘 맞아떨어진 것이 천연물 신약 개발이다.

제약회사들은 화합물 신약, 바이오 신약, 천연물 신약을 동시에 개발하지만 천연물 신약 개발의 비중이 점차 커지고 있다. 몇 가지 지표를 살펴보면, 천연물 신약에 대한 임상 승인이 2004년 2건, 2005년 1건, 2006년 7건, 2007년 7건, 2008년 8건, 2009년 13건, 2010년 12건으로 2000년대 중반 이후 급격하게 상승한 것을 확인할 수 있다(식품의약품안전청, 2011). 2012년 기준 천연물 신약을 만드는 데 성공한 기업이 투자한 금액은 651억 원으로 바이오 신약 투자(195억 원)를 압도했다(한국신약개발연구조합, 2012: 45). 2000년대 중반 이후 본격적으로 천연물 신약이 개발되면서 2010년대 녹십자의 골관절염 치료제 '신바로,' 안국약품의 기관지염 치료제 '시네쥬라,' 농아제약의 소화불량 치료제 '모티리톤,' 한국피엠지제약의 관절염 치료제 '레일라정'이 출시되었다. 천연물 신약의 대부분이 한방 처방에 근거하거나 이를 수정·보완하는 형태다.

한국에서 '천연물 신약'이라는 개념은 1990년대와 2000년대를 거치면서 법적·제도적 승인을 받았다. 통상적으로 제약회사 관계자들과 일반인들은 '단일 성분'을 분리하지 않고 한약재 또는 동·식물을 원료로 사용하여 만들어진 약을 '신약'이라고 부르지 않았다. 서구의 주류적인 약의 분류 체계와 마찬가지로 한국에서도 신약은 새로운 분자구조와 화학물질로 이루어져야 한다는 생각이 강했다. 과학자들과 제약 전문가들은 어떤 성분이 인체에 어떤 영향을 미치는지 전혀 알 수 없기 때문에 여러 약재들을 혼합하여 만든 약을 무시해왔다. 앞에서 인용한 '노블한 케미컬 구조'를 가진 약이 아닌 것이다. 한국 천연물 신약 1호인 '조인스정'의 개발 책임자였던 조용백 박사는 '천연물 신약'이라는 개념이 초기 천연물 신약들이 개발되던 1990년대를 거치면서 형성되었다고 말한다.

> 조용백 박사 천연물 신약이라는 것이 그 당시에도 개념이 없었거든요. 그래서 임상실험을 하면 어느 부분을 어느 정도까지 해야 허가를 해주느냐 이런 것들, 디테일하게 해외 사례를 통해서 공부해야 하는 게 어려운 점이었고요. 어떻게 해야 할지 타깃을 잘 모르는 상태에서 하는 것이기 때문에 우리가 어디를 얼마만큼까지 해야지 이게 나중에 약으로 개발이 가능할 것이냐 그것을 계속 고민해야 하는 것이 저희가 가장 어려운 점이었죠. 지금은 천연물 신약도 꽤 여러 개가 나와 있고 정부에서도 가이드라인이 확실하고 그러니까 뭘 해야 할지가 눈에 보이죠. 그런데 그때는 뭘 해야 할지 모르는, 그래서 퍼즐 맞추듯 하는 게 어려웠던 거죠. 처음 하게 되면 그런 것들이 가장 어렵더라고요.

이런 어려움에도 불구하고 스티렌과 조인스정의 대성공은 한국

제약회사와 연구자들의 인식을 바꾸는 계기가 되었다. 국내 제약산업의 연구개발과 규제 마련에 있어 가장 영향력 있는 단체 중 하나인 한국신약개발연구조합은 신약을 '화합물 신약' '바이오 신약' '천연물 신약' 세 가지로 분류했다. 통상 서구에서 신약은 화합물 신약과 바이오 신약을 의미한다. 그렇다면 '천연물 신약'은 어떻게 탄생한 것일까? 천연물 신약의 탄생은 한국 제약산업의 영세성을 극복하기 위한 전략적 선택과 정부 및 한국 제약산업이 한의학의 전통과 한국의 의료문화를 적극적으로 인정하고 창조한 결과라는 두 측면에서 비롯된 것이다.

우선 천연물 신약을 이해하기 위해서는 한국 제약산업의 영세성을 언급해야 한다. 앞서 설명했듯이 글로벌 수준의 신약을 개발하기 위해서는 약 1조 원의 연구개발비가 필요한데, 한국 제약산업의 연구개발비는 절대적으로 부족한 실정이다. 2011년 글로벌 제약회사 1위와 2위를 고수하고 있는 화이자Pfizer(91억 1200만 달러)와 노바티스Novartis(91억 달러)는 1년 연구개발비로 각각 무려 9조 원이 넘는 돈을 투자했다(Clinton and Cacciotti, 2012: 26). 한 글로벌 제약회사의 연구개발비가 한국 제약산업 전체 연구개발비인 8036억 원의 열 배가 넘는다(한국신약개발연구조합, 2012: 26).

연구개발비와 연구 인프라의 엄청난 격차는 국내 제약회사가 글로벌 수준의 신약을 만드는 것이 얼마나 어려운가를 보여준다. 또한 국내에서 개발한 화합물 신약이 수입된 글로벌 신약과 경쟁에서 좋은 성적을 내지 못하고 있어 시장 전망도 밝지 않다. 따라서 제약산업의 발전을 위한 전략적 선택으로서 '천연물 신약'의 가능성이 크다는 합의가 정부, 연구자, 제약업계 사이에 존재했다. 국내 화합물 신약 1호 '선플라주'의 개발의 핵심 참여자이자 국내 1호 '천연물 신약'인 '조인스정'의 개발 책임자인 조용백 박사는 1990년대 중후반과 2000년대 초중반의 규제와 제약업계의 분위기를 누구보다 잘 알고 있었다. 2001년에 제정된 천연물신약연구개발촉진법은 '천연물 신약'이라는 개념에 법적·제도적 정당성을 부여함으로써 제약회사들이 신약을 개발할 수 있는 새로운 길을 열어주었다.

> 조용백 박사 천연물신약연구개발촉진법에 따라서 제약회사들이 많이 올 수 있게 배리어barrier(장벽)를 많이 낮추어놨어요. 신약 개발을 촉진하기 위해서 연구개발을 하려는데 골goal(목표)이 너무 멀면 제약회사들이 힘들잖아요.

그런데 '천연물 신약'이 어떻게 국내 제약회사들에게 연구개발의 장벽을 낮추어줄 수 있다는 것인가? 이 전략적 선택과 맞물리는 것이 한의학의 역사적·문화적 유산을 적극적으로 인정함으로써 화합물 신약보다 규제를 좀 더 느슨하게 해서 연구개발비가 적게 들게 하는 방식이다. 신약 개발은 질병 기전 연구, 물성 연구, 약동력학 연구, 독성 실험, 유효성 실험, 임상 1, 2, 3상 등 꽤 복잡하고 긴 과정을 거친다.* 각 부분의 연구도 한 실험 모델만 하는 것이 아니라 여러 실험 모델이 사용된다. 예를 들어 독성 연구는 단회 독성, 반복 독성, 발암성 독성, 유전 독성, 생식 독성, 피부 자극 독성 등 상당히 다양한 실험을 거친다. 실험을 많이 하면 할수록 연구에 필요한 인

---

* 신약 개발의 전 과정에 대해서는 김석관(2010) 53쪽에 있는 표 3-1을 참조할 것.

원과 연구비가 증가하는 것은 당연한 이치다. 독성 실험은 특히 중요한데 많은 화합물이 효과가 좋더라도 독성 때문에 중간에 포기하는 경우가 허다하다. 한약을 이용한 '천연물 신약' 연구는 한약이 고래로 사용되어왔고 부작용이 적다는 이유로 일부 독성 실험과 1차 임상실험을 면제해주고 있다. 따라서 화합물 신약 개발보다 제출해야 되는 과학적 자료가 훨씬 적고 연구개발비도 적게 든다.

20년 동안 제약회사에 근무하면서 화합물 신약과 천연물 신약의 연구개발 경험이 있는 김점용 박사는 효과가 좋은 화합물 신약이 다양한 독성 실험 과정을 거치면서 실패하는 경우 그로 인한 고통이 상당히 크다고 말한다. 몇 년 동안의 노력과 투자가 수포로 돌아가는 순간이기 때문이다. 이런 점에서 '천연물 신약'은 독성에 대한 큰 걱정이 없이 진행되기 때문에 성공 확률이 상당히 높다. 반면 화합물 신약은 성공 확률이 낮아서 그만큼 연구 인원도 많이 필요하고 연구비도 많이 들 수밖에 없다(통계적으로 보았을 때 6000개의 화합물 중 하나꼴로 성공한다).

한약이 안전하고 독성이 적고 선조들이 고래로 사용해왔기 때문에 일부 실험들을 면제해주고 줄여준다는 논리는 분명 문화적이다. 왜냐하면 이런 논리는 한국의 제약업계와 한국의 전문가들에게만 통하는 것이기 때문이다. 천연물신약연구개발촉진법을 수도했던 정부 관계자, 전문가, 제약회사 관계자들이 만든 '천연물신약연구개발촉진계획'(2001~2005년)을 보면 이를 분명히 알 수 있다(보건복지부, 2001). 이 계획서의 첫 장 첫 줄에는 추진 배경이 "우리 나라는 전통의약 지식 분야에서 외국과 비교하여 상대적 우위를 확보하고 있어, 이를 활용하여 천연물 신약을 개발하기 위함"이라고 적혀 있다. 이 구절은 계획서에 여러 번 등장한다. 이런 지식 자원이 외국과 비교하여 "상대적 우위"를 가지며 "고부가가치를 창출할 수" 있는 산업으로 성장할 수 있을 것이라고 명시되어 있다. 따라서 '천연물 신약'은 정부, 제약회사, 연구자 사이에 합의가 이루어진 전략적·문화적 선택의 결과물이다.

천연물신약연구개발촉진법을 근거로 2008년 식품의약품안전청은 '의약품 품목 허가 관련 고시'를 통해 규제의 장벽을 더욱 낮추었다. 이 고시에서 천연물 신약을 개발할 때는 독성에 관한 열두 가지 자료 중 유전 독성, 생식 독성, 발암 독성 등 열 가지 자료의 심사를 면제해주고, 약재의 동물에 대한 약효 시험뿐만 아니라 사람을 대상으로 하는 일부 임상시험을 면제해주었다(강환웅, 2016). 이 고시가 나온 이후 신약 개발의 붐이 일어났다. 이는 천연물 신약의 연구개발비와 규제가 상당히 낮아졌을 뿐만 아니라 이것이 개발되었을 때 신약으로 처리되어 보험수가에서 상당한 이익을 볼 수 있기 때문이다. 추후에 천연물 신약 분쟁이 발생했을 때 한의계는 식품의약품안전처(2013년 3월 이후 명칭)를 상대로 법적 소송을 벌이면서 이 고시를 철폐하라고 강력하게 요구한다.

천연물 신약 분쟁

천연물 신약은 대단히 논쟁적이고 애매한 개념이다. 일종의 '경계 사물'로 집단에 따라 다양한 해석이 가능하며 새로운 의료 영역 갈등을 발생시키기 때문에 법적, 제도적으로 정교한 재해석이 요구되는 개념이다. '천연물 신약'은 한국 제약산업의 영세성을 극복하고 성장의 발판을 마련하고자 고안된 전략적 개념인 동시에 한의학의 전통과 한국 의료문화에 기반한 문화적 개념이다. 천연물에서 추출한 약 가운데 세계적으로 가장 잘 알려진 약은 버드나무로부터 나온 '아스피린'과 주목나무에서 나온 '탁솔'일 것이다. 이 약들은 전 세계적인 블록버스터이며 이런 약들의 성공은 과학계와 한국 정부가 '천연물 신약' 개발에 적극적으로 투자해야 한다는 주장의 주요한 근거가 되었다. 하지만 아스피린이나 탁솔은 신비로, 레일라정, 조인스정 같은 약과는 연구개발 및 제조 과정이 완전히 다르다. 아스피린과 탁솔은 버드나무와 주목나무에서 나온 특정한 '단일 성분'을 화학적으로 변형시킨 것이다. 따라서 이 약품은 '천연물로부터 유래한 화합물 신약'이다. 반면 한국에서 개발된 '천연물 신약'은 단일 성분이 아닌 원료의 화학적 분리 없이 그대로 정제하여 만든 약품이다. 예를 들어 스티렌은 쑥에서 특정 성분을 추출한 것이 아니라 쑥 자체를 정제하여 만든 것이다. 따라서 여기에는 수백 또는 수천 가지 성분이 들어 있다. 스티렌은 쑥이라는 단일 약재를 사용했지만 조인스정은 세 가지, 신바로는 여섯 가지, 레일라정은 무려 열두 가지 약재를 섞은 것이다. 따라서 어떤 성분이 인체에 어떻게 작용하는지 정확하게 알 수 없다. 미국과 유럽의 기준에서 보면 한국에서 개발된 '천연물 신약'이라는 제품들은 통상 건강기능식품으로 분류된다. 곧 '신약'이 아니라 '식품'인 것이다.

천연물신약연구개발촉진법이 통과되던 2000년대만 하더라도 시판 중인 천연물 신약이 전혀 없었기 때문에 한의계는 여기에 관심을 갖지 않았다. 하지만 스티렌정과 조인스정의 대성공으로 한의계는 서서히 천연물 신약에 관심을 갖게 되었다. 결정적으로 문제가 된 것은 2011년에 출시된 녹십자의 '신바로'였다. 스티렌은 애엽(쑥)을 단일 약재로 하여 만든 것이고, 조인스정은 한의학에서 관절염에 좋다는 여러 약들 중 세 가지를 골라 섞어 만든 창방이었다. 신바로는 자생한방병원에서 사용하던 '청파전'(자오가, 우슬, 방풍, 두충, 구척, 흑두)이란 처방에 근간한 것이었다. 신바로는 녹십자와 자생한방병원이 합작하여 만든 것인데, 이러한 천연물 신약이 오히려 한의학을 위협한다고 판단한 일군의 한의사들이 문제 제기를 했다.

다시 중요한 문제는 양방과 한방의 의료 영역 갈등인데, '천연물 신약'은 대다수가 한방에 근거하고 있지만 '전문의약품'으로 분류되어 양의사만 처방할 수 있고 한의사는 처방할 수 없다. 천연물 신약이 전문의약품으로 분류되는 것은 적응증에 대한 약의 유효성이나 안전성이 의사의 관리와 감독이 필요하기 때문이다. 약사법 제2조 9항과 10항 및 의약품 분류에 대한 규정에 따르면 의약품은 전문의약품과 일반의약품으로 나뉜다. 약의 유효성과 안전성 면에서 의사의 관리, 감독이 필요한 경우 전문의약품으로 허가가 나고, 적응증이 경미하고 안전성이 충분히 확보되며 일반 국민이 자가요법으로 직접 치료할 수 있다고 판단되면 일반의약품으로 허가가 난다. 우황청심원과 같이 오랜 사용 경험이 있는 약은 일반의약품에 속한다. 하지만 스티렌, 조인스정과 같이 한방에 근거했을지라도 변형이 되었다면 사용 경험이 적기 때문에 안전성이 경험적으로 충분히 확보되었다고 보기 어려우므로 통상 전문의약품으로 허가가 난다. 이것이 천연물 신약이 안전하다 할지라도 일반의약품처럼 소비자가 자유롭게 구매하지 못하는 이유다.●

한의계는 한방에 기초한 약품을 한의사가 처방할 수 없고 양의사가 처방함으로써 한의학의 영역을 침범했다고 판단했다. 이는 일종의 '바이오약탈'biopiracy(또는 생물자원 수탈)로 제약회사와 양방이 한의학 지식을 빼앗고 있다는 것이다(Mgbeoji, 2006). 여기서 천연물 신약이 양방의 영역인지 한방의 영역인지에 대한 해석을 둘러싸고 여러 법률과 규제들이 상충하는 상황이 발생한다. 의료법상 전문의약품은 양의사의 처방 영역이지만 한의약육성법은 한의약을 "전통 한의학을 기초로 한 한방 의료행위와 과학적으로 응용·개발한 한방 의료행위"로 규정함으로써 천연물 신약을 한의약의 영역으로 해석할 수 있는 여지를 준다.

둘째, 천연물 신약이 국민건강보험 적용 대상에 등재되어 있기 때문에 이를 한의사가 사용한다면 한의학이 국민건강보험에 더 넓게 적용받을 수 있는 가능성이 열리게 된다. 한약에 대한 보험 처리는 제한되어 있으며 현재 '첩약'에 대한 국민건강보험 적용이 크게 문제가 되고 있다. 만약 첩약이 국민건강보험에 포함된다면 한의사의 영역이 획기적으로 넓어질 것이다. 한의계가 '천연물 신약'을 '신한방 제제'라고 주장하는 것도 궁극적으로는 한의학의 제도적 영역을 확충하려는 의지를 드러낸 것이다. 천연물 신약이 앞으로도 계속 양산되고 이것을 한의사가 사용한다면 한의계의 업권을 확장시킬 수 있는 기회가 생긴다.

2011년 신바로의 출시를 기점으로 천연물 신약 분쟁은 크게 한

- 여러 자료를 통해 입증되었으며 의사의 관리, 감독이 필요 없다고 판단될 시에 제약회사는 전문의약품으로 이미 사용되고 있는 약을 일반의약품으로 변경해달라는 신청을 식품의약품안전처에 제출할 수 있다.

의계와 제약업계-정부-양방 간의 대립전선을 형성했다. 1990년대에 한약 분쟁과 달리 이번 천연물 신약 분쟁은 한방, 양방 간의 전면적인 투쟁의 양상을 보이지 않았다. 우선 천연물 신약 분쟁에서는 양의사가 직접 한약을 처방하는 것이 아니기 때문에 한의사의 영역을 직접적으로 침범한다고 볼 수 없다. 1990년대의 한약 분쟁은 약사가 한약을 직접 처방할 수 있도록 허용하면서 촉발된 것이었다. 또한 그때와 달리 천연물 신약 분쟁에서 한의계는 강경파와 온건파로 분열되었다. 전자는 '천연물 신약'을 한의사가 독점해야 한다고 주장했고, 후자는 양의사와 공동으로 사용해야 한다고 주장했다. 강경파와 온건파의 천연물 신약에 대한 입장은 다음과 같이 대변된다.

> 독점 사용을 주장하는 한의계 인사 둑에 작은 구멍이 생기면 둑이 무너지기 시작하지, 이게 곧바로 무너지는 게 아니거든요. 딱 뚫리면 걷잡을 수가 없어요. 저희들이 제일 걱정하는 게 뭐냐면, 우리가 지금 쓰고 있는 처방이 몇천 가지 약을 쓰지 않습니까? 지금 레일라정**이라는 게 터졌어요. 그러면 또 다른 처방이 안 터지라는 법이 없어요.

> 공동 사용을 주장하는 한의계 인사 천연물 신약이라는 시장이 일단 국내에 형성된 것이 많고 연구자들은 엄청 많고 새로운 신약 개

** 대한한의사협회는 '신바로'보다 '레일라정'을 집중적으로 비판했다. 신바로는 자생한방병원과 녹십자가 연구개발에 공동으로 참여했기 때문에 엄밀하게 말하면 한의계와 제약회사 간의 협력으로 만들어졌다. 레일라정의 경우 한의계를 대표하는 한 분인 고 배원식 선생의 '활맥모과주'라는 창방을 한국피엠지제약이 허락 없이 개발했다고 대한한의사협회는 비판했다.

발이 수십 종이 넘었거든요. 그게 축적이 되고 10년, 20년이 되면 글로벌한 신약을 만들 수 있기 때문에 거대한 산업이 될 수 있는 조건이고……. 그래서 식약청*에서는 한의사협회의 주장이 상당히 맞지 않다고 봤어요. 그래서 천연물 신약법을 없애야 된다는 주장은 턱도 없는 주장이었죠. 그다음에 천연물 신약을 한의사만 사용해야 된다, 이것도 식약청에서 받아들일 수 없는 주장이에요. 말이 안 되거든요.

이 두 입장에서 극명하게 드러나듯이, 강경파는 천연물 신약이 한의학의 영역을 침범하고 있으며 차후 이 침범은 더 광범하게 이루어질 것이라고 우려했다. 반면 온건파는 과학화, 산업화에 의해 생산된 천연물 신약을 한의계가 독점해야 한다는 주장이 정부 측에 받아들여질 수 없다며 오히려 공동 사용이 더 현실적이라고 생각했다. 천연물 신약을 둘러싸고 양 진영은 격렬하게 충돌했다. 2012년 대한한의사협회 회장 탄핵사건과 2013년 대한한의사협회 회장 선거를 계기로 강경파가 실질적으로 승리하게 된다.

2012년 10월 대한한의사협회는 천연물 신약 문제를 쟁점화하기 위해 비상대책위원회를 구성하고 본격적인 투쟁에 나섰다. 이에 반해 한의계와 반대 측에 있는 제약업계-정부-양방은 무대응으로 일관했다. 한방에 근거했지만 다양한 실험과 많은 연구비를 들여 만든 '천연물 신약'을 한의사가 독점한다는 것은 제약회사와 식약청이 결

---

* 식품의약품안전청은 1998년 김대중 정부 때 설립되어 2013년 3월 박근혜 정부에서 '식품의약품안전처'로 승격했다.

코 받아들일 수 없는 주장이었다. 한의원에서 처방되는 약들은 대부분 추출물의 형태로 천연물 신약을 환자들에게 처방할 수 있는 구조가 아니다. 제약회사의 입장에서는 약을 많이 팔아야 하는데 한의사가 천연물 신약을 처방할 리 만무하고 또한 양약 시장에 비해서 한약 시장이 작기 때문에 한의사의 천연물 신약 독점은 결코 받아들일 수 없는 것이었다.

> 제약업계 관계자 A 천연물 신약이 한약 처방에 근거했다고 할지라도 그것을 개발하기 위해서 광범위한 실험이 이루어집니다. 한약 처방을 객관화, 과학화하여 신약을 만드는 것은 한약 처방과는 전적으로 다른 것입니다.

> 제약업계 관계자 B (한약 처방이 천연물 신약이 되기 위해서는) 반드시 검증이란 게 필요합니다. 한의학 이론으로는 안 되고 반드시 현대 의학으로 검증을 해야 합니다. 왜냐하면 현대 의학하고 한의학 이론하고 다릅니다. (천연물 신약을 개발할 때) 한의학 이론 질환을 하지 않고 현대 의학 질환을 하고서 타깃을 선정하는 거잖아요.

제약업계-양방-정부는 천연물 신약 개발 과정에서 한약 처방이 과학의 틀에서 새롭게 연구되기 때문에 기존의 신약이 아니라고 주장한다. 비록 화합물 신약에 비해 개발 과정이 쉽다고 하더라도 천연물 신약을 개발하는 데도 10여 년의 시간이 걸리며 막대한 연구 개발비가 투자된다. 따라서 한의계가 주장하는 독점 사용권은 신약

개발 과정을 모르는 무지에서 나오는 반응이기 때문에 대응할 가치가 없다는 것이다. 쟁점은 한방 처방이 천연물 신약으로 개발될 때 '변형의 정도'다. 가령 스티렌은 한방 처방이 아니라 위염에 좋다고 알려진 한의학의 수십 가지 처방 중 하나인 애엽(강화쑥)에 기반하고 있고, 조인스정은 여러 한약재를 스크린한 다음 세 가지 약재를 섞어 만든 창방(새로 만든 처방)이다. 따라서 이 두 천연물 신약이 출시된 2000년대 초중반까지만 해도 한의계는 이를 문제시하지 않았다. 문제는 신바로, 네일라정과 같이 기존의 처방을 거의 그대로 가시고 온 천연물 신약인데, 특히 이 두 약의 출시로 천연물 신약 분쟁이 본격적으로 시작되었다.

대한한의사협회 산하의 비상대책위원회가 2012년 10월 꾸려져 천연물 신약 투쟁을 이끌게 된다. 주요 활동은 광고와 기자회견 등을 통한 여론전, 거리 집회, 그리고 법적 투쟁이다. 우선 한의계는 신문과 방송을 통해서 천연물 신약 개발에 대해 정부, 제약업계, 양방계를 거칠게 비판하고 천연물 신약 정책의 잘못을 홍보했다. 가령 2012년 10월 23일 대한한의사협회는 다음과 같은 광고를 『조선일보』, 『중앙일보』, 『경향신문』 등의 주요 일간지에 실었다(강환웅, 2012). "2만 한의사는 식약청에 폭탄을 던지고 싶다. 겨레의 자산 한약을 거대 제약회사에 팔아넘긴 식약청은 자폭하라!!" 2013년 4월에는 종합편성채널을 통해서 천연물 신약의 일부에서 발암물질이 검출되었다고 주장하며 천연물 신약의 위험성을 알리고 개발을 중지해야 한다는 여론전을 펼쳤다. 이 과정에서 한의계는 2000년에 제정된 '천연물신약연구개발촉진법'이 한방 처방을 신약으로 인정하게 만든 악법이라 규정하고 이 법에 근거한 식약처의 고시를 폐지하라고

대한한의사협회가 천연물 신약을 규탄하는 신문 광고(강환웅, 2012)

주장했다.

대한한의사협회는 식약처, 국회, 서울역 등에서 대대적인 거리
시위를 벌이며 천연물 신약에 관련된 법규를 폐기하라고 주장했다.
2012년 10월 18일에는 식약청(당시 명칭)에 대한 국회 보건복지위원
회의 국정감사에 맞추어 2000명의 한의사들이 집회에 참가하여 천
연물 신약 정책을 성토했다(하재규, 2012). 한의사들은 "한약 말살 공
작, 식약청은 자폭하라", "천연물 신약, 진짜 신약 맞기는 맞냐!",
"국민의 생명을 지켜야 될 식약청이 국민의 생명을 위협하고 있습
니다" 등의 문구가 적힌 피켓을 들고 천연물 신약 개발과 정책의 부
당성을 알리는 데 주력했다. 2012년 10월 24일 국회 앞 집회에서는
1만 명의 한의사가 운집한 가운데 천연물 신약 정책을 폐기할 것과
한의학 보호를 위해 독립한의약법을 제정할 것을 촉구했다.

더 나아가 대한한의사협회는 천연물 신약 개발을 막아달라며 법
적 소송을 하기에 이른다. 대한한의사협회는 2012년 12월 12일 천
연물 신약과 관련된 의약품 품목 허가 고시 무효 소송을 제기하고
한방 처방에 근거한 천연물 신약은 한의사들의 이익에 반하는 것이

라고 주장했다(김대영, 2013). 이 소송에서 원고는 대한한의사협회이고 피고는 식약처였다. 2013년 총 6회의 변론을 거쳐 2014년 1월 9일 1심 판결이 나왔다. 법원은 천연물 신약이 한약에서 유래되었음에도 한의사가 사용할 수 없다는 점에서 위법성이 있다고 판단하였다(김대영, 2014). 그러나 이 판결은 레일라정과 같이 한방 처방을 그대로 가져와서 만든 천연물 신약에 대해 앞으로 식약처가 품목 허가를 내줄 수 없다는 입장이지, 그 이상도 이하도 아니었다(강환웅, 2014). 분명 한의계에 유리한 판결이었지만 천연물 신약을 한의사와 양의사가 공동으로 사용할 수 있다는 뜻도 아니었다. 또한 법원은 천연물 신약이 반드시 한방 원리에 의해서만 개발된다고 볼 수 없기 때문에 한의사만이 처방할 수 있다고 단정할 수 없다고도 판결했다(강환웅, 2014). 이 판결에 불복하여 식약처는 2014년 1월 24일 항소장을 제출했다. 2015년 8월 20일에 나온 2심 판결은 1심과는 반대로 식약처의 승리였다. 재판부는 천연물 신약이 서양 의학적 원리에 의해 만들어졌기 때문에 양의학의 영역이며 한방 원리에 의해 제조된 한약은 천연물 신약과는 다르다고 판시했다(박민욱, 2016).

1심과 2심 판결이 난 후 한의계와 식약처는 타협점을 찾게 된다. 대한한의사협회가 소를 취하하는 대신 식약처는 2016년 10월 10일 '한약(생약) 제제 등의 품목 허가·신고에 관한 규정 일부 개정'이라는 고시를 변경함으로써 기존의 천연물 신약을 만드는 방식을 인정하지 않게 된다(강환웅, 2016). 한국적 상황에서 한약 처방처럼 여러 약재들을 섞어서 만드는 의약품은 더 이상 '천연물 신약'이 아니라 '천연물 유래 의약품'이 된다고 보았다. 하지만 천연물 신약이라는 용어 자체는 살아 있는데 아스피린이나 탁솔과 같이 단일 성분을 분리

한의사 단체의 천연물 신약 규탄 집회

한 화합물 신약이 여기에 해당한다. 이는 한국적 천연물 신약을 만들 때 규제와 연구개발 비용을 낮추어준 혜택을 철회한다는 뜻이다. 즉 한국에서도 천연물 신약을 만들려면 글로벌 기준에 부합하는 까다로운 규제와 연구개발 과정을 거쳐야 한다. 또한 식약처는 스티렌, 레일라정, 신바로와 같은 기존에 허가된 일곱 개 의약품의 광고에도 '천연물 신약'이라는 말을 더 이상 사용할 수 없게 했다(강환웅, 2017). 결과적으로 제약회사가 기존의 방식으로 천연물 신약을 만들거나 각종 실험 면제를 받을 수 없으며 국민건강보험에서 약의 단가에 대한 혜택도 받을 수 없게 되었다. 곧 스티렌과 레일라정 같은 약들은 더 이상 신약이 아닌 천연물 유래 의약품으로서 사용 근거, 법적 근거, 제도적 경계를 좀 더 명확하게 했다. 이렇게 해서 천연물 신약 분쟁은 일단락되었다. 하지만 한방 처방을 근거로 한 의약품의 생산 가능성은 여전히 열려 있다.

창조와 갈등의 과정으로서의 의료산업 집합체

이 장에서는 한의학의 바이오경제화를 권력지형 속에서 생명공학과 한의학이 결합된 의료산업 집합체의 형성으로 파악했다. 새로운 '바이오가치'는 생명공학이 생명체의 가치를 과학적 변형을 통해 창출하는 것뿐만 아니라, 지역적인 문화 자원을 새로운 방식으로 연구개발하는 과정을 통해서도 얻어진다. 즉 바이오가치는 여러 방식으로 창출되고 바이오경제도 다양한 방식으로 형성될 수 있는데, 생명공학은 지역적이고 구체적인 맥락 속에서 한의학 지식을 과학적, 산업적으로 재창조하고 있다.

한의학의 바이오경제화는 몸과 의료에 대한 새로운 문화적 가치의 출현과 연관된다. 한방 바이오경제는 웰빙과 자연주의를 적극적으로 포용한다는 점에서 서양 의학의 환원주의적이고 질병 중심의 의료와 대비된다. 자연친화적이고 반화학적인 이미지를 가진 한방제품들은 이런 문화적 가치를 중시하는 소비자들에게 적극적으로 어필한다. 이와 함께 한의학 연구개발의 확대는 한의학 바이오경제화의 과학적 인프라를 제공한다. 정부와 기업은 한의학이 고부가가치사업이 될 수 있다는 희망과 기대를 갖고 2000년대 이후 적극적인 투자에 나섰다. 이를 통해 한의학 바이오경제가 활성화될 수 있는 생명공학적 기반이 형성되었다.

한의학에 기반한 많은 제품들의 생산과 확충이 전통적 지식과 한국인의 문화에 기반한다는 점에서 '바이오경제의 문화화' 또는 '바이오경제의 전통화'로 이해될 수 있다. 하지만 이는 의료계, 정부, 기업 간의 복잡하고 불규칙적인 권력지형 속에서 작동한다. 이 장에서 분석의 초점이 된 '천연물 신약'은 글로벌 기업/한국 제약회사/한방 바이오벤처의 위계, 한방과 양방의 법적 지위와 의료이원화 체계, 한의학과 정부의 관계 등 다양한 권력관계 속에서 만들어졌다.

천연물 신약의 탄생은 글로벌 제약산업의 구조 안에서 한국 제약산업의 영세성을 극복하기 위한 전략적 선택인 동시에, 정부와 한국 제약산업이 한의학의 전통과 한국의 의료문화를 적극적으로 인정하고 창조한 결과다. 하지만 한의계는 이를 일종의 '바이오약탈'로 규정했다. 제약업계가 한의학을 침범했다고 비판했으며 천연물 신약 정책의 폐기를 주장하며 투쟁을 벌였다. 반면 제약업계-정부-양방은 천연물 신약이 과학적·산업적 변형을 거쳤기 때문에 한의학의 영역이 아니라고 주장했다. 천연물 신약 분쟁은 역사적으로 구조화된 한방과 양방의 오랜 영역 갈등 속에서 이 둘의 경계를 넘으면서 새로운 영역 갈등을 낳았다. 결국 이 분쟁은 새로운 법적·제도적 타협으로 일단락되었다. 한의학의 바이오경제는 한의학 가치를 새롭게 창조하는 과정인 동시에, 새로운 정치적·경제적·법적 갈등을 수반하며 형성되는 의료산업 집합체다.

8장

근대는
창조와 갈등의
신新집합체이다

근대는 어떻게 구성되는가

한의학의 근대화는 근대를 새롭게 바라볼 수 있는 중요한 관점과 사례를 제공해준다. 한의학이 보여주는 근대는 우리의 외부에 존재하거나 극복해야 하는 초월성과 부정성이 아니라, 우리와 같이 살고 싸우고 창조하는 내재성이다. 곧 근대/전근대, 과학/전통의학, 서구/동양, 물질/정신의 이분법적 사고는 초월성과 부정성에 기반한 사고방식이다. 이 사고방식에 따르면 전근대를 부정하고 초월해야 도달하는 것이 근대이며, 전통의학과 미신을 부정하고 초월해야 도달하는 것이 과학이다. 우리는 근대라는 초월적 기호에 유혹되어 그것을 끊임없이 추구해왔지만 그러한 근대에 도달할 수 없다. 내재성으로서의 근대, 곧 무엇인가 결핍되지 않은 근대를 끌어안을 때 우리는 근대를 다원적이고 내재적으로 바라볼 수 있게 된다.

우리가 근대를 부정성과 초월성에 기반하여 보는 습관은 근대가 권력지형과 긴밀하게 엮여 있다는 데서 연유한다. 전통의 조선은 근대의 일본에 패배했고, 전통의학인 한의학은 근대 의학인 양의학에 패배했기 때문에 전근대는 뭔가 결핍되어 있는 것처럼 보인다. 근대의 권력 효과 때문에 전통과 근대를 바라보는 이분법이 생겼고, 전통은 부정되고 극복되어야 할 대상으로 여겨지는 부정성과 초월성의 관점이 득세하게 되었다. 이 관점이 근대 담론에서 득세하게 된 것은 그 자체로 심오한 탐구의 대상인데, 막스 베버는 이 관점의 형성에 심대한 영향을 미쳤다. 막스 베버의 근대 논의가 지난 100년 동안 끊임없이 논쟁되고 부정되었던 연유이기도 하다.

베버는『프로테스탄트 윤리와 자본주의 정신』서문의 두 번째 문장에서 "오직 서구에서만 현재 우리가 타당하다고 인식하는 과학이 존재한다"(Weber, 1992: 13)라고 선언했다(고딕 서체는 인용자의 강조). 자본주의의 문화적 기원을 다룬 이 책은 사회과학의 역사에서 가장 중요한 책 중 하나일 뿐 아니라 근대 논쟁에서 가장 중요한 위치를 차지하는 책 중의 하나다. 베버는 자본주의의 기원을 '합리성'rationality이라는 문화적 속성에서 찾았고 이 합리성이 자본주의뿐만 아니라 근대 사회 조직을 구성하는 가장 중요한 요소라고 밝혔다. 그리고 이 합리성을 대표하는 것이 과학이다. 베버는 이 책의 맨처음부터 근대적 지식, 곧 과학의 중요성을 역설했다. 이에 반해 동양의 과학들은 수학적 기반이 "부족하고" 실험 방법이 "부족하며" 동양의 의학은 생화학적 기반이 "부족하다"고 강조했다(Weber, 1992: 13-14). 베버는 동양을 합리성 또는 과학이 '결핍'된 문명으로 보았고, 서구가 동양을 압도할 수 있었던 것은 서구가 합리성 또는 과학성을 가졌기 때문이라고 주장한다. 이 '결핍 모델'은 우리를 오랫동안 억

압했으며 아직도 우리가 근대화, 선진화를 이루는 데 실패했다고 주장할 때 항상 동원하는 논리다. 우리는 서구에 비해 뭔가 결핍되어 있기 때문에 온전한 근대화나 선진화를 이루지 못했다는 것이다.

베버의 저작이 근대 논쟁에서 차지하는 역할은 지대했다. 베버의 명제는 우월한 서구와 열등한 동양이라는 이항대립을 만들었고, 이는 라투르(Latour, 1993: 97)가 말하는 대분할Great Divides, 곧 과학/전통, 서구/동양, 발전/저발전, 선진/후진, 우리/그들의 끝없는 이분법적 위계질서를 생산했다. 근대에 대한 비판이나 포스트모더니즘에 대한 옹호는 상당수 베버가 만들어놓은 이 이항대립을 극복하고자 하는 시도였다.

'근대'는 사회과학의 가장 중요한 개념 중 하나다. 근대는 대단히 복잡하고 다의적이며 정의 내리기 힘든 개념이다. 근대를 이해하는 시간적 범위, 대상, 주체의 자율성, 외부/내부의 경계에 따라 근대를 달리 해석할 수 있다. 근대는 변화에 대한 메타 해석인 동시에 관점에 따라 다양한 방식으로 해석이 가능하기 때문에 근대에 대한 '최종 해석'이란 없다. 근대는 열려 있는 개념이며 또한 복합성, 혼종성, 중층성, 모순을 포함한다. 근대는 사회과학의 메타담론이다. 사회과학자들이 근대에 관심을 갖는 것은 근대가 '거대한 전환 또는 변화'를 가져다주었기 때문이다.

근대를 정의하는 방식은 크게 두 가지다. 하나는 규범적 접근 normative approach이고, 다른 하나는 체제적 접근institutional approach이다(Nederveen Pieterse, 2001). 규범적이라는 말은 근대와 근대 아닌 것을 나누는 중요한 문화적 변수다. 가령 계몽, 합리성, 해방과 같은 규범적 속성이 근대를 가르는 중요한 변수가 된다. 베버와 같이 합리성이라는 단일한 변수가 근대를 특징짓는다고 주장하는 학자가 있는 반면 파슨스와 같이 보편주의, 감정적 중립, 개인주의, 성취 등의 다양한 변수들을 포함시키는 학자도 있다.*

근대를 정의하는 두 번째 방식은 체제적 접근인데 자본주의, 민주주의, 산업화, 도시화, 국가, 관료제 등 전통 사회와 구별되는 근대 사회가 이룩한 사회 체제를 말한다. 앤서니 기든스(Giddens, 1990: 59)는 자본주의, 산업주의, 감시 체제, 군사권력이라는 네 가지 체제가 근대를 이룬다고 설명한다. 이러한 체제적인 특징들과 신뢰, 탈배태 disembeddedness, 성찰적 지식과 같은 문화적·인식론적 특징들을 중심으로 근대를 정의한다. 그는 근대를 "17세기 유럽에서 시작하여 계속해서 세계적으로 영향을 미친 사회적 삶 또는 사회조직의 양식들"이라고 정의한다(Giddens, 1990: 1).

베버가 말하듯 합리성 같은 규범적 기준이 '근대'를 의미할까? 많은 학자들이 비판하듯 모든 문화는 그들 나름의 합리성이 있다 (Goody, 1996: 11). 베버가 말하는 합리성의 적자인 과학도 마찬가지다. 과학사를 연구한 많은 학자들이 비서구의 과학도 합리성에 기반해 있으며 서양의 과학도 비통일적이라고 주장했다. 곧 과학은 하나의 통일적 전체unity of science가 아니라, 커다란 해석이나 실행으

---

* 베버와 프랑크푸르트학파(비판이론)는 도구적 합리성이 총체적으로 관리된 체제를 낳는다는 점에서 근대를 비판적으로 보았다. 하버마스(Habermas, 1985, 1991)는 합리성의 재구성, 곧 의사소통적 합리성을 도구적 합리성으로 대체함으로써 근대의 병리를 치료하고 해방의 기획으로서의 근대를 다시 복구시키려고 노력한다. 의사소통적 합리성이 제도적으로 구현된 것이 민주주의이며 이를 통해 근대가 낳은 국가와 시장의 부작용을 교정할 수 있다는 것이 하버마스의 주요 주장이다. 이와 같이 합리성의 규범적 접근도 대단히 복잡한 논쟁을 동반한다.

로 환원될 수 없는 다양한 과학 문화와 실행들의 집합이다. 과학의 비통일성disunity of science은 과학이 하나의 커다랗고 통일된 세트가 아니라 비통일적인 과학 문화들의 동시적 공존임을 말한다. 과학은 문화라는 시각이 1990년대 이후 급속하게 받아들여졌다(Pickering, 1992). 근대를 규정하는 어떠한 규범적 기준을 만들려는 무수한 시도는 실패로 끝났다. 왜냐하면 이처럼 사회 '변화'를 이분법적으로 이해하는 시각으로는 다양한 사회 변화를 설명할 수 없기 때문이다. 또한 이런 규범적 기준은 발전/저발전, 전통/근대와 같이 사회 변화를 진화론적으로 바라보기 때문에 애초부터 오리엔탈리즘적이다. 왜냐하면 이런 관점은 비서구의 문화와 역사의 긍정성을 전적으로 부정하기 때문이다. 따라서 이런 시각으로 본다면 이 책의 주제인 한의학의 과학적 구성은 애초부터 불가능한 프로젝트다. 전통적 지식은 폐기되어야 하며 과학적 지식에 의해 대체되어야만 한다.

과학철학의 전통에서도 베버가 추구하고자 한 비슷한 일이 일어났다. 과학을 결정짓는 기준이 무엇인가에 대한 논쟁이 오랫동안 전개되었다. 귀납주의, 가설·연역주의, 반증주의 등 다양한 방식으로 과학의 기준을 마련하려는 시도들이 모두 실패했다(장대익, 2008). 이런 기준들을 넘어서 과학이 문화라고 주장한 토머스 쿤의 주장은 일면 타당하지만 과학을 통일된 전체로 본 점에서는 틀렸다. 어떤 과학적 기준이 과학을 결정지을 수 있다는 생각이 실패로 돌아가자 과학기술학은 '과학이 실제로 어떻게 이루어지는가'를 연구했으며, 과학은 '실제로' 다양한 방식으로 행해진다는 사실을 발견했다. 우리는 이러한 입장을 넓게 '구성주의'라고 부른다. 과학기술학 내부에서 이에 대한 논쟁이 있었다. 이 책이 보여주듯 '한의학의 과학화'는 다양한 방식으로 이루어지고 어떤 특정한 기준을 따르지 않는다.

근대를 특정한 체제적 변화로 보는 방식도 한계를 드러낸다. 자본주의, 산업주의, 민주주의 같은 체제의 변화가 근대라고 말할 수 있을까? 최근의 연구들은 '다양한 자본주의' '다양한 산업주의' '다양한 민주주의'라는 개념들을 제시하고 증명했다. 곧 이런 체제 변화라는 것도 지역과 맥락에 따라 다르게 나타나며 이를 이루는 공통 요소를 찾는 것은 힘든 일이다. '중국식 자본주의' '미국식 자본주의' '한국식 자본주의' '독일식 자본주의'가 각기 다른 방식과 문화 속에서 행해지듯 특정 체제 변화가 근대를 보장하지는 않는다. 근대화 이론은 미국식 근대화 또는 서구식 근대화를 따라야 한다는 점에서 한편으로 제국주의적이고 다른 한편으로 규범적 근대와 마찬가지로 오리엔탈리즘적이다. 1950년대 이후 미국 중심의 근대화 이론은 소련 중심의 공산주의에 맞서는 이데올로기였다. 가령 근대화 이론의 중심인물이자 『경제발전의 단계들』The Stages of Economic Growth(1960)의 저자 월트 로스토Walt Rostow는 애초에 공산주의를 무너뜨리고 서구적 가치를 전파하려는 의도를 가지고 있었다. '반공산당 선언'A Non-Communist Manifesto이라는 부제가 말해주듯이 그의 근대화 이론은 뚜렷한 정치적 목적을 가지고 있었다.

근대를 정의하려는 시도들이 실패하자 다양한 지역과 문화에서 '근대가 어떻게 구성(생산)되는가'라는 관점이 득세하게 되었고 결과적으로 다양한 형태의 근대가 보고되었다. 곧 이 관점을 가진 연구들은 '다양한 근대' 혹은 '대안적 근대'라는 관점을 받아들였고 이 책도 이런 관점을 지지한다. '근대의 구성'이라는 관점은 각 나라가 가진 문화적 자원들을 긍정적으로 바라본다는 점에서 자문화 중심주의와 오리엔탈리즘의 혐의로부터 벗어날 수 있다. 또한 비서구 행위자들의 능력을 인정함으로써 인종주의의 혐의에서 벗어나 다원주의적 근대관을 형성할 수 있다.

　'근대'에 관한 가장 큰 오해 중 하나는 이를 '총체적이고 단일한 거대 변화'로 인식한다는 점이다. '사회' 변화로서의 근대를 말할 때 우리는 '사회'가 무엇인지 분명하게 알아야 한다. '사회'는 통일된 전체가 아니라 '세트들의 세트들'이다. 정치의 세트들, 경제의 세트들, 법률과 규제의 세트들, 의료의 세트들, 교육의 세트들이 제각기 다른 논리들을 가지고 있지만 서로 연결된 채 사회를 구성하고 있다. 따라서 우리가 근대를 '사회' 변화로 이해한다면 근대는 '변화의 세트들의 세트들' 또는 '변화의 집합체'로 이해될 수 있다. 이 관점에서만 우리는 사태를 올바로 볼 수 있게 된다.

　이 책에서 설명하는 한의학의 근대화에서 다양한 변화들이 일어났다. 국가 의료 체계로의 진입, 국민건강보험으로의 편입, 한의대의 설립, 근대 병원의 도입, 실험실에서의 한약과 침의 과학화, 한의학의 산업화, 진료실에서의 양의학과의 퓨전은 하나의 원칙이나 원리에 따라 한의학이 근대화된 것이 아니라 각각의 장소와 행위자들에 의해 '다양한 논리와 다양한 방식'으로 근대화된 것이다. 이는 어떤 법칙이나 규칙에 따라 움직이는 것이 아니라 예측할 수 없는 우발적이고 집합적인 성취물이다. 한의학의 '변화의 세트들의 세트들'이 곧 한의학의 근대화다. 이것이 이 책의 창조적 유물론이 보여주고자 했던 것이다. 하지만 여전히 풀리지 않는 의문이 있다. 그것은 한의학과 과학/양의학의 충돌 및 지배관계다. 즉 서구/비서구의 권력관계를 이해하지 않고서는 전체 그림을 볼 수 없다.

서구와 비서구의 만남과 권력지형

『총, 균, 쇠』의 저자 재레드 다이아몬드는 근대사에서 가장 중요한 충돌이 168명의 스페인 군대가 8만 명의 잉카제국 군대와 싸운 것이라고 단언한다(다이아몬드, 2017: 92). 1532년 11월 페루의 카하마르카에서 두 군대가 마주쳤다. 총, 쇠칼, 갑옷, 말로 무장한 스페인 군대는 손도끼, 나무 곤봉, 갈고리 막대로 무장한 잉카 군대를 순식간에 격파하고 황제 아타우알파를 생포했다. 스페인 군대의 총과 빠른 기병의 공격에 잉카 군대는 속수무책으로 당할 수밖에 없었다. 피사로는 아타우알파를 8개월 동안 인질로 잡고 있다가 다량의 금을 받은 이후 약속을 어기고 그를 처형하고 잉카제국을 무너뜨렸다. 이는 근대와 전통의 충돌이라는 관점에서 가장 극적인 사건 중 하나이며, 식민 지배를 당한 입장에서는 서구 근대를 부정적으로 볼 수밖에 없는 이유이기도 하다.

스페인의 근대와 잉카 전통 간의 충돌을 개념적으로 어떻게 이해해야 할까? 이 극적인 사건에 대한 이해는 우리가 양의학이라는 근대와 한의학이라는 전통의 관계를 개념적으로 이해하는 데 도움이 된다. 이 책에서 설명한 대로 근대와 전통 모두 세트들의 세트들로 이해할 수 있다. 피사로의 군대는 총, 균, 쇠로 무장한 근대의 세트들이었고 아타우알파의 군대는 나무 곤봉, 가마, 손도끼로 이루어진 전통의 세트들이었다. 여기서 앤드루 피커링Andrew Pickering이 말하는 물질적 공약불가능성material incommensurability이 발생한다. 토머스 쿤은 패러다임 간의 차이에서 공약불가능성이 발생한다고 말했는데, 이것은 패러다임 간의 관점의 차이를 비교할 수 없다는 의미다. 이를 따르면 한의학이 몸을 바라보는 관점과 양의학이 몸을 바라보는 관점이 다르기 때문에 애초에 비교는 불가능하다. 쿤의 관점은 다분히 해석의 우위성을 염두에 두고 있지만 피커링은 이를 비틀어 물질세계에서도 공약불가능성이 존재하며 이는 두 집합체의 힘의 **불균형**을 설명해준다고 말한다(고딕 서체는 인용자의 강조). 곧 피사로의 '인프라 권력'이 잉카의 '인프라 권력'을 압도했다.

하지만 우리는 왜 아직도 '동양의 정신, 서양의 물질'이라는 이분법에 갇혀 사태를 제대로 보지 못할까? 이는 근대 초기 조선이라는 비서구 국가가 서구의 물질적 힘에 압도되었기 때문이다. 서구와 비서구가 충돌하는 과정에서 한국 사회는 서구의 '물질적 힘과 발전'에 압도되었다. 근대가 도입되기 시작한 1880년대 조선 사회는 애초부터 서구의 힘이 부국강병과 연결되어 있음을 자각했다.

> 서구 식민주의가 주도하는 호전·경쟁적인 국제 질서에서 한국 사회는 국가의 부강과 주권 유지를 위해 서구를 학습할 필요성을 인식하기 시작했다. 개화론자들은 서구를 물질적 부와 물리적 힘의 세계로 인식하고 경제·기계·기술·군사 등의 영역에서 그들이 이룬 놀랄 만한 성취에 큰 관심을 가졌다. 이들은 서구 체제의 장점을 한국 사회가 배워서 나라가 부강해지기를 기대했다. (김종태, 2018: 62)

조선은 서구의 힘의 우위를 긍정한 반면 약소국을 침략하는 비윤리성을 목격했고, 평화를 사랑하고 상대방을 존중하는 한국 '정신'의 우위를 내세웠다. 따라서 서양과 동양의 충돌은 집합체 대 집합체의 충돌이 아니라 '물질 대 정신'의 충돌로 잘못 해석되었다. 서양과 동양의 충돌은 물질 대 정신의 충돌이 아니라 서양의 인프라 권력 대 동양의 인프라 권력의 충돌이었다.[*]

한의학과 양의학의 충돌 또한 정신 대 물질의 대결이 아니라 집합체 대 집합체의 대결이었다. 여기서 한의학과 양의학은 국가와 국민의료와 다른 정치경제적 관계로 연결되어 있었다. 한의학이 조선의 공식 의료였음을 생각한다면 한의학이 느슨하게나마 국가와 동맹관계였음을 알 수 있다. 구한말부터 일제 식민지 시기까지 새롭게 들어온 양의학은 병원, 국가 의료 체계, 의료 인력 등의 양의학 결합체를 이루었고 한의학에 적대적인 힘으로 작용했다. 일제가 조선에서 한의학을 완전히 제거할 수 없었던 이유는 양의학 집합체가 국민의료를 모두 담당할 수 있을 정도로 성장하지 못했다는 데 있다. 피사로의 군대가 아타우알파의 군대를 완전히 무너뜨릴 수 있었던 것과 같은 압도적 힘이 양의학에는 없었던 것이다.

식민지 시기에도 한의학은 다양한 방식으로 살아남았고, 해방후 법률적 정당성을 인정받으며 의료이원화 체계가 만들어졌다. 이는 한의학이 국가의 법률적 승인을 받아 자신의 집합체를 확장시킬 수 있는 결정적인 계기였다. 한의학은 양의학 집합체의 힘이 나오는 원천을 자각했다. 그래서 양의학을 모델로 대한한의사협회 같은 의료 전문조직의 세트들을 만들었고 전국에 12개 한의과대학의 세트

---

[*] 고전적 근대이론은 전통과 근대, 기계적 연대와 유기적 연대, 게마인샤프트Gemein-schaft와 게젤샤프트Gesellschaft 등 사회 변화를 양분된 과정bipolar process으로 보는 경향이 있다. 이는 다양한 근대를 이해하는 데 심대한 방해물이 되며 이런 방식의 근대는 결코 없었다고 라투르는 주장한다(Latour, 1993).

들을 만들었으며 수많은 한방병원들과 한의원들의 세트들을 만들었다. 또한 국립한방병원, 한의약정책관, 국민건강보험 편입, 대통령 한의사 주치의 등 국가기구들 내에서 한의학의 세트들을 확장하는 데 성공했다. 한의학과 양의학의 충돌은 계속되었지만 그 과정에서 한의학은 지속적으로 양의학과 과학의 세트들을 자신의 영역 속으로 끌어들임으로써 한의학 집합체를 성장시킬 수 있었다. 따라서 우리가 목격했던 한의학의 그림은 피사로 군대에 의한 잉카 군대의 전멸이 아니었다. 한의학은 양의학/과학과 충돌해왔지만 끊임없이 이들과의 하이브리드화(혼종화)를 통해 확장되었고, 국가와의 싸움과 타협을 통해 자신들의 인프라 권력을 성장시킬 수 있었다. 곧 서구와 비서구의 만남은 여러 상황과 정치경제적 맥락에 따라 다르게 나타나며 때로는 충돌하고 때로는 상대방의 세트들을 빌려오고 때로는 자신들의 영역을 변형시키면서 진행된 복합적이고 모순적이며 중층적인 과정이었다.

한의학의 근대는 미리 짜인 계획이나 목적에 의해 일목요연하게 이루어진 것이 아니다. 한의학의 근대화는 통일적 전체가 아니라 우발적인 역사적 사건들, 공격적인 한의사 집단의 정치력, 한의학과 양의학의 혼종성 등 '비통일적 세트들의 확장과 변화'다. 통일적 전체로 근대를 이해하는 것은 '전부 아니면 무'라는 조급하고 과격한 결론으로 이어진다. '비통일적 세트들'로서의 근대는 다양한 방식으로 행위자들의 자율성과 창조성에 의해 만들어진다. 근대는 끊임없이 확장 가능한 행위자들의 열린 기획이다.

일제시대 국가는 양의학을 중심으로 인구 관리를 했고 한의학을 핍박했다. 이런 관점에서 양의학과 한의학의 충돌은 지배와 종속으로 이해될 수 있고 그 충격은 컸다. 해방이라는 사건은 한의학의 세트들을 발전시킬 수 있는 '정치적 자율성'을 확보하는 계기가 되었다. 한의학이 발전하는 데 있어 '해방의 근대성'은 중요하다. 하지만 여기서 주의할 점은 해방 이후 한의학이 법적 지위를 인정받았음에도 불구하고 국가 의료 체계로부터의 소외와 과학 이데올로기로 인해 한의학의 세트들이 자유롭게 만들어진 것은 아니었다는 점이다. 곧 '해방의 근대성'이 한의학의 세트들의 확장을 보장하지는 않는다. 여기서 중요한 점은 식민화된 지식이 주체적이고 자율적으로 자신의 지식을 생산해가는 것이다. 해방 이후 한의사 집단은 기나긴 싸움을 통해 한의학을 창조해왔다. 한의학의 근대를 긴 시간적 범위에 놓게 되면 한의학의 근대화에 대해 기원론에 의지하거나 이분법에 빠지지 않을 수 있다.

근대의 시간성은 동일하고 객관적인 시간의 흐름을 의미하지 않는다. 가령 일본 제국주의와의 대면 속에 한의학은 국가 의료 체계로부터 배제되었고 해방 직후 한의학은 국가 의료 체계로 편입되었다. 근대를 형성하고 규정짓는 유일무이하고 결정적인 역사적 순간은 없다. 이는 근대적 시간성의 중첩성, 불연속성, 우발성을 의미한다. 곧 세트들의 세트들의 형성으로서 근대는 과거와 연속성이 있다는 점을 분명히 하는 동시에 과거로 환원할 수 없는 '현재성'도 중요함을 뜻한다. 이 지점에서 '실시간 분석'real-time analysis이 중요한데, 이는 현재가 과거의 세트들에 영향을 받기는 하지만 그것에 의해 결정되는 것은 아니라는 사실이다. 이것이 내가 문화기술지(또는 민족지, ethnography)를 통해 행위체의 창조성이 어떻게 새로운 근대의 세트들을 사회물질적으로 생산하는지를 보여주려는 지점이다.

과거로부터 물려받은 자원들을 적극적으로 사용하되 과거로 환원되지 않는 '신집합체의 창조적 생산'을 문화기술지적 시각으로 바라본 것이다. 이 과정에서 특히 사회물질적 현상의 갑작스럽게 솟구쳐 오름emergence을 이해하는 것이 중요하다. 근대는 과거에서 주어진 것만이 아니라 현재에서 '성취'되어 솟구쳐 오른다. 여기서 행위자의 능력과 자율성이 외부의 힘에 저항하거나 또는 역으로 이 힘을 빌려 어떻게 근대를 재구성하는지를 보는 것이 중요하다. 즉 근대는 주체의 기획이기도 하다.

근대 초기 한의학과 양의학의 충돌에서 한의사 집단은 피해자이고 이를 탄압한 양의학과 국가기구는 가해자다. 지금의 시점에서도 한의사 집단은 여전히 피해자인가? 나의 사례 연구들이 보여주듯 어떤 측면에서 이들은 여전히 피해를 보는 듯하다. 자연과학의 영역에서 과학적 언어가 한의학적 언어보다 우위에 있으며, 병원에서 한의사는 의료기사 지휘권이 없다. 제약회사들을 상대로 한의사 집단은 한약을 보호하기 위해 고군분투하고 있다. 하지만 한국 사회에서 한의사 집단은 의사 집단과 같은 지위와 소득을 올리는 엘리트 집단으로 여겨지고 있다. 곧 피해자/가해자의 이분법적 프레임은 주체가 가지는 중첩되고 모순된 지위와 행위의 세트들을 보지 못하게 한다. 아타우알파의 잉카제국과 달리 한의학은 식민지 시기에서 살아남았고 해방 이후 기적 같은 성공을 이루었다. 즉 우리는 근대의 세트들이 만들어지는 과정에서 권력의 이분법으로 환원되지 않는 '권력지형'을 파악해야만 사태의 진실에 접근할 수 있다. 다중적 권력들의 세트들로서의 '권력지형'은 주체들의 대결로서의 권력, 사회적 합의체로서의 권력, 그리고 인프라로서의 권력으로 이해될 수 있다. 따라서 하나의 권력 유형만으로 한의학의 근대화를 보는 것은 권력의 다층성, 유동성, 비통일성, 생산성을 보지 못하는 것이다.

한의학의 근대화를 통해 '식민지 근대화론'과 '내재적 발전론'을 다시 읽다

한의학의 근대화는 한국의 근대를 바라보는 혁신적인 관점을 제공한다. 근대에 대한 무수한 논쟁이 있었지만 한국 학계에서 가장 뜨거웠던 이슈인 '식민지 근대화론'과 '내재적 발전론'을 재해석함으로써 이 책에서 보여주고자 했던 혁신적 관점의 유용성이 잘 드러날 것이다. 곧 근대를 '변화의 세트들의 세트들' 혹은 '변화의 집합체'로 이해하고 서구/비서구 또는 제국/식민지의 관계를 '권력지형'이라는 관점에서 본다면 우리는 근대를 전혀 새로운 방식으로 보게 될 것이다.

식민지 근대화론은 조선을 정체되고 퇴보된 사회로 보고 일제에 의한 근대가 한국의 근대화에 긍정적이었다고 해석하면서 기존의 민족주의적 사관에 입각한 해석을 부정하면서 논쟁을 불러일으켰다. 식민지 수탈론자들은 '내재적 발전론'을 들고 나와 일제 식민지 시기 조선 사회가 자본주의로 진화할 가능성을 잘라버렸다고 주장한다. '자본주의 맹아'가 조선 후기에 이미 존재했으며 일제 식민지에 의한 타율적 강압은 주체적 역량을 발전시킬 기회를 박탈했다고 식민지 수탈론은 주장한다.

식민지 근대화론자들은 실증적인 통계 자료를 내밀며 "식민지기 인구는 연평균 1.33퍼센트 증가하고 1인당 국내총생산도 연평균

2.37퍼센트 증가해 인구와 1인당 국내총생산이 증가하는 근대적 경제 성장이 일어났다"라고 주장한다(정연태, 2011: 47). 반면 19세기 조선의 농업 생산량은 18세기보다 오히려 떨어졌고 실질임금과 생활 수준도 악화되었다고 주장한다. 따라서 식민지 시기는 '야만의 시대'가 아닌 '발전의 시대'라고 말하며 일제에 의한 근대화에 긍정적인 해석을 내놓았다.

양 진영의 주장과 비판을 살펴보면 우선 식민지 수탈론자 또는 내재적 발전론자들은 식민지 근대화론의 잘못을 다음과 같이 열거한다(정연태, 2011: 37-58). 첫째, 식민지 근대화론은 '경제성장 지상주의적 사고'를 갖고 있으며, 이는 "경제와 정치를 분리하고, 경제성장, 곧 기술의 근대성을 역사 발전의 유일한 지표로 여기는 편향된 사고"라고 비판한다(정연태, 2011: 39). 둘째, 식민지 근대화론자들은 한국 경제가 일본 경제에 예속되고 수탈로 동원된 점을 간과한 채 식민 지배를 위한 개발의 부산물을 강조하는 오류를 범하고 있다. 셋째, 식민지 시기의 경제적 발전이 해방 후 한국 경제 발전과 연속성이 있느냐는 문제다. 한국전쟁으로 인한 국가 시스템의 붕괴와 산업 시설의 파괴를 경험한 한국 사회가 일제로부터 물려받은 '유산'은 거의 없었다. 넷째, 식민지 근대화론의 이데올로기적 위험성이다. 이는 현 자본주의 질서와 경제성장을 옹호하고 노동, 복지, 환경 분야를 무시한다는 점에서 신자유주의적 이데올로기와 일맥상통한다.

반면 식민지 근대화론자들은 내재적 발전론자 또는 식민지 수탈론자들을 다음과 같이 비판한다. 첫째, 식민지 수탈론은 '자본주의 맹아'라는 서구 중심적인 역사관을 받아들임으로써 한국 근대화 과정의 역사성을 파악하지 못했다. 봉건사회에서 자본주의 경제 체제로의 이행을 직선적 역사 발전의 단계로 취급하는 전형적인 끼워맞추기식 역사 인식론이다. 둘째, 내재적 발전론자들이 상정하는 근대의 주체로서의 농민 집단에 대한 역사 인식이다. 내재적 발전론자들은 이들을 자본주의의 길을 열어가는 주체로 상정함으로써 역사의 실정과 맞지 않는 분석을 내놓았다. 셋째, 근대화에 대한 기원론적 접근의 문제점으로 한국 근대화의 실패를 일제 식민지라는 외부 탓으로 돌림으로써 한국 사회의 문제점을 간과하는 경향이 있다.

한국 학계에서 수십 년 동안 벌어진 근대 논쟁을 한의학의 근대화와 관련 지으면 다른 방식으로 바라볼 수 있다. 첫째, 내재적 발전론이든 식민지 근대화론이든 이들은 근대를 '통일적 전체'unified whole로 본다. 근대라는 사건은 너무나 중요하고 한국 사회에 지대한 영향을 미쳤기 때문에 이를 전체적으로 이해하려는 욕망을 불러일으킨다. 따라서 이는 근대를 이해하는 데 있어 이분법을 만들어낸다. 가령 내재적 발전론이 일본 제국주의 대 한국 민족주의라는 틀을 전제한다면 식민지 근대화론은 '정체된 조선' 대 '발전한 일본'이라는 틀을 전제한다. 근대를 통일적 전체로 보는 경향은 '탈근대론'이 주장하듯 근대의 중층성, 복잡성, 혼종성을 놓치기 쉽다. 한의학의 근대화는 양의학 및 국가와 충돌하면서도 다른 한편으로 과학과 양의학을 적극적으로 끌어안음으로써 그 영역을 점차 확장해나간다. '통일적 전체'로서의 근대는 주체, 과정, 목적, 결과를 모두 이분화하여 근대의 우발성, 다양한 세력들, 이질적인 연결 방식들, 혼종적 생산을 보지 못하게 한다. 곧 이러한 복잡한 창발성은 근대를 세트들의 세트들로서 보아야만 이해 가능하다.

둘째, 내재적 발전론과 식민지 근대화론 모두 근대를 '개방된' 집합체로 인식하지 못한다. 변화의 세트들의 세트들이 뜻하는 바는 한편으로 이 변화들을 하나의 일관된 논리로 설명할 수 없다는 뜻이며, 다른 한편으로 근대가 추동한 변화들이 '개방되어'open-ended 진행된다는 점이다. 내재적 발전론은 한국의 실제 역사를 마르크스주의라는 서구 이론에 끼워맞춘 셀프-오리엔탈리즘이다. 이는 한국 근대의 기원 또는 뿌리를 조선 후기 농경사회에서 찾는 환원론적 사고다. 식민지 근대화론 또한 해방 이후의 열린 기획과 성취로서의 근대를 이해하지 못한 자폐적 오리엔탈리즘이다. 근대를 '변화의 세트들의 세트들'로 본다면 근대를 이룬 결정적인 순간 또는 아르키메데스 점은 없다. 이는 이 책에서 적극적으로 반대하고 있는 '나무-뿌리'적 사고방식이며 현실적으로도 맞지 않고 이론적으로도 맞지 않는다.

셋째, 이 이론들은 '우연하고 불규칙적으로 성취된 집합체'로서의 근대를 보지 못한다. 내재적 발전론의 경우 근대의 기원을 조선시대의 맹아에 둠으로써 단선전 역사 발전의 궤적을 상정하는데, 이는 근대의 세트들의 세트들이 가진 우연하고 불규칙적인 생산을 보지 못하는 것이다. 다른 한편 식민지 근대화론이 주창하는 일제시기 경제적 성장과 인프라의 구축이 한국 근대에 결정적인 역할을 했다는 주장은 경험적으로 타당하지 않다. 식민지 근대화론에 대한 많은 비판이 있었듯이 한국 경제의 근대는 해방 이후의 경제성장이라는 불연속성과 성취에 기반한다. "우리는 거인의 어깨 위에 있는 난쟁이"라는 뉴턴의 말을 빌려 설명하자면 식민지 근대화론자들의 관점은 한국 근대의 형성은 일제라는 '거인'의 어깨를 빌려서만 가능했고, 우리는 그 위에 올라선 '난쟁이'라고 주장하는 격이다. 한국의 다양하고 거대한 변화들이 일제 이후에 이루어졌기 때문에 이런 관점은 역사적 사실과도 배치된다. 한국의 급격한 경제성장과 민주화는 일제가 건설한 한국 내 근대의 인프라에 기원하는 것이 아니라, 해방 이후 한국인들이 이룩한 성취의 세트들로 보는 것이 훨씬 더 타당하다.

한의학의 근대화도 마찬가지다. 가령 한국 한의학의 근대화는 해방 이후에 급속하게 진행되었고 이를 통해 만들어진 세트들의 세트들은 일제시대에 만들어진 세트들의 세트들을 압도한다. 라투르(Latour, 1987: 166)를 차용하자면 '한국의 근대는 일제 식민지라는 난쟁이 위에 올라선 거인'이다. 식민지 근대화론자들은 일제 식민지 시기의 근대를 과대평가함으로써 역사적 사실과 맞지 않으며, 암묵적으로 일본 제국주의를 찬양하기 때문에 정치적으로도 옳지 않다.

넷째, 내재적 발전론과 식민지 근대화론 모두 주체의 사회물질적 성취로서의 근대를 보지 못한다. 가령 이들은 해방 이후 한국인들의 집합적 성취로서의 근대를 간과하고 그들(일제)/우리(한국)라는 이분법 구도에서 근대를 해석한다. 내재적 발전론에서 '그들'은 우리의 자본주의 발전의 기회를 빼앗아간 나쁜 사람들이고, 식민지 근대화론에서 '그들'은 빈곤과 저개발로 허덕이던 조선을 그나마 발전시킨 주체다. 이들은 일제 이후 한국인들의 성취/좌절을 일제 식민지 시기를 전후해서 뿌리내리게 함으로써 한국인들의 창조적 역량을 간과한다. 한국인들은 근대라는 프로젝트를 통해 기존의 권력관계들과 집합체들을 변형시켰다. 근대와 권력지형은 변화하며, 이는 행위자들의 네트워크 만들기 능력 또는 집합체 만들기 능력에 달려 있다.

가령 창조적 행위자로서의 한의사 집단은 해방 이후 국가의 별 도움 없이 학교를 세우고 병원을 짓고 새로운 처방을 개발하고 후학을 양성했다. 한국의 경제성장과 더불어 한약 수요도 급증했고 덩달아 한의사 집단은 경제적 부를 획득하게 되었다. 한약의 인기는 급기야 약사 집단과의 전면적인 갈등을 일으킨 1990년대의 한약 분쟁을 낳았다. 한의사 집단은 여러 해에 걸친 투쟁을 통해 국가로부터의 지원을 끌어낼 수 있었다. 한의약정책관이 보건복지부 내에 만들어지고 한국한의학연구원이 국가 연구기관으로 새롭게 태어났다. 중앙정부와 지방정부는 한약의 경제적 효과를 바라며 한의학의 연구개발을 앞다투어 지원하고 있다. 창조적 행위자로서의 한의사 집단은 이렇게 국가 차원의 행정적 지원뿐만 아니라 연구개발비를 지원받음으로써 한의학의 세트들을 확장할 수 있었다.

여기서 한의사 집단의 이런 자율성과 자기주도성은 또한 과학과 양의학을 자신의 지식체계 속으로 편입해야 함을 의미했다. 근대의 혼종성은 행위자의 혼종성이기도 하다. 근대와 마찬가지로 한의사들은 '비통일적 정체성과 행위의 세트들'을 가진다. 이는 기존의 과학철학에서 말하는 관점 중심의 과학행위에 대한 거부인 동시에, 어떻게 한의학과 과학 또는 한의학과 양의학이 비통일적이지만 양립 가능한지를 설명한다. 인간의 행위는 부르디외의 아비투스처럼 구조화, 전체화되어 있는 발생 기제가 아니다. 실행practice의 구조화와 전체화는 행위의 혼종성, 무질서함, 모순성을 파악하지 못한다. 행위의 집합체로서의 행위체는 행위가 단일한 기제로 구조화될 수 없다는 점을 역설하며 행위의 사회물질성과 노마드성을 강조한다. 가령 한의사들은 한의학뿐만 아니라 과학과 양의학을 대학에서 배운다. 이때 한의학과 과학이 통합적으로 연결되지 않아 모순을 느끼는 한의학도들이 많지만 실제 상황에서 이 비통합적인 양립은 이들이 양쪽 언어를 모두 구사하는 능력을 배양하는 데 도움을 준다. 가령 6장에 소개된 문 교수는 어떠한 모순도 느끼지 않고 한의학과 양의학을 자유자재로 넘나든다. 의료행위의 혼종성과 양립 가능성을 보여줌으로써 그는 행위가 단일하고 전체적인 것이 아니라 비통일적이고 분절화된 실천의 세트들, 곧 행위체임을 보여준다.

다섯째, 우리가 근대를 세트들의 세트들의 변화와 창조라고 인정한다면 일제시대에 있었던 많은 변화와 창조와, 해방 이후에 있었던 많은 변화와 창조를 기꺼이 근대라고 부를 수 있는 여유를 갖게 된다. '딴스홀'의 탄생(김진송, 1999), 오빠의 탄생(이경훈, 2003), 서울의 탄생(임동근·김종배, 2015), 한국인의 탄생(최정운, 2013) 등 무수한 새로운 '탄생'들을 우리는 근대의 일부로 인정할 수밖에 없으며, 근대는 이제 정치, 경제, 문화, 시공간, 생활, 자아의 영역들을 모두 포괄한다. 식민지 근대화론과 내재적 발전론이 중심에 두는 '경제주의적 근대'는 근대라는 세트들의 세트들의 일부에 지나지 않으며, 풍부하고 다양하고 하나로 통일되지 않으며 모순적인 사회물질적 세트들의 변화로서의 근대를 보지 못하는 편협한 시가이다.

이와 같이 우리가 근대를 변화와 창조의 세트들의 세트들로 보고 권력지형을 끌어들인다면 근대는 어떤 목적론, 전체론, 환원론적 설명에 의지하지 않고 다양한 연결들, 사회물질적 성취, 권력지형의 변화와 확장, 그리고 주체의 창조적 행위성의 결과물로서 새롭게 이해될 수 있다.

근대는 창조와 갈등의 신新집합체이다

나는 이 책에서 한의학이라는 창을 통해 근대에 대한 이해의 폭을 넓히고 혁신적 관점을 제공했다. 한의학의 근대는 한편으론 양의학과 과학, 다른 한편으론 국가와의 권력관계 속에서 이해되어야 한다. 여기서 전통/근대, 한의학/양의학, 피해자/가해자, 전체론적 사고/기계론적 사고의 이분법을 넘어 어떻게 한의학이 다양하게 실험실, 병원, 산업체에서 창조적이고 혼종적으로 생산되는지를 살펴보았다.

한의학의 근대는 혼종적 근대hybrid modernity인데, 이는 한의학의 세트들의 세트들을 생산함에 있어 과학, 양의학, 병원 조직 체계 등 이질적인 요소들이 혼합되어 생산된다는 의미다. 혼종적 근대로서의 한의학은 기원의 오류, 전체의 오류, 환원의 오류를 넘어 한의학의 열린 생산을 보여준다. 나는 이 책의 초반부터 한의학을 전체적 통일성을 가진 의학 체계가 아님을 쿤의 패러다임론을 반박하면서 설명했다. '통일성을 가진 전체'라는 관념은 우리 인식의 습관이자 관습이며, 이는 한의학의 근대화를 이해하는 데 방해가 된다. 이 혼종성은 근대 이전에도 존재했지만 근대 이후 과학 및 양의학과 갈등 관계를 빚으며 진화하게 된다. 이 갈등은 일제시대부터 지금까지 끊임없이 이어져왔고 실험실, 병원, 산업체에서 한의학을 이용하고 변환시키려는 과정 속에 배태되어 있었다. 갈등은 한의학을 한편으론 제약하고 다른 한편으론 끝없는 변화와 창조로 이끌었다. 한의학에 대한 갈등과 지배를 이분법적으로 말할 수 없는 것도 이 지점이다. 싸움은 때때로 창조를 낳는다. 한의학은 양의학/과학과의 싸움을 통해 더 많은 인프라 권력을 획득할 수 있었다.

한의학의 창조적 생산은 짧은 시간 안에 만들어진 것이 아니라 긴 시간 동안 한의학 공동체와 한의학에 관심 있는 국가, 기업, 의학계의 노력으로 성취된 것이다. 내가 처음 현장연구를 시작할 때가 20여 년 전인데 그 이후 한의학의 위상은 놀랍도록 성장했다. 실험실 참여관찰을 할 당시 영어 논문을 쓰는 사람은 거의 없었고 제대로 된 실험실도 갖추지 못했던 점을 고려할 때 지금의 상황은 눈에 띄게 달라졌다. 한의학 연구자들 중에 수십 편의 영어 논문을 쓰는 사람이 많아졌고 지금은 실험을 하고 영어 논문을 작성하는 것이 일상이 되었다. 한의학의 바이오경제화는 한의학에 기반한 의료산업의 팽창을 낳았고 새로운 가치와 문화를 창조했다. 의료현장에서도 다양한 혼종 진료와 특화된 진료 서비스를 제공하고 있다. 피부, 비만, 소아 등 전문화된 의료 서비스는 한의학의 다양한 진화를 보여주는데, 이는 한의사들의 창조적 행위로 이루어진다. 한의사들의 창조성은 한의학의 다양성을 낳았다. 이런 창조성은 물질세계의 동원과 함께 이루어진 것으로, 나는 이를 창조적 유물론의 관점에서 한의학의 다양한 생산으로 이해했다.

이 책을 종합하자면 물질적·사회적 힘의 세트들로서의 근대는 한의학을 억압해온 동시에 한의학에 새로운 자원을 공급함으로써 한의학의 인프라 권력 확장에 도움을 주었다. 또한 위기이자 기회로서의 근대는 한의학의 창발적 생산이 다양한 힘들 사이의 갈등과 타협 속에서 이루어짐을 뜻한다. 즉 한의학의 근대는 심대한 권력지형의 과정을 거치는데, 이는 과학/양의학과의 투쟁인 동시에 구舊집합체로서의 전통의학의 권력을 사회적, 물질적으로 변화시키고 확장시키는 신新집합체로 만드는 과정이었다. 포스트식민주의 상황에서 한의학의 과학화는 저항과 적응의 동시적 모순성을 가진다. 사람의 몸이 외부에서 침투한 바이러스로 인해 고통을 겪고 이를 극복하며 더 강해지듯이 한의학은 과학/양의학이라는 적과의 싸움에서 분투하며 새로운 활력을 얻었다. 한의학의 이 새로운 생명은 근대라는 폭력적이면서 생기 넘치는 권력 투쟁 과정에서 창조적으로 다시 태어났다. 한의학의 근대는 양의학/과학과의 투쟁과 타협 속에서 창조적-갈등적 신집합체를 만드는 과정이었고, 앞으로도 그럴 것이다.

참고문헌

강연석·최가야. 1996. 「한약 분쟁 일지(93~96)」. 경희대학교 한의과대학 비상대책위원회
    문건. 10월 10일 작성.

강영창. 1962. 「우리 당 과학 정책 관철에서의 성과와 그의 확대 강화를 위하여」. 『과학원
    통보』. 1-10쪽. (북한 자료)

강환웅. 2012년 10월 23일. 「2만 한의사는 식약청에 폭탄을 던지고 싶다」. 『한의신문』.

_____. 2014년 1월 27일. 「한약 제제가 천연물 신약으로 둔갑되는 일은 더 이상 없을 것」.
    『한의신문』.

_____. 2016년 10월 17일. 「갑론을박 휩싸였던 천연물 신약 문제 '일단락'」. 『한의신문』.

_____. 2017년 3월 13일. 「의약품 광고에서도 '천연물 신약' 용어 사라진다」. 『한의신문』.

경락연구소. 1963. 「경락 계통에 관하여」. 『과학원 통보』 6호. 6-35쪽. (북한 자료)

경락연구원. 1965a. 「경락 체계」. 『과학원 통보』. 1-38쪽. (북한 자료)

경락연구원. 1965b. 「산알학설」. 『과학원 통보』. 39-62쪽. (북한 자료)

경희의료원. 2011. 『Developing Evidence-based East-West Collaborative Clinical
    Models』. 서울: 경희대학교.

경희의료원삼십년사 편찬위원회. 2004. 『경희의료원삼십년사』. 서울: 경희의료원.

공동철. 1999. 『김봉한』(개정증보판). 서울: 학민사.

교육인적자원부 외. 2006. 『Bio-Vision 2016: 제2차 생명공학육성기본계획('07-'16)』. 안
    양: 과학기술부.

길모어, 조지. 신복룡 역. 1999. 『서울 풍물지』. 서울: 집문당.

김근배. 1999. 「과학과 이데올로기의 사이에서: 북한 '봉한학설'의 부침」. 『한국과학사학회
    지』 21(2): 194-220쪽.

김남일. 2006. 「한국한의학 학술유파에 관한 시론」. 『한국의사학회지』 17호: 3-25쪽.

_____. 2011. 『근현대 한의학 인물실록』. 서울: 들녘.

김대영. 2013년 12월 30일. 「천연물 신약 소송 어떻게 진행됐나?」. 『한의신문』.

_____. 2014년 1월 9일.「한약 제제가 천연물 신약으로 둔갑되는 길 막혔다」.『한의신문』.

김문수. 2008년 12월 19일.「직격인터뷰: 침뜸의 달인 구당 김남수 옹」.『브레이크뉴스』.

김민석. 2017년 10월 29일.「아모레 '설화수' vs LG생건 '후' 1조 매출 브랜드 자존심 대결」. 『뉴스1』.

김민수 외. 2008.「줄기세포의 가능한 원천으로서의 장기 표면 봉한소체」.『대한약침학회 지』11(1): 5-12쪽.

김석관. 2010.「한국 제약산업의 글로벌 혁신 네트워크 분석」. 고려대학교 박사학위 논문.

김용옥. 1993.『너와 나의 한의학』. 서울: 통나무.

김종영. 2014a.「한의학의 성배 찾기: 남한에서 봉한학의 재탄생」.『사회와 역사』101: 353-404쪽.

_____. 2014b.「전통적 지식의 정치경제학: 한의학의 바이오경제화와 천연물 신약 분쟁」. 『담론201』17(1): 77-111쪽.

_____. 2015.『지배받는 지배자: 미국 유학과 한국 엘리트의 탄생』. 파주: 돌베개.

_____. 2017.『지민의 탄생: 지식민주주의를 향한 시민지성의 도전』. 서울: 휴머니스트.

김종태. 2018.『선진국의 탄생: 한국의 서구중심담론과 발전의 계보학』. 파주: 돌베개.

김진송. 1999.『서울에 딴스홀을 허하라』. 서울: 현실문화연구.

김춘호. 2016년 6월 15일.「한의사 엑스레이·초음파 의료기기 사용 허용돼야」.『민족의학 신문』.

김태우. 2012.「한의학 진단의 현상학과 근대적 시선 생경하게 하기」.『한국문화인류학』 45(3): 199-231쪽.

_____. 2017.「동아시아의학, 동아시아 근대성을 읽는 창」. 이현정·김태우 엮음.『의료, 아 시아의 근대성을 읽는 창』. 서울: 서울대학교출판문화원. 35-70쪽.

김태호. 2010년 9월 26일.「래리 곽 박사 "프리모 시스템 규명된다면 암치료 혁신 일어날 것"」.『파이낸셜뉴스』.

김헌주. 2014년 6월 13일.「천연물 신약이 뭐길래 '시끌시끌'… 천연물 신약이야 한약이 야」.『매일경제뉴스』.

김훈기. 2008.『물리학자와 함께 떠나는 몸속 기 여행』. 서울: 동아일보사.

김희원. 2007년 11월 12일.「인체 속 '제3순환계' 존재여부 밝힌다」.『한국일보』.

다이아몬드, 재레드. 김진준 역. 2017.『총, 균, 쇠』(2판). 서울: 문학사상사.

대한한의사협회. 2012.『1898-2011 대한한의사협회사』. 서울: 대한한의사협회.

동서문제연구소. 1983.『북한인명사전』. 서울: 중앙일보사.

들뢰즈, 질·펠릭스 가타리. 김재인 역. 2001. 『천 개의 고원』. 서울: 새물결.

림영주. 1965. 「위대한 공적」. 『대중과학』 6호: 59-61쪽. (북한 자료)

밀스, 찰스 라이트. 강희경·이해찬 역. 2004. 『사회학적 상상력』. 파주: 돌베개.

박민욱. 2016년 11월 17일. 「천연물 신약 소송전 마무리… 처방권 논란은 '계속'」. 『한의
신문』.

박방주. 2011년 10월 10일. 「암 전이의 중요 통로 경락, 실체 드러났다」. 『중앙일보』.

박상필. 2000. 「이익집단 갈등과 사회자본: 경실련의 한약 분쟁 조정 사례연구」. 『한국행정
학보』 34(2): 121-138쪽.

박용신. 2008. 『한방의료와 의료법』. 서울: 열린아트.

바윤재. 2005. 『한국 근대의학의 기원』. 서울: 혜안.

_____. 2008. 「일제의 한의학 정책」. 연세대학교 의학사연구소 편. 『한의학, 식민지를 앓
다』. 서울: 아카넷. 58-78쪽.

박인효. 2018. 「'생의학적 세계'에 적응하기: 양한방 협진병원에 근무하는 한의사의 생의학
적 지식과 의사-한의사 간 관계 형성 과정」. 『한국문화인류학』 51(1): 175-214쪽.

박주영·신현규. 2013. 「12개 미래 예측 한의약 정책 과제의 실현 평가 연구」. 『대한예방한
의학회지』 17(1): 65-76쪽.

박태진. 2009년 9월 3일. 「신약 개발, 사회통념 정보 믿기보단 현실적 작전 펴야」. 『동아사
이언스』.

보건복지부. 2001. 『천연물 신약 연구개발촉진계획 2001. 1-2005. 12』. 서울: 보건복지부.

생활의학연구회. 1986. 『경락의 대발견』. 서울: 일월서각.

성현제·신현규. 1996. 『한의학의 중장기 예측을 위한 기획 연구』. 서울: 한국한의학연구원.

소광섭. 2003. 「봉한학설에서의 경혈과 경락의 실체」. 『과학사상』 겨울호: 68-88쪽.

_____. 2004. 「경락의 실체와 봉한학설」. 『과학사상』 2권: 189-217쪽.

식품의약품안전처. 2013. 『2013 식품의약품통계연보』. 오송: 식품의약품안전처.

_____. 2017. 『2017 식품의약품통계연보』. 오송: 식품의약품안전처.

식품의약품안전청. 2011년 7월 6일. 「2011 상반기 천연물 신약 개발활기」. 보도자료.

신동원. 2002. 「1910년대 일제의 보건의료 정책: 한의학 정책을 중심으로」. 『한국문화』 30:
333-370쪽.

_____. 2003. 「조선총독부의 한의학 정책: 1930년대 이후의 변화를 중심으로」. 『의사학』
12: 110-128쪽.

신학수·소광섭. 2002. 「혈관 내 봉한관의 전기분리 방법」. 『새물리』 45(8): 376-378쪽.

신현규. 1994. 『아, 한醫의학』. 서울: 연암출판사.

아파두라이, 아르준. 차원현·채호석·배개화 역. 2004. 『고삐 풀린 현대성』. 서울: 현실문화연구.

알렌, H. N. 김원모 역. 2004. 『알렌의 일기』. 서울: 단국대학교 출판부.

여인석. 2008a. 「한의학의 근대성과 식민성」. 연세대학교 의학사연구소 편. 『한의학, 식민지를 앓다』. 서울: 아카넷. 13-57쪽.

_____. 2008b. 「서양의학의 한의학 인식과 수용」. 연세대학교 의학사연구소 편. 『한의학, 식민지를 앓다』. 서울: 아카넷. 81-104쪽.

여인석 외. 2012. 『한국의학사』. 서울: 대한의사협회 의료정책연구소.

역사문제연구소. 2001. 『전통과 서구의 충돌: 한국적 근대성은 어떻게 형성되었는가』. 서울: 역사비평사.

연세대학교 의학사연구소. 2008. 『한의학, 식민지를 앓다』. 서울: 아카넷.

요아스, 한스. 신진욱 역. 2002. 『행위의 창조성』. 파주: 한울아카데미.

이경구. 2015. 「한방화장품 산업 발전과 경험」. 『한의정책』 3(2): 96-120쪽.

이경훈. 2003. 『오빠의 탄생: 한국 근대문학의 풍속사』. 서울: 문학과지성사.

이근영. 2010년 11월 24일. 「'침놓는 경락 위치' 염색 실험으로 증명」. 『한겨레』.

이꽃메. 2008. 「일반인의 한의학 인식과 의약 이용」. 연세대학교 의학사연구소 편. 『한의학, 식민지를 앓다』. 서울: 아카넷. 137-154쪽.

이상호. 2009. 『구당 김남수, 침뜸과의 대화』. 서울: 동아시아.

이승재·이용권. 2007년 11월 9일. 「서울대 소광섭교수팀 "기 실체 주장한 '봉한학설' 입증"」. 『문화일보』.

이을호. 1997. 「종합의학 수립의 전제: 한방의학 부흥에 대하여」. 박계조 편/정민성 해설. 『동서의학대논쟁: 한의학은 부흥할 것인가』. 서울: 학민사. 27-50쪽.

이준석. 2013. 「융합과학 실험실의 중층적 지식구성」. 서울대학교 박사학위 논문.

이지은. 2006. 『왜곡된 한국 외로운 한국: 300년 동안 유럽이 본 한국』. 서울: 책세상.

이창훈 외. 2006. 「나노입자를 이용한 장기 표면봉한관 내의 흐름 관찰」. 『한국정신과학학회지』 10(2): 49-55쪽.

이충열. 2000. 「한의계 입장에서 본 한약 분쟁」. 이종찬 편. 『한국 의료 대논쟁』. 서울: 소나무. 208-231쪽.

이현지. 2013. 「동아시아 전통의학의 세계화와 의료 헤게모니의 변동」. 『이론과 사회』 22(1): 377-398쪽.

임동근·김종배. 2015. 『메트로폴리스 서울의 탄생』. 서울: 반비.

임일규. 2007년 12월 26일. 「1967년 '한의사협보'를 창간하다」. 『한의신문』.

장기무. 1997. 「한방의학: 어떻게 부흥시킬 것인가」. 박계조 편/정민성 해설. 『동서의학대
    논쟁: 한의학은 부흥할 것인가』. 서울: 학민사. 9-16쪽.

장대익. 2008. 『과학에는 뭔가 특별한 것이 있다: 쿤 & 포퍼』. 파주: 김영사.

정근양. 1997. 「한방의학 부흥문제에 대한 제언」. 박계조 편/정민성 해설. 『동서의학대논
    쟁: 한의학은 부흥할 것인가』. 서울: 학민사. 17-26쪽.

정민성. 1997. 「1930년대 동서의학 논쟁의 의의」. 박계조 편/정민성 해설. 『동서의학대논
    쟁: 한의학은 부흥할 것인가』. 서울: 학민사. 247-274쪽.

정연태. 2011. 『한국근대와 식민지 근대화 논쟁: 장기근대사론을 제기하며』. 서울: 푸른
    역사.

조병희. 2000. 「한약 분쟁의 사회학」. 이종찬 편. 『한국 의료 대논쟁』. 서울: 소나무. 262-
    283쪽.

조선중앙통신사. 1965. 『조선중앙년감 1965』. 평양: 조선중앙통신사. (북한 자료)

조헌영. 1997. 「동서의학 비교 비판의 필요성」. 박계조 편/정민성 해설. 『동서의학대논쟁:
    한의학은 부흥할 것인가』. 서울: 학민사. 71-87쪽.

지옥표. 2000. 「끝날 수 없는 한약 전쟁」. 이종찬 편. 『한국 의료 대논쟁』. 서울: 소나무.
    232-261쪽.

최정운. 2013. 『한국인의 탄생: 시대와 대결한 근대 한국인의 진화』. 서울: 미지북스.

최창석. 1963. 「현대 생물학과 의학에서의 일대 혁명」. 『근로자』. 2-10쪽. (북한 자료)

하재규. 2009년 3월 16일. 「'봉한학설', 경혈 경락의 신비를 밝힐 것인가」. 『한의신문』.

_____. 2012년 10월 19일. 「한의학 말살하는 식약청을 해체하라」. 『한의신문』.

한국보건산업진흥원. 2006. 『제2차 천연물 신약연구개발촉진계획』. 서울: 한국보건산업진
    흥원.

한국신약개발연구조합. 2012. 『한국 제약산업 연구개발 백서』. 서울: 한국신약개발연구
    조합.

한국한의약연감 발간위원회. 2018. 『2016 한국한의약연감』. 대전: 한국한의학연구원.

한국한의학연구원·건강증진사업지원단. 2011. 『한의약육성발전 5개년 종합계획 수립』. 대
    전: 한국한의학연구원.

화이트, 애드리안·마이크 커밍스·재클린 피쉬. 한국한의학연구원 침구경락연구센터 역.
    2010. 『침의 서양의학적 접근과 임상』. 서울: 엘스비어코리아.

황상익. 2013. 『근대 의료의 풍경』. 서울: 푸른역사.

Amann, Klaus and Karin Knorr-Cetina. 1990. "The Fixation of (Visual) Evidence." pp. 85-121 in *Representation in Scientific Practice*, edited by M. Lynch and S. Woolgar. Cambridge, MA: The MIT Press.

Angell, Marcia. 2005. *The Truth about the Drug Companies*. New York: Random House Trade Paperbacks.

Bachrach, Peter and Morton Baratz. 1970. *Power and Poverty: Theory and Practice*. New York: Oxford University Press.

Baik, Ku-Youn, Vyacheslav Ogay, Sae-Chae Jeoung, and Kwang-Sup Soh. 2009. "Visualization of Bonghan Microcells by Electron and Atomic Force Microscopy." *Journal of Acupuncture and Meridian Studies* 2(2): 124-129.

Bensky, Dan and Randall Barolet. 1990. *Chinese Herbal Medicine: Formulas & Strategies*. Seattle: Eastland Press.

Birch, Kean. 2017. "Rethinking Value in the Bio-economy: Finance, Assetization, and the Management of Value." *Science, Technology, & Human Values* 42(3): 460-490.

Birch, Kean and David Tyfield. 2012. "Theorizing the Bioeconomy: Biovalue, Biocapital, Bioeconomics or ... What?" *Science, Technology, & Human Values* 38(3): 299-327.

Bourdieu, Pierre. 1980. *The Logic of Practice*. Translated by R. Nice. Stanford: Stanford University Press.

Braidotti, Rosi. 2013. *The Posthuman*. Cambridge: Polity.

Braudel, Fernand. 1982. *The Wheels of Commerce: Civilization & Capitalism 15th-18th Century*, Vol. 2, translated by Sian Reynolds. New York: Harper & Row.

Burri, Regula and Joseph Dumit. 2008. "Social Studies of Scientific Imaging and Visualizing." pp. 297-317 in *The Handbook of Science and Technology Studies*, edited by E. Hackett et al. Cambridge, MA: The MIT Press.

Cho, Byong-Hee. 2000. "The Politics of Herbal Drugs in Korea." *Social Science & Medicine* 51(4): 505-509.

Cliton, Patrick and Jerry Cacciotti. 2012. "Pharm Exec 50: Growth from the Bottom

참고문헌　347

Up." *Pharmaceutical Executive* (May): 24–34.

Coole, Diana and Samantha Frost. 2010. "Introducing the New Materialisms." pp. 1–43 in *New Materialisms: Ontology, Agency, and Politics*, edited by D. Coole and S. Frost. Durham, NC: Duke University Press.

DeLanda, Manuel. 2006. *A New Philosophy of Society: Assemblage Theory and Social Complexity*. New York: Continuum.

_____. 2010. *Deleuze: History and Science*. New York: Atropos Press.

_____. 2016. *Assemblage Theory*. Edinburgh: Edinburgh University Press.

Deleuze, Gilles and Félix Guattari. 1977. *The Anti-Oedipus*. New York: Vikings.

Deleuze, Gilles and Claire Parnet. 2002. *Dialogues II*. New York: Columbia University Press.

Denzin, Norman and Yvonna Lincoln. 2018. "Introduction: The Discipline and Practice of Qualitative Research." pp. 1–26 in *The Sage Handbook of Qualitative Research*, edited by N. Denzin and Y. Lincoln. 5th ed. London: Sage Publications.

Eisenstadt, Shmuel. 2000. "Multiple Modernities." *Daedalus* 129(1): 1–29.

Farquhar, Judith. 1994. *Knowing Practice: The Clinical Encounter of Chinese Medicine*. Boulder: Westview Press.

Foucault, Michel. 1973. *The Order of Things: An Archaeology of the Human Sciences*. New York: Vintage Books.

_____. 1982. *The Archeology of Knowledge*. New York: Vintage Books.

_____. 1994. *The Birth of the Clinic: An Archaeology of Medical Perception*. New York: Vintage Books.

_____. 1995. *Discipline & Punish: The Birth of the Prison*. New York: Vintage Books.

Fox, Nick and Pam Alldred. 2017. *Sociology and the New Materialism: Theory, Research, Action*. London: Sage.

Freidson, Eliot. 1988. *Profession of Medicine: A Study of the Sociology of Applied Knowledge*. Chicago: The University of Chicago Press.

Fuchs, Stephan and Jonathan Turner. 1986. "What Makes a Science "Mature"?" *Sociological Theory* 4: 143–150.

Galison, Peter. 1997. *Image & Logic: A Material Culture of Microphysics*. Chicago: The

University of Chicago Press.

Garfinkel, Harold. 1991. *Studies in Ethnomethodology*. Cambridge, UK: Polity Press.

Giddens, Anthony. 1990. *The Consequences of Modernity*. Stanford: Stanford University Press.

Goody, Jack. 1996. *The East in the West*. Cambridge: Cambridge University Press.

Grasseni, Cristina. 2009. *Skilled Visions: Between Apprenticeship and Standards*. New York: Berghahn Books.

Habermas, Jürgen. 1985. *The Theory of Communicative Action*, Volume 1. Translated by T. McCarthy. Boston: Beacon Press.

_____. 1991. *The Structural Transformation of the Public Sphere: An Inquiry into a Category of Bourgeois Society*. Translated by T. Burger. Cambridge: The MIT Press.

Hacking, Ian. 1992. "The Self-Vindication of the Laboratory Sciences." pp. 29-64 in *Science as Practice and Culture*, edited by A. Pickering. Chicago: The University of Chicago Press.

Harding, Sandra. 2008. *Sciences from Below: Feminisms, Postcolonialities, and Modernities*. Durham, NC: Duke University Press.

Haugaard, Mark. 1997. *The Constitution of Power: A Theoretical Analysis of Power, Knowledge, and Structure*. Manchester: Manchester University Press.

Hendrix, Mary, Elisabeth Seftor, Angela Hess, and Richard Seftor. 2003. "Vasculogenic Mimicry and Tumour-Cell Plasticity," *Nature Reviews Cancer* 3(6): 411-421.

Hine, Christine. 2007. "Multi-sited Ethnography as a Middle Range Methodology for Contemporary STS." *Science, Technology, and Human Values* 32(6): 652-671.

Hwang, Ahn-Sook. 2004. "Integrating Technology, Marketing and Management Innovation." *Research Technology Management* 47(4): 27-31.

Islam, Md Ashraful, Shelia Thomas, Kara Sedoris, Stephen Slone, Houda Alatassi, and Donald Miller. 2013. "Tumor-associated Primo Vascular System is Derived from Xenograft, not Host." *Experimental and Molecular Pathology* 94: 84-90.

Jia, Huanguang. 1997. *Chinese Medicine in Post-Mao China: Standardization and the Context of Modern Science*. Unpublished Doctoral Dissertation. The University of North Carolina, Chapel Hill.

Jiang, Xiaowen, Hee-Kyeong Kim, Hak-Soo Shin, Byung-Cheon Lee, Chun-Ho Choi, Kyung-Soon Soh, Byeung-Soo Cheun, Ku-Youn Baik and Kwang-Sup Soh. 2002. "Method for Observing Intravascular Bonghan Duct." *Korean Journal of Oriental Preventive Medical Society* 6(1): 162-166.

Johng, Hyeon-Min, Jung-Sun Yoon, Tae-Jong Yoon, Hak-Soo Shin, Byung-Cheon Lee, Jin-Kyu Lee and Kwang-Sup Soh. 2007. "Use of Magnetic Nanoparticles to Visualize Threadlike Structures Inside Lymphatic Vessels of Rats." *Evidence-Based Complementary and Alternative Medicine* 4(1): 77-82.

Joyce, Kelly. 2005. "Appealing Images: Magnetic Resonance Imaging and the Production of Authoritative Knowledge." *Social Studies of Science* 35(3): 437-462.

_____. 2008. *Magnetic Appeal: MRI and the Myth of Transparency*. Ithaca, NY: Cornell University Press.

Kaptchuk, Ted. 2000. *The Web That Has No Weaver: Understanding Chinese Medicine*. 2nd ed. Chicago: Contemporary Books.

Kim, Hoon-Gi. 2013a. "Unscientific Judgment on the Bong-Han Theory by an Academic Authority in the USSR." *Journal of Acupuncture and Meridian Studies* 6(6): 283-284.

_____. 2013b. "Formative Research on the Primo Vascular System and Acceptance by the Korean Scientific Community: The Gap Between Creative Basic Science and Practical Convergence Technology." *Journal of Acupuncture and Meridian Studies* 6(6): 319-330.

Kim, Jongyoung. 2005. *Hybrid Modernity: The Scientific Construction of Korean Medicine in a Global Age*. Ph. D. Dissertation. University of Illinois at Urbana-Champaign.

_____. 2006. "Beyond Paradigm: Making Transcultural Connections in a Scientific Translation of Acupuncture." *Social Science and Medicine* 62(12): 2960-2972.

_____. 2007. "Alternative Medicine's Encounter with Laboratory Science: The Scientific Construction of Korean Medicine in a Global Age." *Social Studies of Science* 37(6): 855-880.

_____. 2009. "Transcultural Medicine: A Multi-sited Ethnography on the Scientificindustrial Networking of Korean Medicine." *Medical Anthropology* 28(1): 31-64.

Kim, Taewoo. 2011. *Medicine without the Medical Gaze: Theory, Practice and Phenomenology in Korean Medicine.* Ph.D. Dissertation. The State University of New York at Buffalo.

Knorr-Cetina, Karin. 1999. *Epistemic Cultures: How the Sciences Make Knowledge.* Cambridge, MA: Harvard University Press.

Kuhn, Thomas. 1970. *The Structure of Scientific Revolutions*, 2nd ed. Chicago: The University of Chicago Press.

Latour, Bruno. 1983. "Give Me a Laboratory and I will Raise the World." pp. 141-170 in *Science Observed*, edited by K. Knorr-Cetina and M. Mulkay. London: Sage Publications.

_____. 1987. *Science in Action.* Cambridge: Harvard University Press.

_____. 1990. "Drawing Things Together." pp. 19-68 in *Representation in Scientific Practice*, edited by M. Lynch and S. Woolgar. Cambridge, MA: The MIT Press.

_____. 1993. *We Have Never Been Modern.* Cambridge: Harvard University Press.

_____. 2005. *Reassembling the Social: An Introduction to Actor-Network Theory.* Oxford: Oxford University Press.

Latour, Bruno and Steve Woolgar. 1986. *Laboratory Life: The Construction of Scientific Facts.* 2nd ed. Princeton: Princeton University Press.

Lee, Byung-Cheon, Ku-Youn Baik, Sung-Il Cho, Chul-Hee Min, Hyeon-Min Johng, Jung-Hyun Ham, Chun-Ho Choi, Seung-Ho Yi, Kyung-Sun Soh, Dae-Hun Park, Se-Young Ahn, Byeung-Soo Cheun and Kwang-Sup Soh. 2003. "Comparison of Intravascular Bonghan Ducts from Rats and Mice." *Korean Journal of Oriental Medical Society* 7(1): 47-53.

Lee, Byung-Cheon, Eun-Sung Park, Tae-Jeong Nam, Hyeon-Min Johng, Ku-Youn Baik, Baeck-Kyung Sung, Yeo-Sung Yoon and Kwang-Sup Soh. 2004. "Bonghan Ducts on the Surface of Rat Internal Organs." *Journal of International Society of Life Information Science* 22(2): 80-84.

Lee, Byung-Cheon, Ku-Youn Baik, Hyeon-Min Johng, Tae-Jeong Nam, Ja-Woong Lee, Baeck-Kyung Sung, Chun-Ho Choi, Won-Hee Park, Eun-Sung Park, Dae-Hun Park, Yeo-Sung Yoon and Kwang-Sup Soh. 2004. "Acridine Orange Staining

Method to Reveal the Characteristic Features of an Intravascular Threadlike Structure." *The Anatomical Record (Part B: New Anatomist)* 278B: 27-30.

Lee, Byung-Cheon, Jung-Sun Yoo, Ku-Youn Baik, Ki-Woo Kim and Kwang-Sup Soh. 2005. "Novel Threadlike Structures (Bonghan Ducts) Inside Lymphatic Vessels of Rabbits Visualized With a Janus Green B Staining Method." *The Anatomical Record (Part B: New Anatomist)* 286B: 1-7.

Lee, Byung-Cheon, Ki-Hoon Eom and Kwang-Sup Soh. 2010. "Primo-vessels and Primo-nodes in Rat Brain Spine and Sciatic Nerve." *Journal of Acupuncture and Meridian Studies* 3(2): 111-115.

Lee, Byung-Cheon, Sung-Kwang Kim and Kwang-Sup Soh. 2008. "Novel Anatomic Structures in the Brain and Spinal Cord of Rabbit That May Belong to the Bonghan System of Potential Acupuncture Meridians." *Journal of Acupuncture and Meridian Studies* 1(1): 29-35.

Lee, Byung-Cheon and Kwang-Sup Soh. 2008. "Contrast-Enhancing Optical Method to Observe a Bonghan Duct Floating Inside: A Lymph Vessel of a Rabbit." *Lymphology* 41(4): 178-185.

Lee, Chang-Hoon, Seung–Kwon Seol, Byung–Cheon Lee, Young–Kwon Hong, Jung–Ho Je and Kwang–Sup Soh. 2006. "Alcian Blue Staining Method to Visualize Bonghan Threads Inside Large Caliber Lymphatic Vessels and X-ray Microtomography to Reveal Their Microchannels." *Lymphatic Research and Biology* 4(4): 181-190.

Lee, Jong-Su. 2011. "Recollection of Early Research on Primo Vascular System: Ultimate Implication of Bong-Han Theory." pp. 23-24 in *The Primo Vascular System: Its Role in Cancer and Regeneration*, edited by K. Soh et al eds. New York: Springer.

Lukes, Steven. 2005. *Power: A Radical View*, 2nd ed. New York: Palgrave Macmillan.

Lynch, Michael. 1988. "The Externalized Retina: Selection and Mathematization in The Visual Documentation of Objects in the Life Sciences." pp. 153-186 in *Representation in Scientific Practice*, edited by M. Lynch and S. Woolgar. Cambridge, MA: The MIT Press.

_____. 2006. "The Production of Scientific Images: Vision and Re-Vision in the

History, Philosophy, and Sociology of Science." pp. 26-40 in *Visual Cultures of Science*, edited by L. Pauwels. Hanover, NH: Dartmouth College Press.

Masterman, Margaret. 1970. "The Nature of a Paradigm." pp. 59-90 in *Criticism and the Growth of Knowledge*, edited by I. Lakatos and A. Musgrave. Cambridge: Cambridge University Press.

Mgbeoji, Ikechi. 2006. *Global Biopiracy: Patents, Plants, and Indigenous Knowledge*. Ithaca: Cornell University Press.

Nederveen Pieterse, Jan. 2001. *Development Theory: Deconstructions/Reconstructions*. London: Sage.

OECD. 2006. *The Bioeconomy to 2030: Designing a Policy Agenda*. Paris: OECD.

Petryna, Adriana, Andrew Lakoff, and Arthur Kleinman. 2006. *Global Pharmaceuticals: Ethics, Markets, and Practices*. Durham: Duke University Press.

Pickering, Andrew. 1992. *Science as Practice and Culture*. Chicago: The University of Chicago Press.

_____. 1995. *The Mangle of Practice: Time, Agency, and Science*. Chicago: The University of Chicago Press.

_____. 2010. *The Cybernetic Brain: Sketches of Another Future*. Chicago: The University of Chicago Press.

Pisano, Gary. 2006. "Can Science Be a Business?: Lessons from Biotech." *Harvard Business Review* 84(10): 114-125.

Powell, Walter and Kaisa Snellman. 2004. "Knowledge Economy." *Annual Review of Sociology* 30: 199-220.

Rajan, Kaushik. 2006. *Biocapital: The Constitution of Postgenomic Life*. Durham: Duke University Press.

Rose, Nikolas. 2001. "The Politics of Life Itself." *Theory, Culture, and Society* 18(6): 1-30.

_____. 2007. *The Politics of Life Itself: Biomedicine, Power, and Subjectivity in the Twenty-First Century*. Princeton: Princeton University Press.

_____. 2008. "The Value of Life: Somatic Ethics & The Spirit of Biocapital." *Daedalus* 137(1): 36-48.

Rostow, Walt. 1960. *The Stages of Economic Growth: A Non-Communist Manifesto*.

Cambridge: Cambridge University Press.

Said, Edward. 1979. *Orientalism*. New York: Vintage Books.

Scheid, Volker. 2002. *Chinese Medicine in Contemporary China: Plurality and Synthesis*. Durham, NC: Duke University Press.

Sismondo, Sergio. 2010. *An Introduction to Science and Technology Studies*. West Sussex, UK: Wiley-Blackwell.

Slota, Stephen and Geoffrey Bowker. 2017. "How Infrastructures Matter." pp. 529-554 in *The Handbook of Science and Technology Studies*, edited by U. Felt et al. 4th ed. Cambridge, MA: The MIT Press.

Soh, Kwang-Sup, Kyung A. Kang and David Harrison. 2012. *The Primo Vascular System: Its Role in Cancer and Regeneration*. New York: Springer.

Star, Susan Leigh and James Griesemer. 1989. "Institutional Ecology, 'Translations' and Boundary Objects: Amateurs and Professionals in Berkeley's Museum of Vertebrate Zoology, 1907-39." *Social Studies of Science* 19(3): 387-420.

Traweek, Sharon. 1988. *Beamtimes and Lifetimes*. Cambridge, MA: Harvard University Press.

United Nations. 1992. *Convention on Biological Diversity*. New York: United Nations.

Waldby, Catherine. 2002. "Stem Cells, Tissue Cultures and the Production of Biovalue." *Health: An Interdisciplinary Journal for the Social Study of Health, Illness and Medicine* 6(3): 305-323.

Weber, Max. 1992. *The Protestant Ethic and the Spirit of Capitalism*. London: Routledge.

Yang, Shou-Zhong. 1998. *The Divine Farmer's Materia Medica*. Boulder, CO: Blue Poppy Press.

Yoo, Jung-Sun, Hong-Bae Kim, Vyacheslav Ogay, Byung-Cheon Lee, Sae-Young Ahn and Kwang-Sup Soh. 2009. "Bonghan Ducts as Possible Pathways for Cancer Metastasis." *Journal of Acupuncture and Meridian Studies* 2(2): 118-123.

Zhang, Wei-bo. 2010. "Finding a Novel Threadlike Structure on the Intra-abdominal Organs of Small Pigs by Using In-vivo Trypan Blue Staining." International Symposium on Primo-Vascular System. (2010년 9월 17-18일. 충북 제천에서 개최)

찾아보기

─── ㄱ

가타리, 펠릭스Guattari, Félix 41, 42, 44, 227

가핑클, 해럴드Garfinkel, Harold 54

갤리슨, 피터Galison, Peter 39

건강기능식품 33, 276, 282, 290~292, 304

경계 사물boundary object 36, 104~106, 109, 110, 285, 303

『경락의 대발견』 182

경제정의실천시민연합(경실련) 107~109

경희의료원 16, 228, 230, 235~237, 244~247, 263, 267, 271

고령화 33, 115, 117, 119, 276, 280

공동철 182

　　『김봉한』 182

공중보건 한의사 33, 82, 115

과학 시민권scientific citizenship 133, 135, 164, 173

과학기술학Science and Technology Studies 14, 29, 39, 43, 52, 61, 104, 133, 154, 269, 277, 278, 281, 323

과학기술사회학→과학기술학

『과학원 통보』 182, 183

『과학원 학보』 182

과학자본scientific capital 126, 133, 135, 138, 163, 173

광제원 31, 67, 70, 94

구성주의 179, 323

국립한방병원 329

국립한의대 33

국립한의학전문대학원 45, 90

국민건강보험 33, 61, 82, 306, 313, 325, 329

군신좌사君臣佐使 242

권력지형powerscapes 13, 27~29, 42, 50, 52, 53, 58, 62, 68, 88, 93, 98, 137, 138, 173, 180, 181, 227, 276, 277, 279, 286, 314, 315, 320, 331, 332, 336, 338, 340

귀납주의(귀납법적 관찰) 37, 77, 323

근대(근대성, modernity) 12~14, 25~28, 30, 32, 42, 45~47, 49, 50, 52, 53, 55, 58~62, 66~68, 71, 73, 74, 90, 95, 101, 133, 190, 192, 238, 239, 250, 257, 258, 270, 319, 320, 322~341

근대의 구성 324

근대 논쟁 320, 321, 334

기든스, 앤서니Giddens, Anthony 322

기원론(기원의 오류) 330, 334, 339

김남수 91~93

김남일 15, 30, 65, 66, 69, 79, 80, 91, 97, 234

김봉한 178, 181, 183, 184, 186, 187, 189, 191, 194, 200, 202, 216, 220

김용옥 24
『너와 나의 한의학』 24

김태우 18, 232~236, 238, 242, 244, 257, 258

―――― ㄴ

내재적 발전론 332~336, 338

―――― ㄷ

다양한 근대multiple modernities 26, 324, 328

다양한 실험실multiple laboratories 61, 136, 168

다이아몬드, 재레드 326
『총, 균, 쇠』 326

다지역 문화기술지multi-sited ethnography 15, 61

달, 로버트 50

대분할Great Divides 321

대칭적 인류학 14, 134

대통령 한의사 주치의 33, 45, 116, 329

대한약침학회 17, 30, 206, 207, 212

대한한의사협회 17, 27, 29, 30, 35, 79, 83, 85, 86, 93, 94, 96~98, 101, 102, 110~112, 114~118, 212, 213, 218, 219, 282~284, 307, 308, 310~312, 328

데란다, 마누엘DeLanda, Manuel 42~46

동서의학 대논쟁→한의학 부흥 논쟁

동서의학대학원(경희대) 16, 125, 126, 131, 139~144, 149, 164, 169

뒤르켐, 에밀 54

들뢰즈, 질Deleuze, Gilles 41~44, 227

―――― ㄹ

라투르, 브뤼노Latour, Bruno 14, 42, 133~137, 321, 328, 336
『실험실 생활: 과학적 사실의 구성』 Laboratory Life: The Construction of Scientific Facts 14
「나에게 실험실을 달라. 그러면 내가 세계를 들어 올리겠다」Give Me a Laboratory and I will Raise the World 136

로스토, 월트Rostow, Walt 324
『경제발전의 단계들』The Stages of Economic Growth 324

룩스, 스티븐Lukes, Steven 50, 51

리좀rhizome 41, 42, 44

―――― ㅁ

문화기술지(민족지, ethnography) 13~15, 61, 133~136, 330, 331

물질적 공약불가능성material incommensurability 326, 327

물질적 전환 material turn 52

물질적 행위자material agent 58, 256

밀스, 찰스 라이트Mills, Charles Wright 60

——— ㅂ

바라츠, 모턴Baratz, Morton 50

바이오가치biovalue 62, 278, 280, 314

바이오경제bioeconomy 18, 62, 276~283, 285, 286, 290, 314, 315, 340

바이오경제의 문화화 280, 314

바이오경제의 전통화 314

바이오약탈biopiracy 306, 315

바이오자본biocapital 278, 279

바흐라츠, 피터Bachrach, Peter 50

반즈, 배리 51

반증주의 37, 323

베버, 막스Weber, Max 50, 54, 320~323
『프로테스탄트 윤리와 자본주의 정신』The Protestant Ethic and the Spirit of Capitalism 320

변증론치辨證論治(syndrome differentiation and therapy determination) 239, 240, 242~244, 247, 249, 258, 259, 269, 270

병인론etiological theory 80, 156, 240~243

봉한관 178, 179, 181~184, 186~188, 191~205, 208~210, 212~215, 219~222
경혈 177, 183, 185, 191, 199, 214
내봉한관 185, 188, 193
내외봉한관 185, 194, 198
신경봉한관 185, 199, 200
외봉한관 185, 196
표층봉한관(경락) 61, 160, 165, 177, 178, 180~187, 198~201, 206, 207, 212~215, 218, 220, 221, 253

봉한 연구→봉한학

봉한학 15, 18, 61, 177~182, 184, 186~193, 195, 196, 200~215, 218~222

봉한학 논쟁 206, 212, 214

부르디외, 피에르Bourdieu, Pierre 54, 56, 337

불내외인不內外因 241

브라이도티, 로지Braidotti, Rosi 42

브로델, 페르낭Braudel, Fernand 45

비근대 14, 67

——— ㅅ

사기 241

사상四象(의학, 체질) 76, 80, 87, 234, 240, 242, 249, 252, 259, 264, 267, 271

사진四診(망문문절望聞問切) 132, 240, 243, 252, 263, 264

산알학설 184, 186, 196

상한 240

생명공학BT(Biotechnology) 62, 277~280, 286, 290, 294, 314

생명정치 278, 279

설화수 25, 282, 288, 289, 292, 293

세트들의 세트들sets of sets→집합체

소광섭 18, 184, 186, 188~195, 198, 201~215, 217~220

스티렌 33, 94, 275, 276, 281, 282, 288, 294, 296, 297, 299, 304, 305, 310, 313

시각화 (기술 세트들) 177~181, 196~198, 200, 202~206, 214, 220~222

식민지 근대화론 332~336, 338

식민지 수탈론 332, 333

식품의약품안전처(식약처) 24, 121, 125, 291, 303, 306, 308, 310~313

식품의약품안전청(식약청, 식품의약품안전처의 전신) 30, 94, 303, 308, 310, 311

『신농본초경』神農本草經 161, 163

신유물론 42, 43, 46, 47

신현규 17, 23, 24, 282

　『아, 恨의학』 24

실시간 분석real-time analysis 330

실행의 맹글Mangle of Practice 228, 229

실험실 14, 15, 24, 28, 29, 45, 47, 53, 57~59, 61, 125, 132~139, 143~151, 154~157, 160, 163~165, 168~173, 178~181, 187, 189, 190, 195, 204, 208, 209, 325, 339, 340

실험실 연구laboratory studies 133, 134, 136, 154, 160, 168

────── ㅇ

아렌트, 한나 51

아비투스habitus 28, 56, 337

아파두라이, 아르준Appadurai, Arjun 52, 53

알렌, H. N. 65, 66

　『조선견문기』Things Korean 66

양한방협진 25, 36, 228, 230~232, 235, 237~239, 244, 245, 247, 255~257, 269~271, 285

연역주의 323

오리엔탈리즘 66, 67, 75, 76, 102, 323~325, 335

온병 240

『외대비요』外臺秘要 163

요아스, 한스 55

웰빙well-being 33, 276, 280, 286~289, 291, 298, 314

위반 실험breach experiment 255

육음 155, 241

을사늑약 67, 68, 70

음양오행 40, 46, 123, 240~242

의료기사 지휘권 49, 231, 238, 239, 268, 331

의료인류학 229, 232, 234, 238, 240

이은방 18, 275, 276, 281, 282, 288

이을호 74, 76, 77

이종수 188

인프라 권력 13, 52, 56, 62, 136, 137, 173, 327~329, 340

인프라의 종합infrastructural synthesis 229, 230, 233, 235

일상생활방법론ethnomethodology 54, 255

────── ㅈ

자연주의 279, 288, 289, 314

장기무 73~77, 90, 95, 96

전국한의과대학학생회연합(전한련) 107, 108, 111, 112

전선의회 31, 94, 95

전체론(전체의 오류) 338, 339

정관장 282, 290~292

정근양 74, 76

정기 241

제중원 31, 65, 66

『조선의학』 182

조영식 237

조인스정 33, 276, 282, 294, 296, 299, 301, 304, 305, 310

조헌영 74, 77~79

중의학 122, 229, 232, 233, 239, 240

지석영 31, 32, 41, 95

지식경제knowledge economy 277, 278

지식사회학 14

집합체assemblage(어셈블리지, 아상블라주, 세트들의 세트들sets of sets) 13, 27~29, 38, 43~48, 50, 52, 53, 56~58, 62, 69, 81, 88, 227, 229~231, 233, 269~272, 276, 277, 314, 315, 325~332, 334~339, 341

——— ㅊ

창조성 19, 28, 47~49, 53, 55, 56, 216, 329, 330, 340

창조적 유물론creative materialism 27, 29, 42, 46~48, 58, 59, 227, 325, 340

창조적-갈등적 신新집합체 59, 341

천연물 신약 18, 25, 28, 30, 33~35, 94, 275~278, 280~282, 284~286, 288, 290, 293, 294, 296~313, 315

천연물 신약 분쟁 15, 18, 62, 94, 276, 277, 283, 285, 303, 306~310, 313, 315

——— ㅋ

캄포漢方의학 233

쿤, 토머스Kuhn, Thomas 37~40, 42, 143,

323, 326, 327, 339

『과학혁명의 구조』 37, 38

——— ㅌ

통일적 전체 56, 57, 322, 329, 334

——— ㅍ

파슨스, 탤컷 51, 54, 322

파쿼, 주디스Farquhar, Judith 239, 243

『실행 알기: 중의학의 진료』Knowing Practice: The Clinical Encounter of Chinese Medicine 239

팔강 240, 242, 243, 249, 259~261, 263, 264, 267

패러다임(론) 37~42, 44, 46, 56, 77, 78, 143, 286, 326, 339

편견을 가진 과학 공동체biased scientific community(과학자 사회의 구조화된 편견) 61, 180, 181, 212, 220

포스트모더니즘 321

피커링, 앤드루Pickering, Andrew 19, 39, 42, 228~230, 326, 327

——— ㅎ

『한국한의약연감』 83, 126

한국한의학연구원 17, 23, 24, 33, 35, 36, 61, 83, 86~88, 102, 115, 123~125, 206, 218, 219, 282, 284, 285, 337

한방 바이오경제 280~283, 286, 290, 314

한방 전문의 25, 36, 84, 115, 285

한방화장품 16, 25, 34, 282, 288, 292, 293

한약 분쟁 18, 24, 35, 61, 68, 82, 85,
  86, 98, 101~103, 106~110, 112, 113,
  115~117, 120, 123, 124, 139, 277, 284,
  285, 307, 337
한약의 신경과학적 실험 144
한의과대학(한의대) 15, 16, 23~25, 45, 48,
  57, 61, 81, 83~85, 94, 102, 107, 108,
  111, 112, 115, 124~127, 139, 191, 213,
  233, 239, 244, 325, 328
『한의사협보』 96, 97
『한의신문』 17, 23, 96, 97
한의약육성법 25, 33, 35, 36, 82, 88, 98,
  102, 116~120, 276, 282, 284, 285, 306
한의약정책관 33, 35, 36, 45, 61, 86,
  113~115, 282, 284, 285, 329, 337
한의학 부흥 논쟁(동서의학 대논쟁) 73, 74,
  76~79, 85, 95
한의학의 과학화 11, 12, 15, 18, 25, 26,
  28, 42, 44, 47, 53, 58, 59, 61, 88, 102,
  120, 123, 127, 132, 133, 136, 137, 140,
  173, 211, 323, 325, 341
한의학의 근대화 12, 13, 25, 27~29, 40,
  42, 49, 54, 56, 62, 68, 69, 319, 325,
  329, 330, 332, 334, 336, 339
한의학의 산업화 11, 16, 17, 25, 27, 42,
  59, 61, 88, 120, 122, 276, 280, 325
한의학의 세계화 11, 25, 27, 42, 59, 211
한의학의 식민화 27, 30, 32, 34, 36, 49,
  61, 68, 71, 283
한일강제병합 68, 69
해석적 유연성interpretive flexibility 36,
  104~106, 110, 285
해킹, 이언Hacking, Ian 39
행위체 27~29, 42, 46, 57~59, 143, 171,
  227, 229, 230, 269~272, 330, 337~339
허준 80
  『동의보감』 25, 80, 94, 161, 275
현장연구(현장조사) 14~16, 18, 29, 50, 62,
  85, 125, 143, 340
혼종적 근대hybrid modernity 339
홉스, 토머스 51, 54
환원론(환원의 오류) 28, 46, 57, 258, 270,
  335, 338, 339
황상익 18, 65, 73
후지와라 사토루 187, 188, 194, 216, 219

──── 기타
『1898-2011 대한한의사협회사』 30, 33
『Journal of Acupuncture and Meridian
  Studies』(『JAMS』) 201, 207, 212, 219
SCI 41, 85, 87, 124~126, 140, 160, 161,
  163~167, 171
『The Primo Vascular System』 219
WHO(세계보건기구) 115